U0872815

书香巅峰

REGION-BASED TOURISM

图解全域旅游理论与实践

北京巅峰智业旅游文化创意股份有限公司课题组◎著

课题负责人◎刘馥馨　王玉海

旅游教育出版社

·北京·

编委会 EDITORIAL BOARD

主　　编： 刘馥馨　王玉海

副 主 编： 李家杰　代晓松

专家委员会： 刘　锋　束　盈　刘　惠　李树平　李晓东
朱明辉　李明伟　曹　璐　易长柏　徐建忠
陈元夫　杜　学　徐　青　杨卫权　朱冰尧
李　庚　许立勇

课题核心成员： 张　静　黄　翠　王铭慧　李　方　刘　超

课题参与成员： 李　林　张　波　耿亦松　高俊辉　王　磊
黄健波　张冬梅　杨增民　胡晓苒　高雪娇
刘　航　刘　晴　徐璐思　李敏琦等

序言 FOREWORD

有理想的人生才是幸福的人生，有生活追求的旅游才是幸福的旅游。在纷繁复杂的城市化进程中，人们不由自主地趋向于回归原真——或漫步于古韵古色的街道，或游走在袅袅炊烟的乡村聚落，或寄情于多姿多彩的山水之间……人们不再追求“圈”起来的生活，而是向往一段敞开的诗与远方。全域旅游，或许恰是人们生活的追求。

《孟子》有言：“虽有智慧，不如乘势；虽有镃錤，不如待时。”当下全域旅游发展如火如荼，得到了社会各界的高度重视。2016年初，在全国旅游工作会议上，国家旅游局局长李金早做了题为《从景点旅游走向全域旅游，努力开创我国“十三五”旅游发展新局面》的工作报告，随后国家旅游局公布了首批262家国家全域旅游示范区创建单位，召开了首届全域旅游创建工作现场会。“一石激起千层浪”，全域旅游在旅游行业和各级党委、政府引发热议和巨大反响，亦掀起了旅游理论的探讨热潮。

全域旅游发展理念的提出是中国经济社会发展到一定阶段的产物，是顺应时代发展潮流的选择。中国逐渐步入服务业主导的后工业化阶段，以旅游业为代表的综合型服务业成为缓解产能过剩、促进产业转型升级的重要抓手，而旅游业的爆发式增长及其对经济社会的贡献和带动使得全域旅游成为时代发展的必然产物。中国旅游业发展成果斐然——全球最大的国内旅游市场、世界第一大出境旅游消费市场，年均增长40%的投资拉动，10.8%的综合贡献率，110多个关联产业……旅游业已经渗透进了中国经济社会发展的各个方面，成为全域产业升级、空间优化、服务提质和民生幸福的内在驱动力。

全域旅游还是缓解中国旅游供需矛盾的重要抓手，是深化供给侧改革战略的全新途径，能够满足不断升级的旅游消费体验需求。大众旅游时代，旅游已经成为人们日常生活的必需品，散客出行和自驾出行成为潮流，游客的体验需求更多向不同主题的观光、休闲、度假、养生等复合型旅游转变，对旅游品质的评价逐渐扩展到综合环境和综合服务水平……一系列需求变化亟需旅游的空间拓展和质量提升。而低水平、同质化、粗放式的旅游产品大量存在，高品质、个性化、精细化的新业态和休闲度假产品供给严重不足，结构性过剩与结构性短缺并存的局面对全域旅游发展提出了挑战。

全域旅游能够充分发挥旅游业自身特性，突破小旅游思维局限，促进区域及旅游产业发展的整体升级。旅游业有极强的产业关联带动性，但在快速发展进程中，其综合带动作用受到了不同程度的制约，实践中存在的问题还比比皆是，例如，景区景点亟需突破空间限制，门票经济制约产业联动，“点状管理”催生监管空白和合力不足……顺应市场要求，遵循产业发展规律，大力推进整合区域、整合产业的全域旅游发展模式成为迫在眉睫的课题。

毋庸置疑，全域旅游是将区域整体作为旅游目的地发展的新理念和新模式，是一种区域资源有机整合、产业融合发展、社会共建共享的新理念，是一种社会全面参与、产业共融共荣、旅游业促进全行业发展的模式。全域旅游是对中国经济转型升级、区域综合发展的重要推动力，能够起到对中国旅游业创新发展、提质增效的关键促进作用，它是我国旅游业发展理念、战略和模式的重大转变。全域旅游，大势所趋。

全域旅游虽然是一个新战略，但同时也是一个老名词。早在2010年，巅峰智业就在《大连市旅游沿海经济圈产业发展规划》里提出了全域旅游概念，并一直倡导“全城全域旅游化”的发展路径和模式。这一理念被运用到巅峰智业为中国旅游投智的实战当中，描绘了一幅幅全域旅游的智慧地图，为地方旅游发展与实践提供了强有力的支撑。巅峰智业创造了多个全域旅游全国第一：全国第一个提出全域旅游概念的《大连市旅游沿海经济圈产业发展规划》，全国第一个全域旅游发展规划《秦皇岛全域旅游发展规划及五年行动计划》，全国第一个省级全域旅游行动计划《宁夏全域旅游发展三年行动计划》，全国第一个全域旅游创建省规划《海南省旅游发展总体规划》。巅峰智业致力于以全域旅游理念指导地方发展，在《贵州省生态文化旅游产业发展规划》中，我们提出建设世界知名的山地旅游目的地，打造全域化的国家山地公园省，助力当地旅游发展取得显著成绩，每年招商突破 1000 亿元，旅游人数增长超过 40%；在《江西省旅游发展总体规划》中，我们提出了“绿色崛起，建设生态引领的全域旅游目的地”，找到江西建设旅游强省的思路和途径。综上表现，巅峰智业可以称得上是中国全域旅游智力引领与全程服务的开拓者与推进者。

中国旅游经过 30 多年的发展，在不断成长壮大的同时也存在着诸多不足。全域旅游是中国旅游发展的转型之举、突破之源，必将在中国的区域与旅游发展史上留下浓墨重彩的一笔。作为新时代背景下的产物，全域旅游需要以新视角审视和解读。有鉴于此，巅峰智业作为集国内规划设计领军企业、景区运营金牌管家、智慧旅游先行单位及旅游投资创新平台于一体的旅游全产业链创意服务商，也作为全域旅游规划的引领者和实践者，非常希望能够结合 15 年来的规划开发与运营实践，为中国旅游业的转型之路贡献智慧和力量。为此，在 2016 年国家旅游局召开全国旅游工作会议提出“全域旅游”发展理念之后，巅峰智业审时度势，迅速成立了全域旅游课题研究小组，并根据课题需要与研究专长，分别组成政策研究组、案例组、理论组、专家咨询组，从多个层面吃透全域旅游。课题组从今年 2 月成立到 7 月历时 5 个多月，其间召开大大小小的讨论会议不下数十次，从摸不着头脑到有根有据，从初级概念到体系化认知，从理论研究到实践真知，研究内容逐渐完备，最终形成本书成果。我们希望本书不仅能对全域旅游示范区的创建具备较好的指导意义，同时也能够对我国旅游业整体效益的发挥与旅游经济持续健康发展起到一定的推动作用。

本书借用《道德经》和《孙子兵法》里的名言，分为“取势”、“明道”、“优术”三大篇章，层层递进，深入浅出，观点鲜明，力图成为一本具有创新性和突破性的全域旅游理论与实践指南。

取势，远见也。此部分吸收多位业界知名专家学者的指导意见，通过深度解析国家相关政策文件，透彻剖析大量国内外实践案例，对全域旅游的发展背景、成长历程以及内涵特征进行了全面梳理，提出了“128”解读角度，即一个基本阶段——我国进入以旅游为重要动力的后工业化阶段，两个主要矛盾——供需矛盾和监管矛盾，八个供需趋势——需求角度的大众化、散客化、自驾化、多元化，供给角度的战略化、融合化、规模化、民生化。

明道，真知也。我们认为全域旅游的核心在于空间构建、产业联动和管理创新，这使得全域旅游的研究和发展有了明确的聚焦。在空间创建中，结合城市空间理论，创新性地提出了“旅游区－旅游廊－旅游场域”全域旅游空间模型，并通过理论归纳与实践提炼进一步明确了选定潜力区域、落实空间载体、提升核心吸引、配置旅游要素、完善服务设施五个要点；在产业联动中，基于已有的横纵联合旅游产业链的融合拓展路径，创新性地提出旅游带动上游产业发展的供给路径，全新构建立体化的全域旅游产业模型；在管理创新中，结合纷繁复杂的管理领域，创新性地提出内部深化改革创新管理、外部软硬兼顾提升环境的管理思路，简洁凝练，逻辑清晰。

更有指导意义的是我们在全域旅游示范区创建中提出了“1+3+9”重点工作，即设立一个综合协调管理机构——旅游发展委员会，设立三大联合执法机构——旅游警察、旅游工商分局、旅游巡回法庭，实施九大重点举措——多规合一、财税金融支持、特色产品体系、厕所革命、自驾服务、标识系统、智慧旅游、统计创新、整合营销，从而让全域旅游更有抓手。

优术，实效也。全域旅游不是空中楼阁，既需要理论的引领，更需要实践的深化，“知行合一”尤为必要。本书进一步研究了国内外具有借鉴性和代表性的实战案例，不仅包括世界知名的国际旅游目的地美国佛罗里达、瑞士和新加坡，还包括国内先行探索实践的杭州、苏州、桂林、琼海、湖州等地，以及巅峰智业多年来对全域旅游的顶层设计和操作指导案例，如贵州、宁夏、江西、大连等地，深入的研究和解读将有助于全域旅游的“知行合一”。

本书在创作过程中克服了很多困难。全域旅游作为一个全新理念，从研究开始就缺乏资料与成熟的理论支持，可借鉴的文献总体较少。在此条件下，如何形成系统化认知，如何确保可操作性，都成为不可回避的问题。难能可贵的是课题组始终秉承“知行合一”的理念，在进行理论研究的同时，同步开展实践探索，密切结合市场需求，参与到多个省市县级全域旅游实践项目之中，使得本书成果具有较强的实践指导价值。在确保内容有创见性的同时，本书在形式上尝试摆脱以往传统专业图书过于呆板严肃的表现形式，而是以活泼生动、简明易懂的图解形式为读者呈现全域旅游，更有亲和力，更具可读性，相信会给读者带来耳目一新的感觉。

本书的完成凝结了众人的智慧与汗水。在写作过程中，我们深深感受到每一位旅游业人士的真诚与敬业实干，时刻鞭策自己前行努力。非常感谢王兴斌、魏小安、张辉、张凌云、杨振之、王衍用、厉新建、马晓龙等专家学者的悉心指导，他们对全域旅游的深刻理解使课题组受益匪浅。非常感谢海南省旅游委、河北省旅游委等旅游管理部门的倾力支持，他们从管理实践角度提出的建议，给予课题组认识全域旅游以新的角度和灵感。另外，非常感谢每一个巅峰人的奉献，从全域旅游理念提出以来，巅峰人始终时刻保持关注并给予帮助。最后真诚地感谢全国旅游从业者每一个人的努力与奉献，正是有你们的付出，中国旅游业才会“长风破浪会有时，直挂云帆济沧海”。全域旅游是在当今时代背景下中国旅游的全新探索和实践，需要全域参与，需要持续推进，需要各行业积极融入、各部门齐抓共管、游客居民共同参与，力求一张图、一盘棋、一条心、一股劲干到位，最终实现中国旅游从“小马拉大车”到“群马拉大车”的全域格局，实现对中国经济转型升级的又一次给力助推。

时间荏苒，但我们奉献旅游的心、投身旅游的步伐从没有停下来。由于时间短、水平有限，加之全域旅游内涵丰富，各方的研究和探讨还在不断发展，本书的成果还只是管中窥豹，需要在实践的风云历练中进行检验和提升。我们对中国旅游业的贡献之情始终未减退，只希望能抛砖引玉，供旅游行业人士一起深入研究，批评指正。

目录 CONTENTS

第一篇 取势

第二篇　明道

第三篇 优术

第一篇

取势

取势，远见也。《孙子兵法》有云：“势者，因利而制权也。”顺势而上则事半功倍，逆势而动则事倍功半。以此理念进一步延伸，全域旅游则是取中国经济社会趋于后工业化发展的大背景之势，乃应时之举。当前中国旅游业已实现从短缺型旅游到初步小康型旅游的转变，旅游休闲正在成为城乡居民生活的基本内容和刚性需求，大众旅游时代正式到来。故传统以景点为核心的发展模式已不能完全适应当前新需求，中国旅游发展战略需要再定位，“全域旅游”模式于是应运而生。

值此天时地利人和之际，国家旅游局顺势而为，从2015年8月开始，连续出台政策，颁布系列文件，将全域旅游确定为新的国家旅游战略。

理顺概念源流，正确理解内涵，避免步入误区，是落实一项战略的前期工作。本书以全面认识全域旅游的“前世今生”为开篇，以空间构建、产业联动、管理创新为重点，以国内外实践案例为参照，为各地推进落实全域旅游辨明方向。

1

CHAPTER ONE

第一章 全域旅游发展背景

2015年，我国人均GDP超过8000美元，2020年将达到1.2万美元，社会发展正在步入后工业化阶段，从发达国家的经验来看，发展全域旅游符合时代潮流。随着国民收入水平的提高，市场需求不断升级，产品供给需要引导，行业管理仍待加强。由此可见，全域旅游既是大势所趋，也是形势所迫。

一、一个基本阶段

我国进入以旅游为重要动力的后工业化阶段

（一）我国经济社会进入后工业化阶段

消费和供给两方面的共同作用，使得经济增长呈现“农业→轻工业→能源原材料工业→高加工度工业→服务业”的演进轨迹。

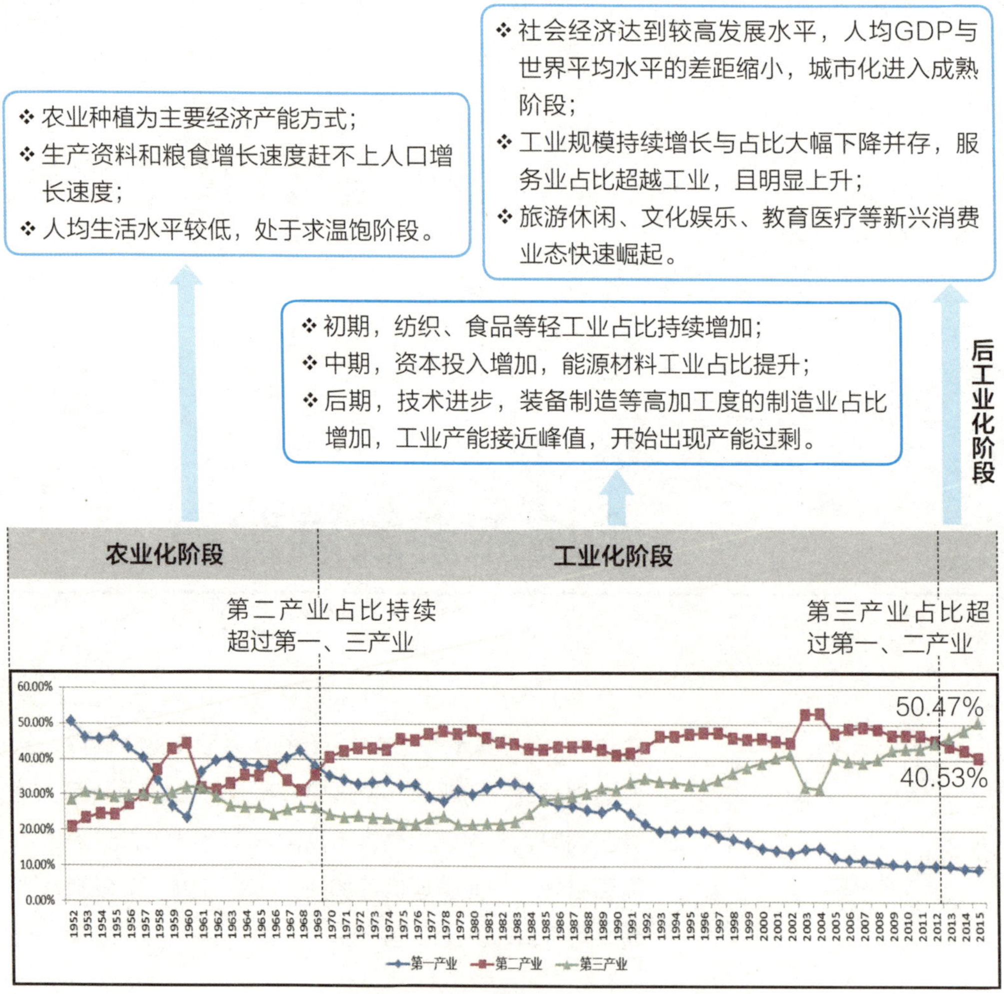

我国三次产业结构占比图

发展以旅游为代表的综合型服务产业，将成为缓解产能过剩的重要出路和产业转型升级的重要抓手。

（二）旅游成为推动经济社会发展的新动力

旅游业作为现代服务业的重要组成部分，对我国GDP和就业综合贡献率双双超过10%（2015年），旅游业成为后工业阶段拉动经济增长的新引擎。

同时，在社会经济发展的带动下，我国旅游业进入了一个全新的发展阶段，在经历了景点旅游和城市旅游之后，正向全域旅游时代迈进。

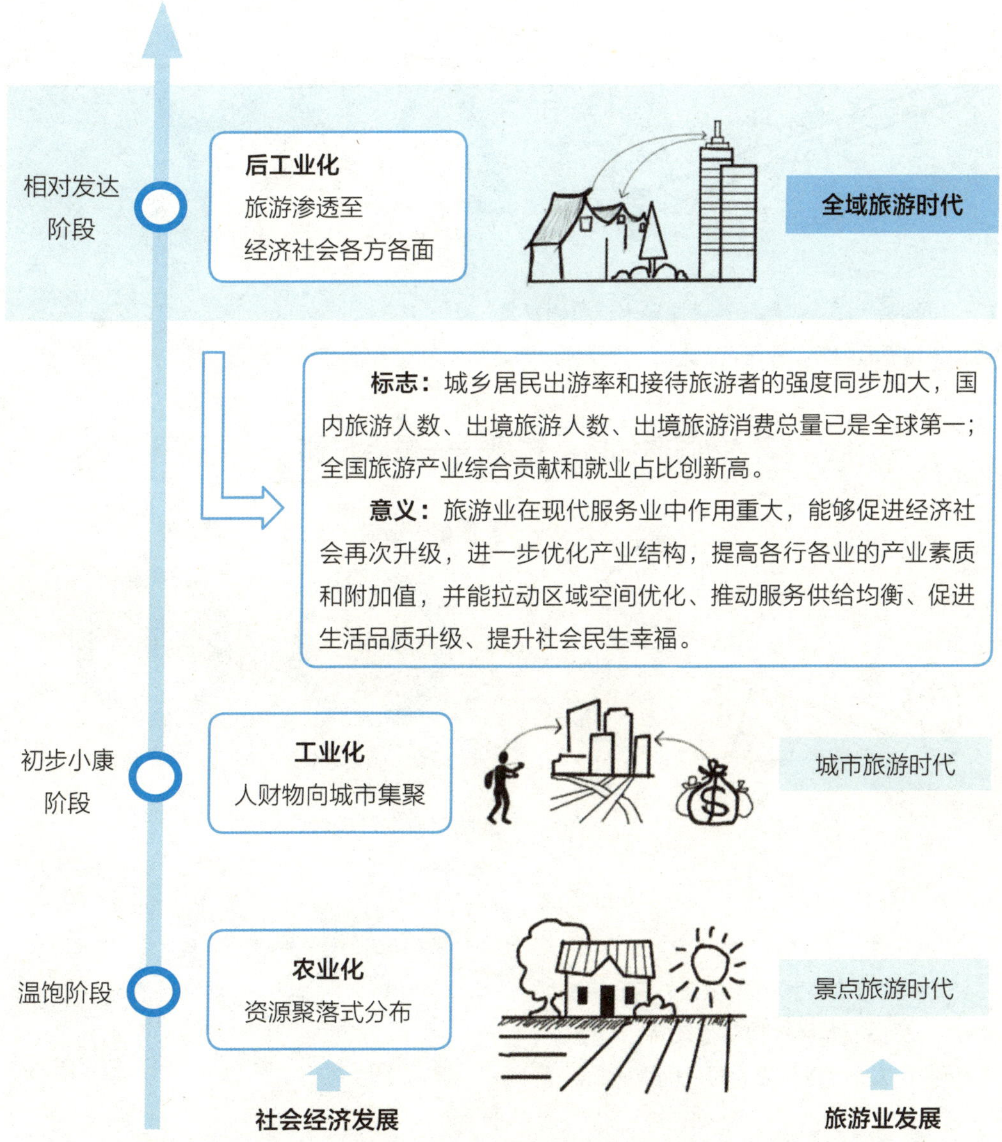

旅游业在社会发展和国民经济体系中的地位不断升级，
全域旅游应运而生。

二、两个主要矛盾

（一）供需矛盾

高品质旅游产品——供不应求

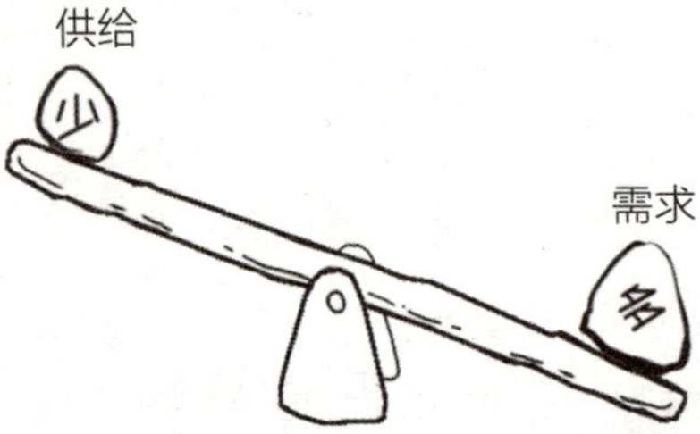

全国A级景区统计：

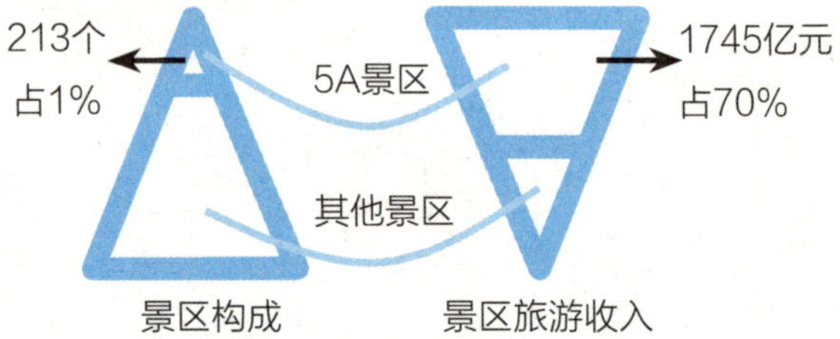

每到黄金周，高品质景区屡屡出现爆棚景象：

长城不分内外，故宫人山人海，九寨沟成为“九堵沟”，精品客栈“一房难求”。

同质化旅游产品——供给过剩

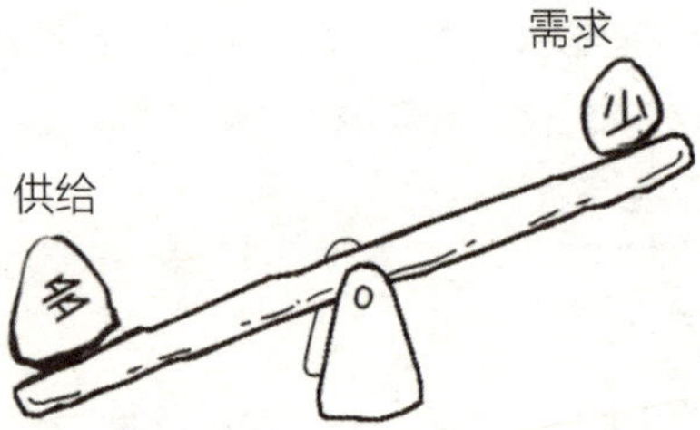

全国星级饭店统计：

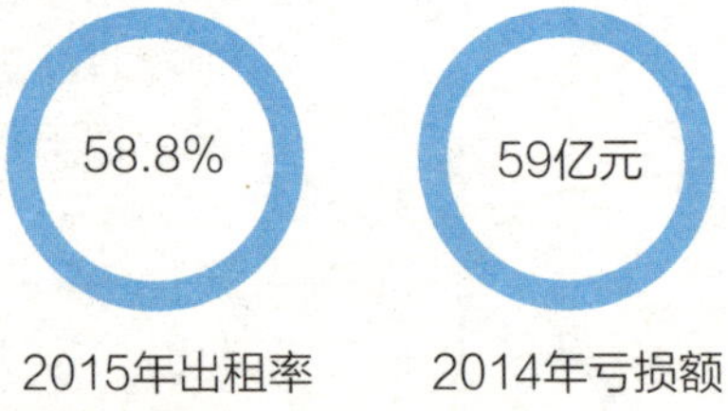

全国旅游地产统计：

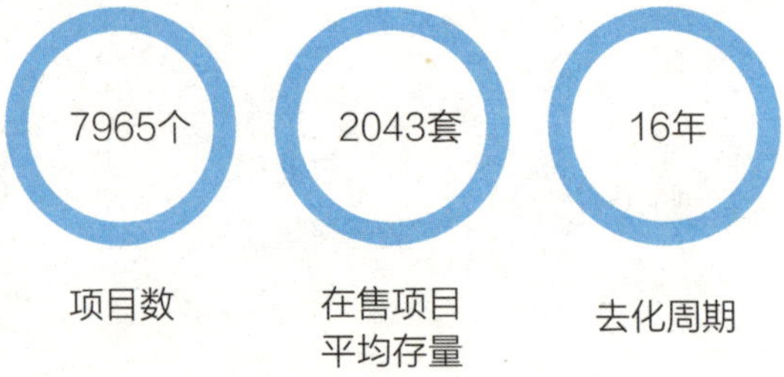

旅游投资热度高，集中在酒店、旅游地产、低品质景区，普遍存在特色不强、市场吸引力不足等问题，资源闲置率高。

旅游供给侧改革势在必行，供需结构矛盾亟需调整。

数据来源：《2015年度全国星级酒店经营情况分析》《2015全国旅游工作会议工作报告》《2014-2015中国旅游地产发展报告》

（二）监管矛盾

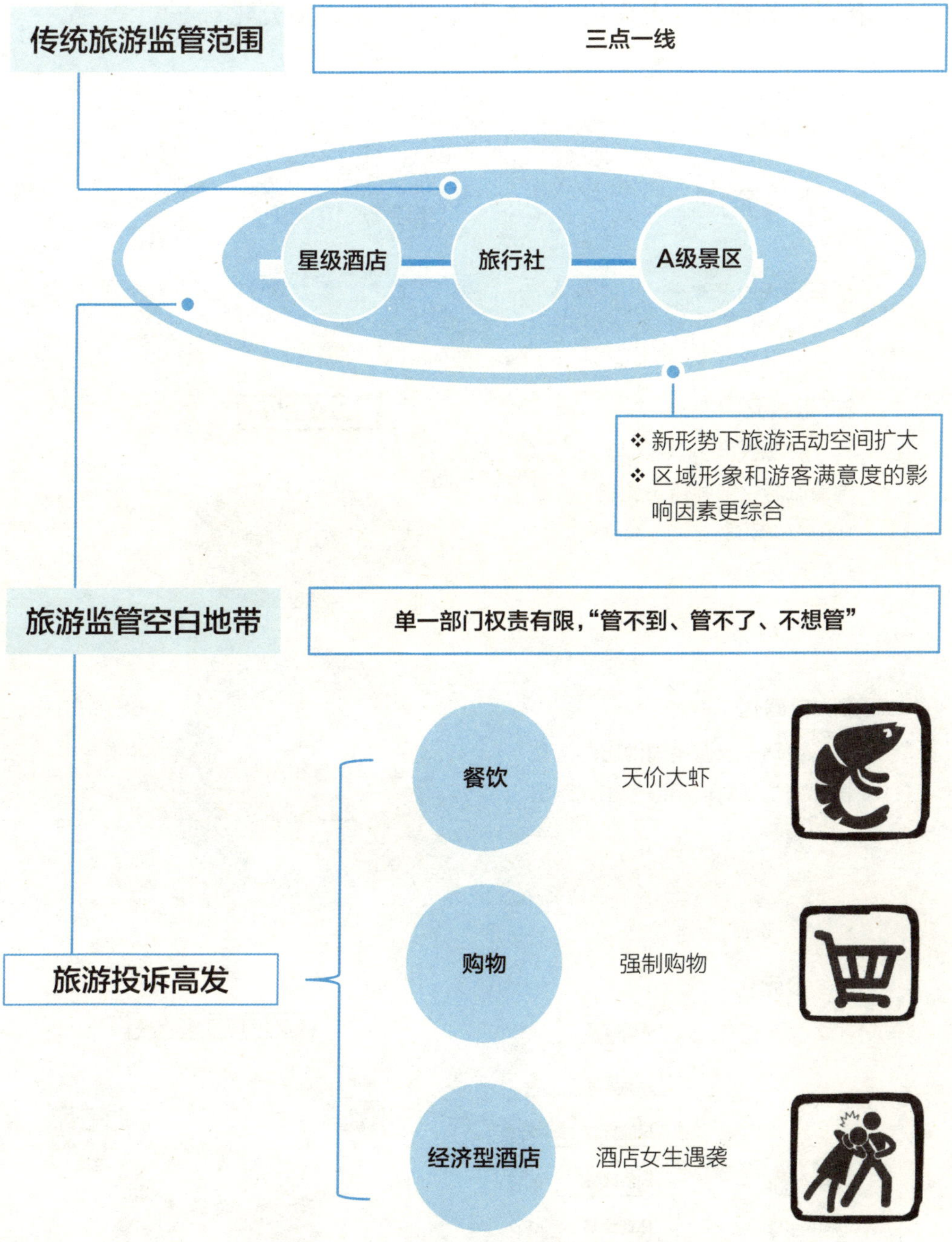

传统“点状监管”已不适应新的全域旅游背景与市场环境，全域旅游监管亟需向多部门综合管理、联合执法转变。

三、八个供需趋势

（一）市场需求趋势：大众化、散客化、自驾化、多元化

1. 大众化

	1984年		2015年
国内游客总量	约2亿人次	20倍 年均增长10.2%	40亿人次
国民人均出游	0.2次/人/年	15倍	3次/人/年

2. 散客化

从2000年到2014年，国内旅游中散客所占比例在91%~96%之间，散客化时代全面到来。

3. 自驾化

自驾车出游是国内出游的最常见方式，对自驾服务和线路提出更高要求。

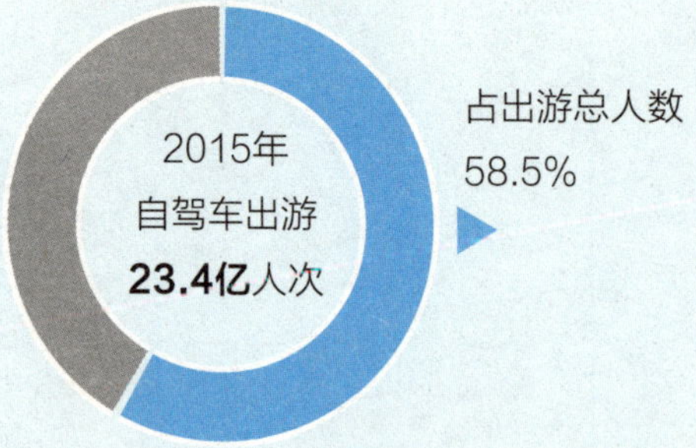

4. 多元化

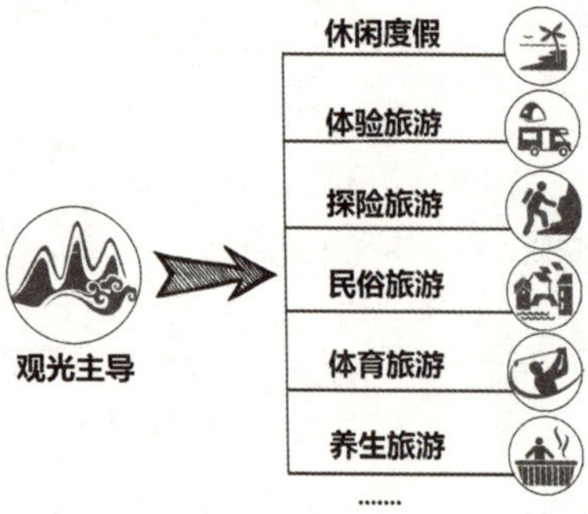

数据来源：《中国旅游发展报告（2016）》《中国旅游集团发展报告2015》《中国自驾游年度发展报告（2015-2016）》

（二）产业供给趋势：战略化、融合化、规模化、民生化

1. 战略化

中国政府明确提出：到2020年，旅游业将成为我国国民经济的战略性支柱产业。

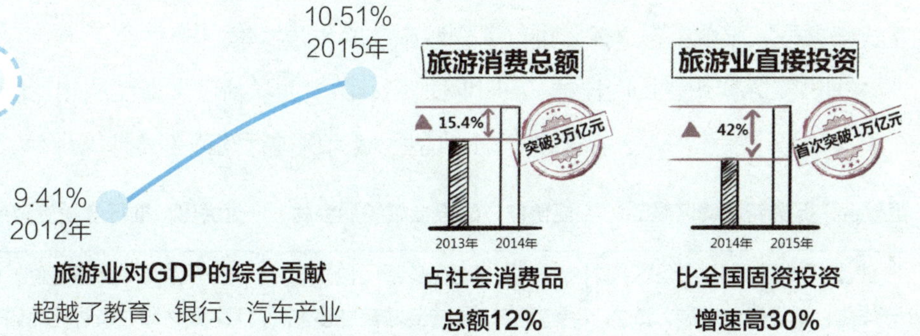

2. 融合化

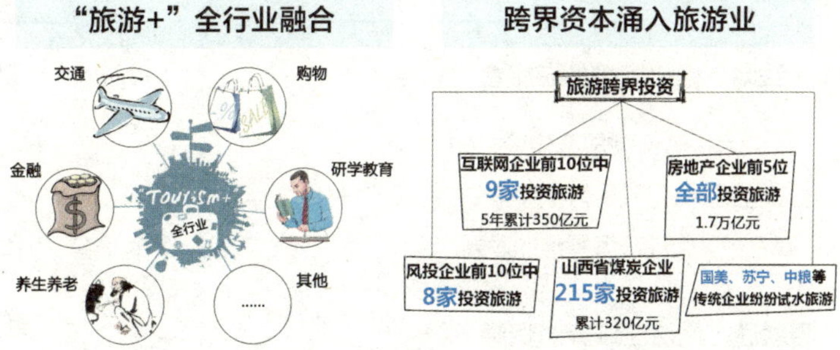

3. 规模化

大项目：

珠海横琴国际海洋度假区　200亿元
万达长白山国际度假区　230亿元
中国海南海花岛　1600亿元
吉林松花湖国际度假区　400亿元

大投资：

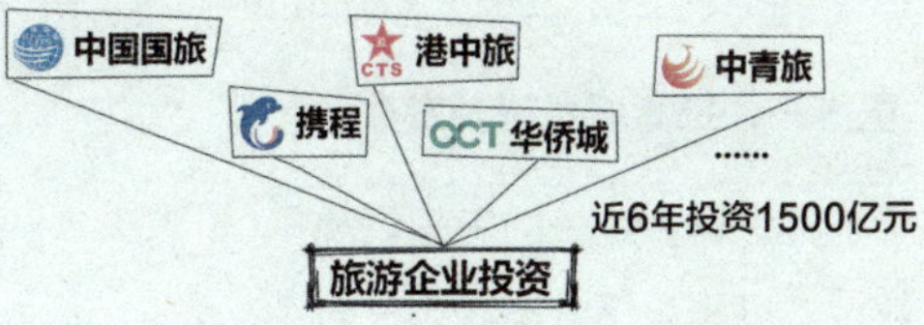

4. 民生化

① **拉动就业**

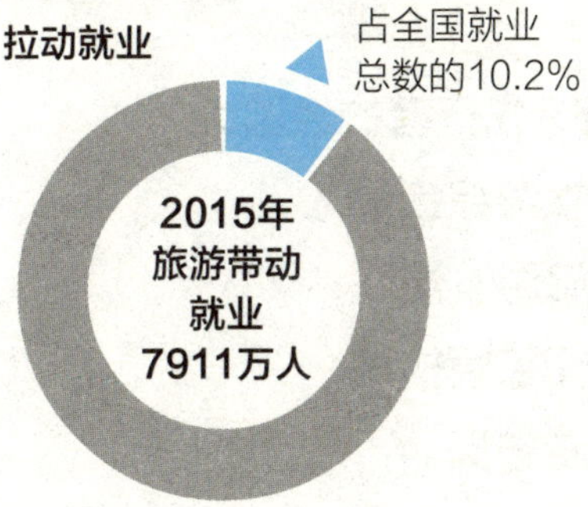

② **扶贫增收**

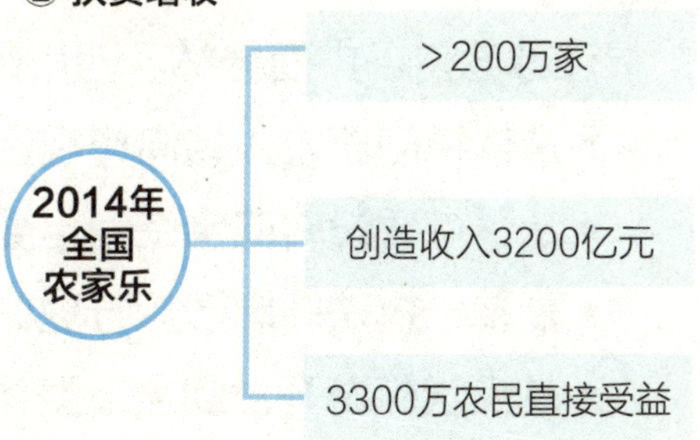

四、多方综合探索

（一）地方基层探索

在市场供需结构变化形势之下，部分地方旅游部门率先主动求变，在国家旅游局正式部署全域旅游工作之前，进行了全域旅游的实践探索。

本书以江苏苏州、广西桂林、四川阿坝州、西安曲江新区、浙江杭州、浙江绍兴、海南琼海、浙江安吉、福建泰宁9个典型区域为例进行阐述（详见第八章）。

更融合，促进新旧城区联动

注重新城景区化、景区内外一体化，城旅融合发展，成为都市功能区依托型的全域旅游。

更协作，建设全域美丽乡村

强化政府多部门协作发展旅游，通过全域美丽乡村建设构建全域旅游新格局。

更优化，推行全域旅游生活

拓展全域旅游空间，依托江南园林和古镇优化旅游空间环境，营造全域旅游生活氛围。

更互动，强化全域旅游整合

灾后探索全域景区建设，构建旅游路网，开通景区直通车，以知名景区带动小型景点的发展。

更开放，强化全域产业融合

西湖免门票开放经营，旅游与一二三产融合发展，整体提升大杭州旅游经济效益。

更联通，激活全域旅游资源

两江四湖激活并联动全市旅游区，提升沿线旅游经济，推动城乡旅游一体化发展。

更整体，探索全城全景化发展

全市按照古城舞台化理念，布局综合旅游要素，中心城区按全域5A的标准创建。

更统一，统筹城乡旅游发展

推进城乡统一的田园景观建设，以旅游路网串联城乡为一个无边界无围墙的田园式大景区。

更重视，全域共建旅游事业

全域把旅游当生命产业，调动全社会资源共建，通过申世（世界地质公园）、申魅（中国十佳魅力名镇）、申遗（世界遗产）提升旅游竞争力。

江苏苏州、广西桂林、四川阿坝等先行者的经验：

- **从依托门票收入转向重视区域旅游综合收入；**
- **从景点建设转向全空间全要素旅游发展；**
- **从单一执法转向涉旅行业的多元监管执法；**
- **从点状旅游开发到全域整体旅游布局。**

（二）理论学术研究

在各地对全域旅游进行实践探索的背景下，学术界也对全域旅游理论进行了深度研究，提出了全域旅游发展战略和推进路径等方面的重要观点，不少学者也从“全要素”、“全域度假”、“城旅一体”等角度，提出了类似全域旅游的发展理念，为全域旅游的理论发展奠定基础。

1. “全域旅游”的理论研究

2010年　胡晓苒

《城市旅游：全域城市化背景下的大连全域旅游》

全域旅游战略最根本的就是打破都市旅游一枝独秀的接待格局，在不同的区域内打造各自的旅游吸引物和服务业态。

2013年　厉新建　张凌云　崔莉

《全域旅游：建设世界一流旅游目的地的理念创新》

全域旅游要从全要素、全行业、全过程、全方位、全时空、全社会、全部门、全游客等角度推进旅游目的地发展。

2014年　吕俊芳

《城乡统筹视阈下中国全域旅游发展范式研究》

全域旅游是把行政区当作旅游区，全部区域一体化发展旅游，是旅游产业的全景化、全覆盖，是资源优化、空间有序、产品丰富、产业发达的系统旅游。

2014年　汤少忠

《“全域旅游”驱动因素与发展模式》

全域旅游，强调全景化体验、全时化消费、全业化融合、全民化共享，能较好地统筹旅游产业与旅游事业的协调发展。

2. 全域旅游相关理念内涵的探讨

2012年 魏小安
全要素方面

《促进全域旅游发展》
旅游业发展的全要素可以包括运营要素、发展要素、社会要素和环境要素。

2012年 杨振之
全域度假方面

《关于全域度假发展模式下的产业融合发展》
全域度假是指在度假旅游资源的富集区以度假业为引导，合理布局生产力，以高端产业和产业高端来引领区域经济发展的模式。

2012年 姚远
城旅一体方面

《旅游休闲城市“景区-城镇”空间共生发展模式研究》
旅游休闲城市“景区-城镇”空间发展关系的四个阶段，需通过产业、交通、文化、生态“四位一体”发展模式，形成景城共生的空间格局。

2013年 张文磊 周忠发
旅游体验方面

《全域体验开发模式：区域旅游开发的新途径》
全域体验式开发模式是以满足旅游者对人生体验的强烈个性化需求为目的，充分利用各种人、财、物等资源进行旅游产品设计。

2015年 王衍用
区域管理方面

《旅游局：不要还在为旅游者服务的泥沼中挣扎》
旅游局要以旅游事业的高度推动经济发展，而不仅限于对景区、旅行社、星级酒店等少数行业的管理。

理论研究从最早只关注旅游空间的全域化，
向关注旅游相关的管理、产业、要素、城市发展等各方面转变。

发展背景小结

1个基本阶段

我国进入以旅游为重要动力的后工业化阶段

2个主要矛盾

供需结构失调的矛盾
高品质产品供不应求
结构性供给过剩闲置

＋

旅游监管的矛盾
传统监管的空白地带成为
旅游投诉高发地

8个供需趋势

市场需求趋势——大众化 + 散客化 + 自驾化 + 多元化
产业供给趋势——战略化 + 融合化 + 规模化 + 民生化

多方综合探索

地方基层探索
积累全域旅游发展经验，
打牢实践基础

＋

理论学术研究
从聚焦旅游空间的全域化，
向综合领域探究

新的时代背景下，全域旅游实为大势所趋，势在必行。

2

CHAPTER TWO

第二章

全域旅游应运而生

全域旅游成为国家旅游发展战略，经历了初步提出、全面开展、扎实推进等若干阶段。这一战略的提出，为我国旅游产业升级，为全面建设世界旅游强国注入了新动力。

发展历程

继承创建优秀旅游城市、中国国际特色旅游目的地等经验，国家旅游局适时出台相关政策，使全域旅游成为各地旅游发展的重要战略。

初步提出

- 2015年8月 → **全国旅游工作会议研讨会**
  提出全域旅游发展理念
- 2015年9月 → 国家旅游局发布《关于开展“国家全域旅游示范区”创建工作的通知》

全面开展

- 2016年1月 → **全国旅游工作会议**
  李金早提出“把全域旅游作为新时期我国旅游发展总体战略”，从景点旅游向全域旅游转变
- 2016年2月 → 《国家旅游局关于公布首批创建“国家全域旅游示范区”名单的通知》

扎实推进

- 2016年5月 → **世界旅游发展大会**
  发布《中国旅游发展报告（2016）》，提出八项支持全域旅游示范区创建的优先措施
- 2016年5月 → **全国全域旅游创建工作现场会**
  发布《全域旅游示范区创建工作导则》，10个首批示范市（县）创建进行经验分享

全域旅游应运而生，将加快我国旅游业升级。

一、初步提出

2015年8月——2015年底

政策解读

《关于开展“国家全域旅游示范区”创建工作的通知》

❖ 首次从国家层面正式提出全域旅游发展理念。

❖ 明确了全域旅游示范区的四大方面：
创建对象及主体+主要考核指标+申报流程+工作要求。

❖ 提出了全国全域旅游示范区发展的中远期目标：
每年以10%的规模来创建，3年600个县实现全域旅游。

标准评价

首次探索性提出考核验收指标：

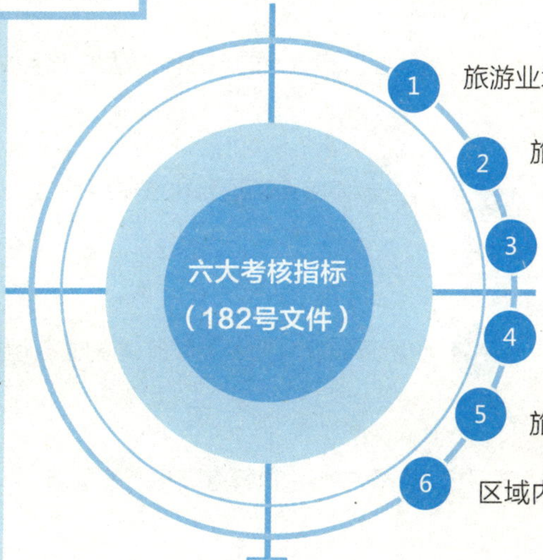

1. 旅游业增加值占本地GDP比重15%以上
2. 旅游从业人数占本地就业数量的20%以上
3. 年接待人次达到本地常住人口数量10倍以上
4. 当地农民年纯收入20%以上来源于旅游收入
5. 旅游税收占地方财政税收的10%左右
6. 区域内有明确的主打产品，丰富度高、覆盖度广

执行困难

缺少历史数据
现有统计口径不一致
缺乏切实可行的统计方法

主要影响

正式启动：在全国范围内拉开全域旅游建设序幕
指引新方向：明确指出区域旅游经济发展的新方向
地方响应：宁夏、四川、山东、浙江等省区积极响应

二、全面开展

2016年1月——2016年2月

政策解读

《国家旅游局关于公布首批创建“国家全域旅游示范区”名单的通知》

- 将推进全域旅游作为新时期的旅游发展战略，开创中国“十三五”旅游发展新局面；
- 确定了从“景点旅游”向“全域旅游”转变的发展方向；
- 明确提出了首批262家“全域旅游示范区”名单；
- 进一步升级了全域旅游示范区的创建标准。

标准评价

评价标准升级：

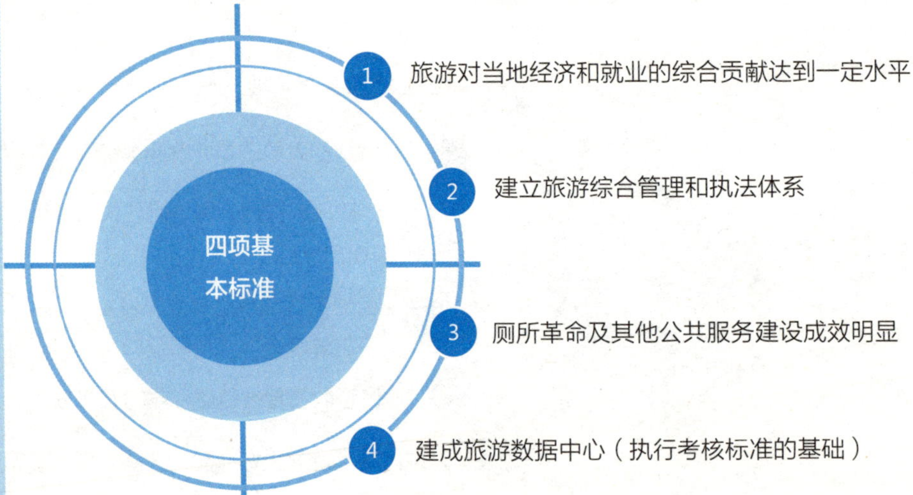

特征

标准更具弹性，国家定性、地方定量
考核导向更明确：经济贡献、综合管理、公共服务
数据统计中心是为后期制定整体考核做准备

主要影响

全域旅游正式成为全国旅游工作重点
全域旅游创建态势从局部扩大至全国

首批示范

国家旅游局公布262家首批创建示范区，其分布情况如下：

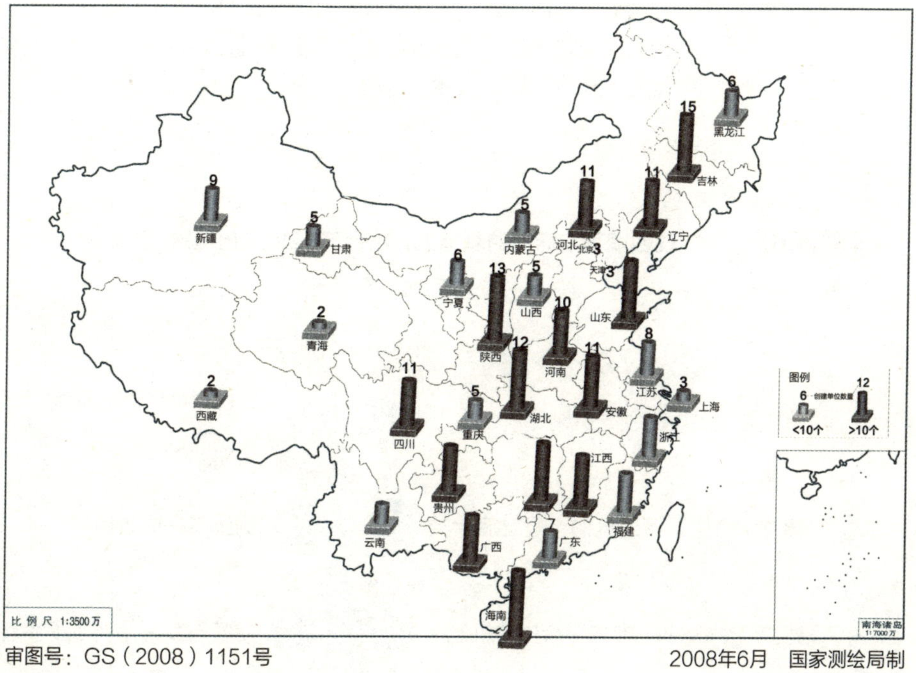

审图号：GS（2008）1151号　　2008年6月　国家测绘局制

分布特征

示范区超过10个的省市集中在东北、中部、西南区域

可以看出，国家旅游局有意以全域旅游示范区创建来带动相对欠发达地区的旅游经济发展。

海南省是全国唯一的省级示范区

海南全省（除三沙外）18个市县均列入创建名单，是唯一全省都是全域旅游示范区的省份。

三、扎实推进

2016年5月至今

政策解读

《中国旅游发展报告（2016）》《全域旅游示范区创建工作导则》

- 李克强总理首次明确要求深入推进全域旅游和“旅游+”行动；
- 国家旅游局提出八项支持全域旅游示范区创建的优先措施；
- 出台《全域旅游示范区创建工作导则》（征求意见稿），进一步明确了各地方创建示范区的具体工作抓手。

标准评价

在四项基本标准的基础上，出台了12项细化指标：

1. 建立党政主导的领导机制
2. 建立综合协调管理机构，设立旅游委
3. 建立“1+3+N”旅游综合执法机制
4. 旅游业对当地GDP贡献率达15%以上
5. 旅游新增就业占当年新增就业20%以上
6. 区域内农民因旅游发展直接受益达20%
7. 旅游交通畅达，旅游交通标识系统完备
8. 厕所革命成效良好
9. 景区与乡村旅游点卫生环境良好
10. 无线网络畅通，重点景区WIFI全覆盖
11. 建立全面反映旅游综合贡献的统计系统
12. 文明旅游，安全有序，无重大事故发生

主要影响

重点更加明确，考核指标更具操作性，对地方的指导性更强

进一步提高了全域旅游在我国旅游业中的战略地位，明确了各地发展全域旅游的重点方向和工作抓手。

四、意义重大

全域旅游的提出，不仅仅是为了解决旅游产业自身的问题、提升旅游产业自身的发展，更是促进政治、经济、文化、民生发展的有效手段，将促进中国融入世界旅游大潮，增强国际竞争力。

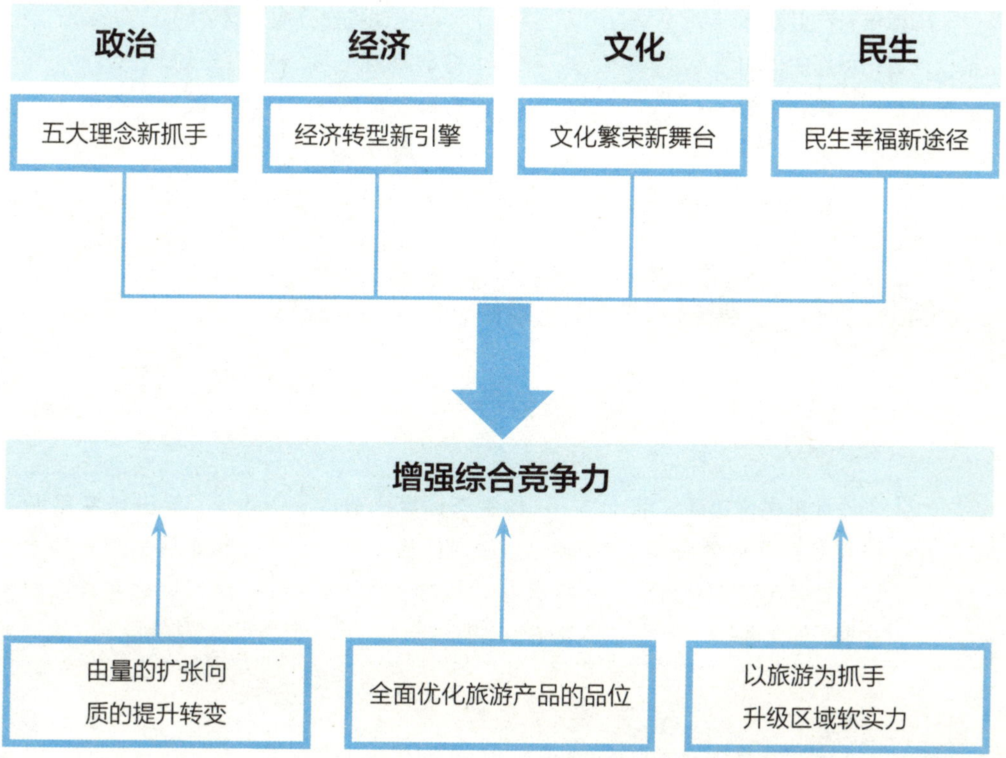

（一）五大理念新抓手

五大理念是全域旅游的引领性指针
全域旅游是贯彻五大理念的综合载体

创新：构建旅游产业新体系，培育市场新主体和消费新热点，培育新的区域增长极。

协调：促进供需协调，促进景点景区内外协调、城乡协调、软硬件协调、规模质量协调。

绿色：将生态环境优势转化为旅游优势，将绿水青山变成绿色财富和生态福利。

开放：推动构建开放发展空间，打破地域分割、部门分割，打破各种制约，形成开放发展大格局。

共享：促进城乡旅游和居民生活融为一体，共建共享旅游发展红利。

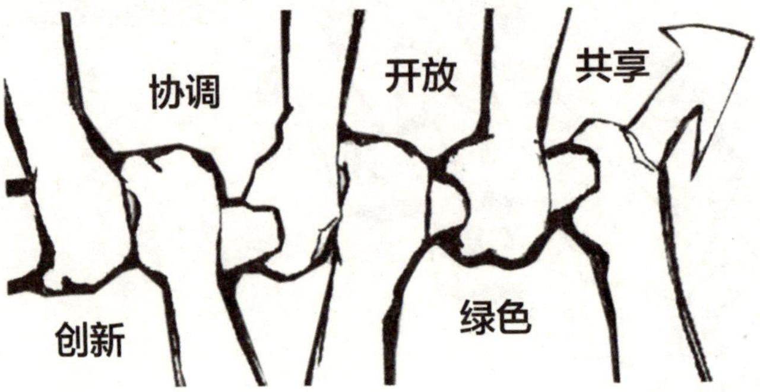

（二）经济转型新引擎

全域旅游是传统旅游经济的升级版，是共享经济中的一种创新发展模式，持续发挥着扩内需和稳增长的重要作用，同时有助于推动产业结构调整，变革经济增长机制，提高资源配置效率，是我国经济转型升级的重要抓手。

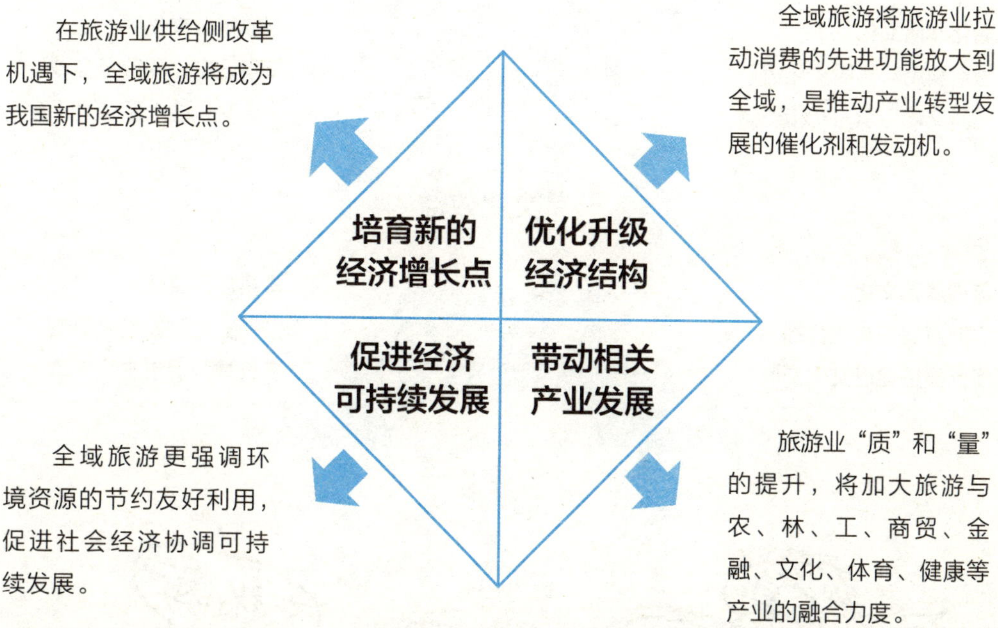

（三）文化繁荣新舞台

发展全域旅游需重视地域文化的保护与传承，将文化作为城市灵魂和旅游内涵，深度挖掘，并从封闭的景区释放到全域空间。全域旅游还能以旅游为平台，强化文化传播与交流碰撞，丰富地域文化内涵，繁荣中华文明。

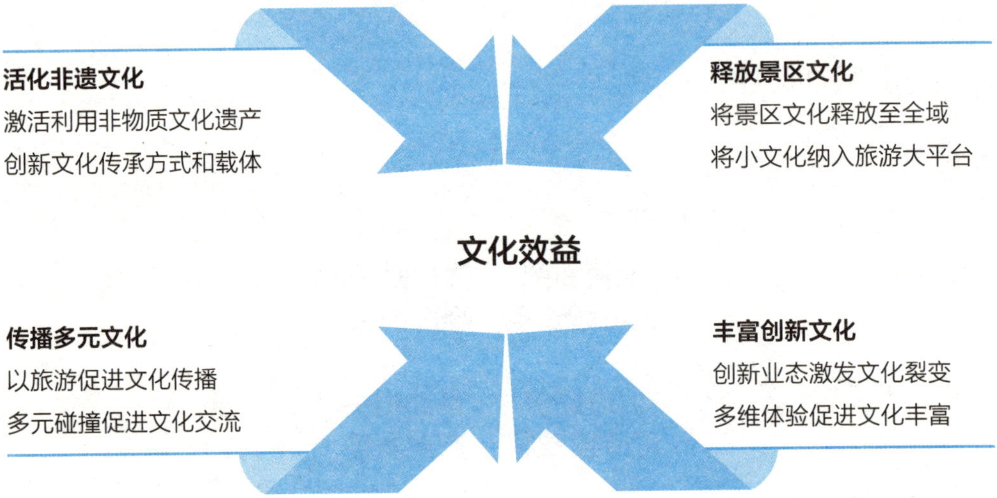

（四）民生幸福新途径

发展全域旅游是推进我国新型城镇化和新农村建设的有效载体，是解决农业、农村、农民问题的重要途径，是保障和改善民生、扩大就业、增进人民福祉的重要抓手。

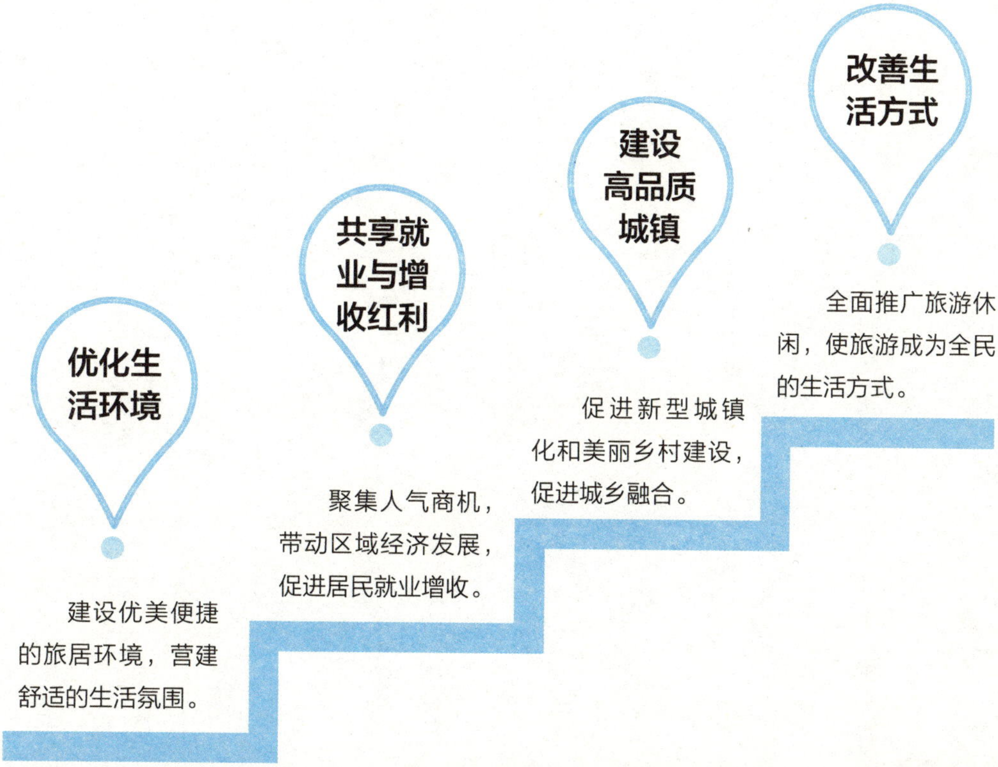

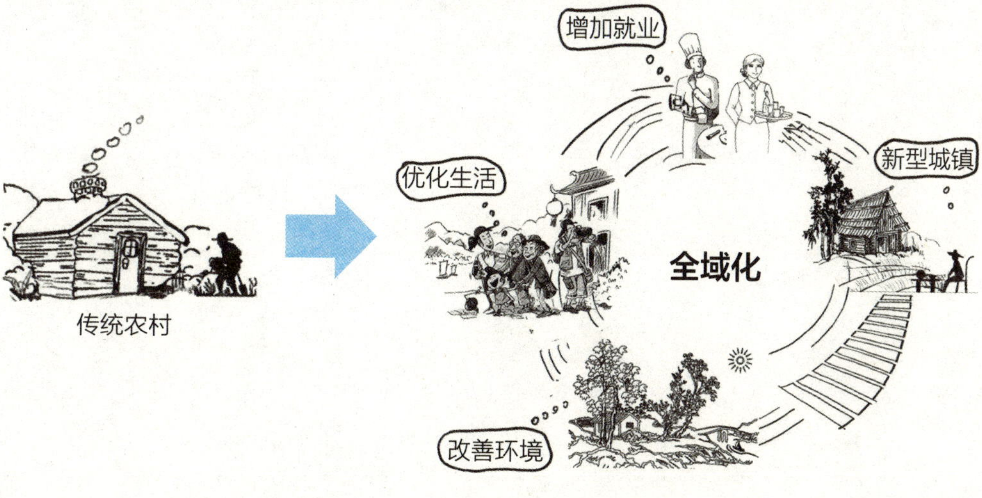

CHAPTER THREE

第三章

全域旅游全新认识

旅游是人类对美好生活的向往与追求，自古有之。《论语》云：“暮春者，春服既成，冠者五六人，童子六七人，浴乎沂，风乎舞雩，咏而归。”就向世人展现了一幅旅游休闲的生活图景。

过去人们对旅游的认识可能仅限于景区景点，但随着自由行的普及，游客已经用实践给我们提出了更大的命题：城乡全域、经济社会、生态人文等多种要素都已成为旅游元素。

一、概念解读

（一）官方概念

全域旅游是什么？

《国家旅游局关于开展“全域旅游示范区”创新工作的通知》

（旅发（2015）182号）

全域旅游是指在一定区域内以旅游业为优势产业，通过对区域内经济社会资源尤其是旅游资源、相关产业、生态环境、公共服务体制机制、政策法规、文明素质等进行全方位、系统化的优化提升，实现区域资源有机整合、产业融合发展、社会共建共享，以旅游业带动和促进经济社会协调发展的一种新的区域协调发展理念和模式。

《国家旅游局关于公布首批创建“国家全域旅游示范区”名单的通知》

（2016年2月5日）

全域旅游是将特定区域作为完整旅游目的地，进行整体规划布局、综合统筹管理、一体化营销推广，促进旅游业全区域、全要素、全产业链发展，实现旅游业全域共建、全域共融、全域共享的发展模式。

通常将国家旅游局的解释作为“全域旅游”的官方概念。

（二）概念解析

1. 官方概念解析

将特定区域（省市区县）作为完整旅游目的地 → **主体**

进行整体规划布局、综合统筹管理（多部门）、一体化营销推广，促进旅游业全区域、全要素、全产业链（旅游+）发展 → **路径**

实现旅游业全域共建（景区内外、城市乡村）、全域共融（产业）、全域共享（设施和服务主客共享） → **目标**

发展理念和模式 → **性质**

——2016年2月5日《国家旅游局关于公布首批创建“国家全域旅游示范区”名单的通知》

概念简化

全域旅游是：
将区域整体作为旅游目的地发展的
新理念和新模式。

是一种区域资源有机整合、产业融合发展、社会共建共享的发展理念。

2. 概念的优点与待完善之处

国家旅游局出台相关文件明确了“全域旅游”概念，从指导全域旅游实践发展的角度看，该概念具有四大优点，但也有三个细节有待完善：

优点

- ❖ 明确了“全域旅游”概念，以此来统一“全城旅游”、“城旅一体”、“全域度假”、“全域景区”等相关概念。
- ❖ 放大了旅游资源观，将生产生活方式、社会经济活动等多种资源纳入旅游资源范畴。
- ❖ 强化了旅游产业的综合带动作用，发挥旅游业关联度高的特点，带动农、林、工、商等相关产业发展。
- ❖ 强调了旅游业改善民生的重大意义，旅游业从单一服务游客，拓展出惠民、便民、富民的综合社会化功能。

待完善

- ❖“特定区域”的范围不明确，从便于政府推进的角度，建议以行政区划为基本单位。
- ❖“以旅游业为优势产业”的限定有待商榷，“旅游业”本身界限不明确，且不少旅游业不是优势产业的地区也有发展全域旅游的需要。
- ❖“全域旅游”的认定标准有待进一步优化。

“全域旅游”发展方向和工作思路已相对明确，在概念和标准等方面尚存一定争议。

（三）多方认知

行政部门理解

全域旅游是地方建设综合型旅游目的地的指导理念，是促进多部门在行政管理上达成共识、齐抓共管旅游的有效抓手。

学术界争议

对全域旅游概念，学术界主要在全域范畴、认定标准、无景点旅游等方面争议较大，对实践路径的理论研究涉足较少。

魏小安： 全域旅游是挖掘前工业化资源，利用工业化成果，创造超工业化产品。

王兴斌： 全域旅游是“旅游目的地”的概念。

张　辉： 全域旅游是实践空间域、产业域、要素域和管理域的完备。

厉新建： 全域旅游是在新时代面临诸多旅游问题的时候，应该采取的一种新的发展理念。

王玉海： 全域旅游是政府发展旅游业的一种理念。其核心是要把单纯的旅游产业运作转化为全社会的综合化运作。

旅游企业认知

全域旅游将促进旅游产业链延长，增加企业参与旅游市场盈利的环节，更多企业可在全域旅游的发展中分一杯羹。

游客居民看法

全域旅游代表着未来旅游体验趋势，将是处处皆风景、服务触手可及、安全文明有序的旅游环境。居民可以享受更优质的生活环境，游客可选择更丰富多样的旅游产品。

不同视角下的全域旅游呈现不同特征，具体落实路径有待深入探索。

二、基本内涵

新的旅游发展模式
——从景点旅游向全域旅游转变

❖ 综合旅游目的地统筹发展，多规合一、公共服务全域覆盖

新的区域发展理念
——以全域旅游为抓手，提升区域综合竞争力

以全域旅游为抓手统筹：产业发展、城乡建设、生态环境保护、民生福祉 → **实现**：提高区域知名度、提升区域价值、培养区域竞争力

新的旅游产业形态
——对相关经济社会资源重新配置组合，形成全产业链

旅游要素配置最佳 + **旅游环境秩序最优** + **旅游公共服务最完善**

新型生活方式
——主客和谐共处、共建共享的旅居生活方式

❖ **游客**：深入体验社区、风土人情，提升了旅游品质

❖ **居民**：享受便利的基础设施、公共服务、知识信息、文化交流

现代旅游治理方式
——“1+3+N”的全域大旅游综合协调管理机制

❖ **综合管理**：政府统筹

❖ **综合执法**：地方政府负主体责任，公安、工商、物价、交通等有关部门共治共管

新型国土功能
——把全域旅游区划定为旅游休闲功能区

根据多种因素划定功能区：
❖ 生态敏感性
❖ 生态系统服务功能
❖ 重要性评级

→ 旅游休闲功能区（作为限制类和禁止类主体功能区的一类）

三、特征解析

（一）从景点建设向目的地统筹发展转变

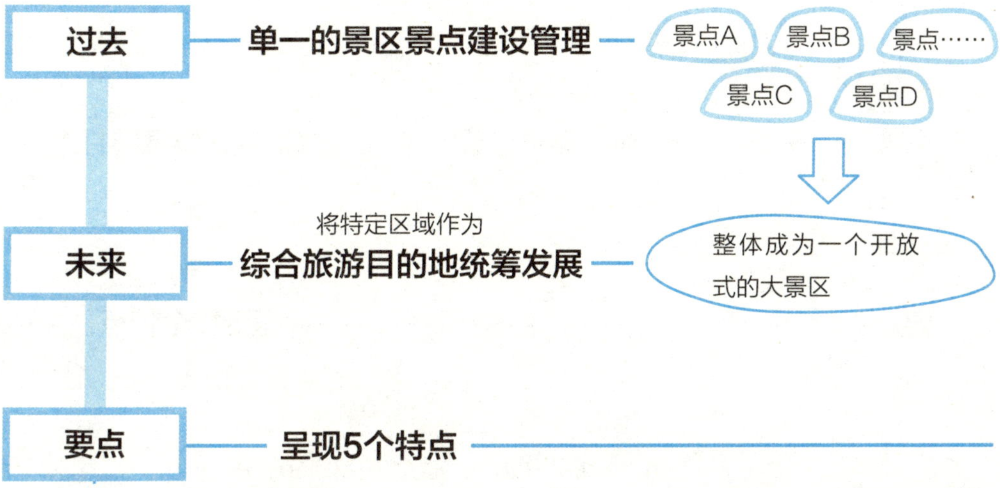

旅游吸引物多元化发展

旅游吸引物不局限于景区景点，各类社会生活资源都可为旅游所用。如具有审美游憩价值的水利建设、具有地域文化特色的生产方式等。

旅游环境与氛围全域可享

在游客可及的区域都有良好的生活和游憩氛围，实现全域宜居宜游，处处是风景。

旅游服务设施全域一体化

旅游基础设施和公共服务建设从景点景区拓展到全域，推进景区内外服务水平一体化、城乡公共服务均等化。

旅游监管全域覆盖

打破景区景点内外的体制壁垒和管理围墙，实现旅游监管与治理的全域覆盖。

旅游目的地整合营销推广

改变单一旅游产品营销方式，整合全域范围所有可用渠道，对全域旅游目的地进行系统营销推广。

（二）从注重硬件向软硬兼顾转变

过去 —— 注重景区、酒店、餐厅等硬件建设

未来 —— 旅游硬件建设 + 旅游软环境氛围打造

要点 —— 呈现3个特点

当地居民文明友好

- 居民积极建设美好家园和旅游环境
- 主动宣传旅游资源
- 乐于向游客提供服务
- 善于引导游客文明出游

旅游市场秩序规范

- 旅游经营者诚实守信
- 提供物有所值的商品与服务
- 旅游市场环境公平有序——价格透明、公平交易、秩序井然

旅游环境安全和谐

- 旅游管理者与经营者安全意识较强
- 旅游安全设施健全
- 旅游安全预警与救援机制完善

（三）从点线服务向全域全程服务转变

过去：仅在“景区–酒店”两点一线配给旅游服务

未来：游客随时随地都可便捷获取所需服务

要点

全域范围内

1. 点线面布局，旅游服务全域精准配给

点：依托景区、酒店、交通枢纽等节点进行点状配置

线：依托公路、水路、绿道等交通廊道进行线状配置

面：促进城乡公共设施（社区停车场、公共厕所、服务岗亭等）向旅游服务转化，辐射面状区域

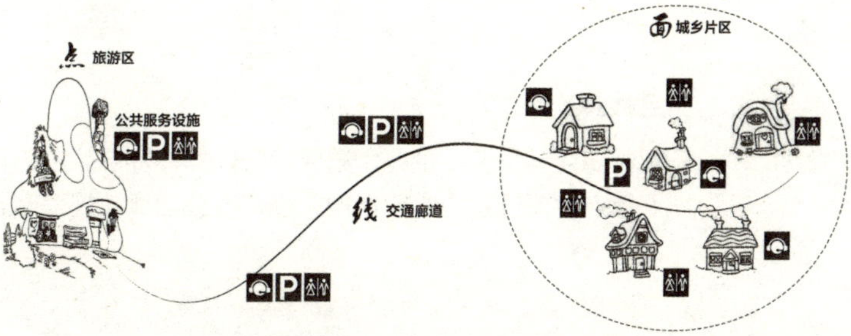

全过程中

2. 智慧化升级，行前–行中–行后全程触手可及

出行前：在线信息查询、订购、付款

出行中：自助导览、信息咨询、智慧解说

出行后：服务点评、投诉、退款等

（四）从旅游部门主导向全社会协同推进转变

过去：旅游部门主导的行政管理+景点景区围墙内“民团式”执法管理

未来：党政统筹、全社会各界参与、多部门协作的综合管理

要点：呈现3个特点

地方政府统筹推进

- 主要领导牵头，成立旅游工作领导小组或设立旅游委
- 形成强有力的组织领导机制、强化协调职能

全社会多元共治

- 调动社会组织、企业、居民等各界群体发展旅游的积极性
- 重点发挥行业协会的作用，强化行业自律，规范旅游市场

多部门齐抓共管

- 协调相关部门树立齐抓共管意识
- **执法上：**联合执法、相互合作维护市场秩序（互不越位、无缝衔接）
- **管理上：**各负其责、协作推进全域旅游发展（从“小马拉大车”到“群马拉大车”）

旅游局 → 旅游局+文化局+工商局+交通局+公安局+物价局+……

（五）从封闭的旅游经济向全业开放共荣转变

过去　封闭的旅游行业自循环经济

未来　开放的“旅游+”融合发展方式，共融共荣

要点　呈现3个特点

从门票经济向综合的产业经济转变

❖ 实行景区门票分类改革，降低门票价格
❖ 延伸景区产业链，使景区走向产业集聚区，实现景区产业经济的综合统筹发展
❖ 丰富多种休闲消费业态，拉动综合消费

基于“旅游+”的渗透力与提升力的产业融合

❖ 加大旅游与农业、林业、工业、商贸、金融、文化、医疗、体育等产业的融合力度，形成综合新产能

从粗放低效旅游向精细高效旅游转变

❖ 旅游消费是产业升级的平台，刺激上游产业供给侧改革
❖ 使建筑业、制造业、金融业等更多产业与旅游需求对接
❖ 精细化升级产业链，构建新的产业生态系统

（六）从游客为主向主客共享转变

过去 —— **主要服务于游客**

未来 —— **全域旅游向游客与居民释放红利，增加民生福祉，实现主客共建共享**

要点

1. 游客受益

- 更加丰富多样的旅游产品选择
- 更优质的旅游体验
- 旅游满意度大幅度提升

2. 百姓获利

- **惠民：**更整洁优美的居住生活环境
- **便民：**更完善的公共服务设施
- **富民：**更多就业机会与经济收益

四、避免误区

（一）认识误区：全域旅游＝全空间游

全域旅游　不倡导不分地域、没有条件、遍地开花的“全空间”

不是　全域空间平均投入、均质发展

而是　有主次、有重点的旅游空间整体统筹

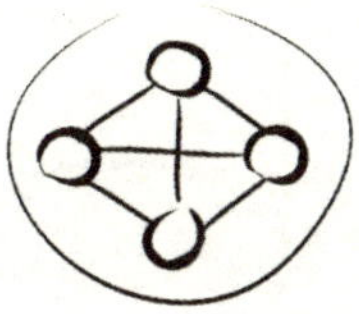

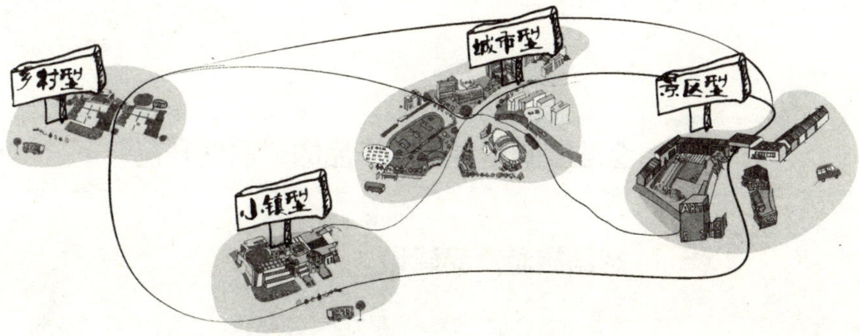

全域旅游　不仅仅是旅游产品“全空间”的表面现象

不只是　扩展旅游空间 ＋ 开发旅游产品

更重视　提升旅游产品质量 ＋ 优化管理服务水平 ＋ 升级产业结构

（二）方向误区：不搞景区、不要产品

推动从“景区景点旅游”向“全域旅游”模式转变

不是 **否定景区景点建设**

- ❖ 景区景点是旅游业永恒的吸引物，是全域旅游发展的基础

而是 **改革升级景区发展路径**

- ❖ 引导景区开放，无边界化发展，降低甚至免收门票
- ❖ 提供更多增值服务或消费业态，提高旅游产业综合收入
- ❖ 发挥辐射带动作用，解决景区内外“两重天”问题

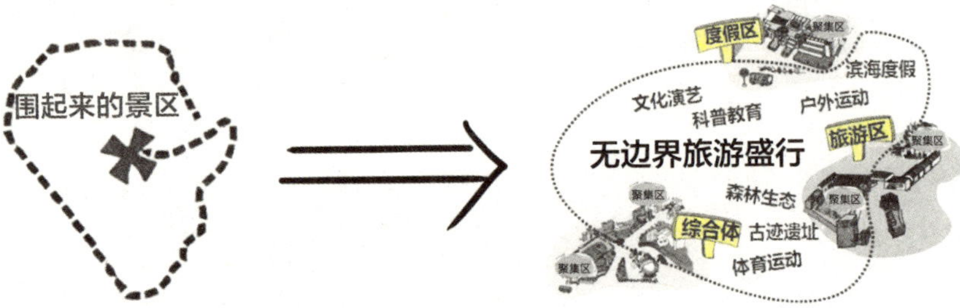

全域旅游不是旅游产品的“遍地开花”

不是 **忽略旅游产品建设**

- ❖ 丰富多样的旅游产品是旅游目的地体系的重要构成要素

而是 **强调旅游产品的立体化升级发展**

- ❖ 构建满足游客大众化、个性化、多样化需求的旅游产品体系
- ❖ 调整旅游产品供给侧结构，向主题化、精品化，中高端化方向发展

（三）目标误区：唯旅游、唯GDP

全域旅游不是唯旅游产业论

不是

- 引导各地只发展旅游
- 要求各地都以旅游业为主导

而是

- 鼓励各地充分发挥旅游业的综合带动作用
- 以旅游业促进社会经济系统中的多种产业融合发展

全域旅游要求旅游业对地区GDP的综合贡献率达到一定水平

不是

- 唯GDP导向或孤立考核

而是

- 以GDP作为旅游业发展的引导性指标
- 强调旅游业对区域经济发展的贡献

全域旅游发展目标

提升经济效益 + 优化区域环境 + 扶贫富民 + 增加就业 + 繁荣文化 + ……

（四）执行误区：盲目建设、同质发展

全域旅游三大执行误区

不是 **到处开发建设、破坏资源**

❖“处处是风景”不是要到处建景区景点

❖“处处有服务”不是要到处建宾馆酒店

而是 **强调系统规划、合理布局景区景点与宾馆酒店等服务部门**

不是 **跃进式扩张、一哄而起**

❖ 所有地区都在近期启动全域旅游建设

❖ 用行政手段大范围、快速度、运动式推进

而是 **引领各地区根据旅游发展条件的成熟度，分批次有序推进**

不是 **同质化发展、简单复制**

❖ 千城一面、千景一格、千点一味、千域一样地发展旅游

而是 **挖掘地方特色、因地制宜发展全域旅游**

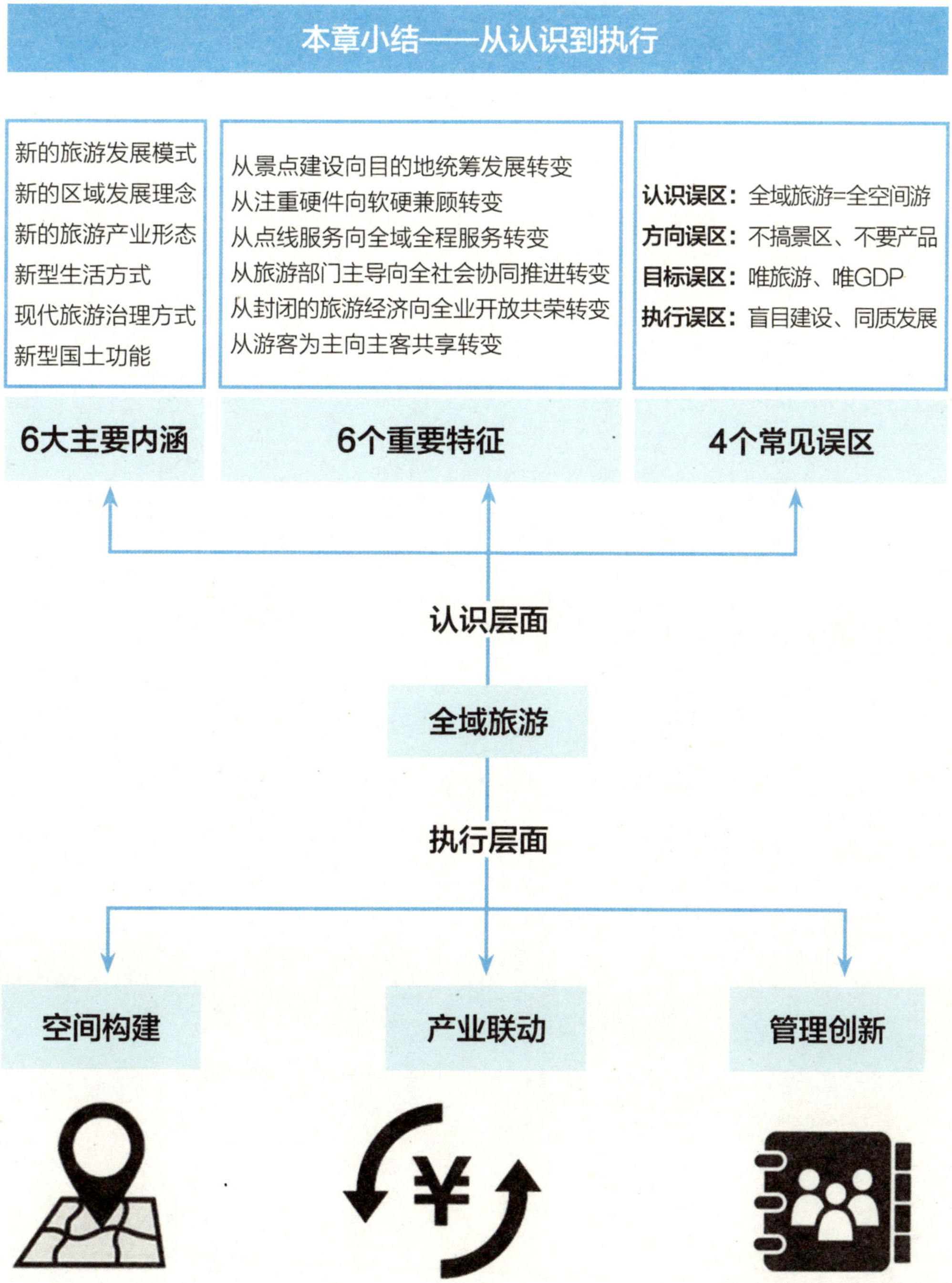

在全面认识全域旅游的基础上，为解决空间上如何达到全域旅游、旅游如何带动地方经济、政府如何推动落实等方面的现实问题，本书重点从空间构建、产业联动、管理创新三个方面着手，深入论述及剖析实证，为全域旅游发展指明方向，并给出操作性指南。

第二篇

明道

明道，真知也。《道德经》里说“人法地，地法天，天法道，道法自然”，强调了“道”是万事万物运行所依的普遍客观规律。在取势之后，全域旅游这一理念迫切需要明道以致知，去伪存真，提炼精髓。

全域旅游的空间之域到底多大？其空间模型究竟如何构建？具体可归结提炼为“旅游区–旅游廊–旅游场域”三大组成部分。明确空间对于全域旅游发展具有很好的指导作用，能够真正塑造点线面结合的目的地吸引力。

全域旅游产业之海到底多深？全域旅游视角下，旅游产业是真正兼具消费性和生产性的综合性产业。以旅游产业要素为原点，横向可以联动相关产业进行要素叠加，纵向可以带动上游产业进行供给侧改革，为国民经济的健康发展全面发力。

全域旅游管理之脉到底多广？传统的旅游部门唱独角戏的时代已经逐渐成为过去式，真正群马拉大车的时代悄然而至。全域旅游的建设需要内部改革和外部建设双管齐下，实现共建共享的终极目标。

标杆、模范从来都具有示范效应。示范创建是达成全域旅游的重要渠道。示范单位只有从空间、产业和管理方面找准切入点，才能真正为全域旅游有序发展开拓路径。

4

CHAPTER FOUR

第四章 全域旅游空间构建

“墙里秋千墙外道，墙外行人，墙里佳人笑。”墙里墙外风景各异，又各不相干。而全域旅游就是要突破“墙”的限制，使内外风景融为一体，绘制“你在桥上看风景，看风景的人在楼上看你”的全景化图景。旅游目的地的风土人情、生产资源、生活方式和交通方式都可以成为游客共享参与的载体，甚至游客从未到访的地方，也可成为旅游的支持空间，这些则共同构成了全域旅游空间的关键。

一、全域旅游空间模型

（一）全域旅游空间理论基础

1. 城市地域结构理论

应对城旅融合发展趋势

随着旅行方式多样化和散客市场兴起，都市和乡村生活成为游客体验对象，旅游者的游憩空间与当地居民的休闲空间界线逐渐模糊，城乡环境成为主客共享的旅游空间。

运用三个理论模型

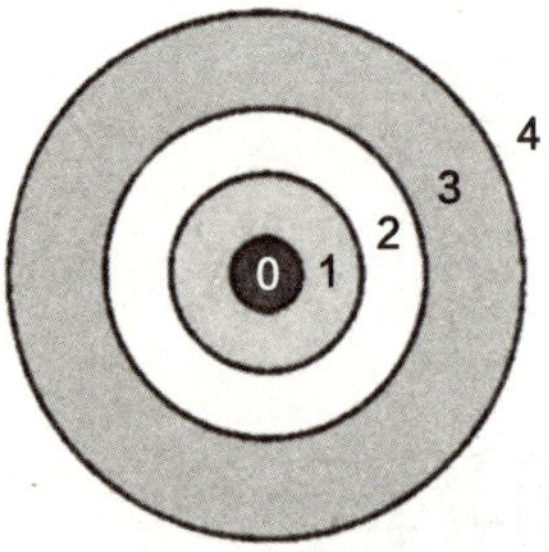

同心圆理论
（伯吉斯，1925）

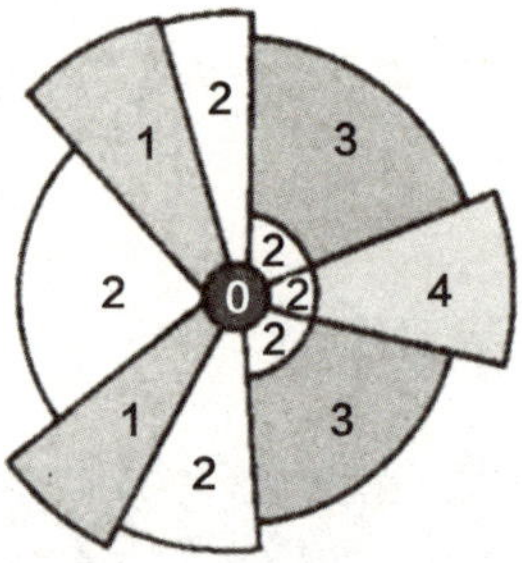

扇形理论
（霍伊特，1939）

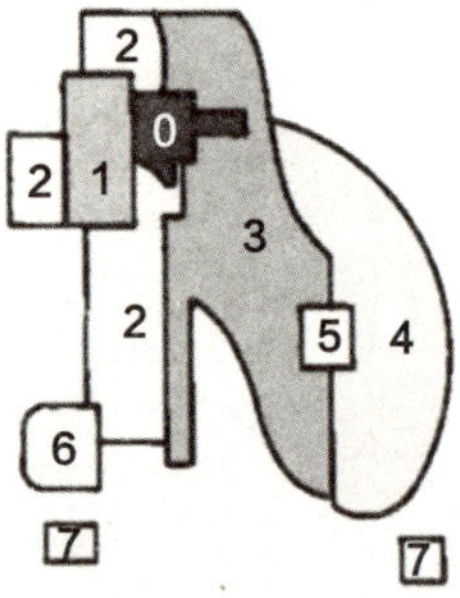

多核心理论
（哈里斯和乌尔曼，1945）

0. 商业中心区　1. 过渡地带/旧城区/内城区　2. 低级住宅区　3. 中级住宅区
4. 高级住宅区　5. 新发展中心　6. 工业区　7. 市郊发展区

提出城乡旅游空间圈层

城乡旅游空间圈层是在同心圆理论基础上的演绎，由城市、城郊和乡村构成。

2. 景观生态学空间理论

由于景观生态空间与全域旅游空间结构类似

运用“斑块-廊道-基质”结构

由福尔曼（1995）提出。

其基本模式符合旅游空间的异质性。

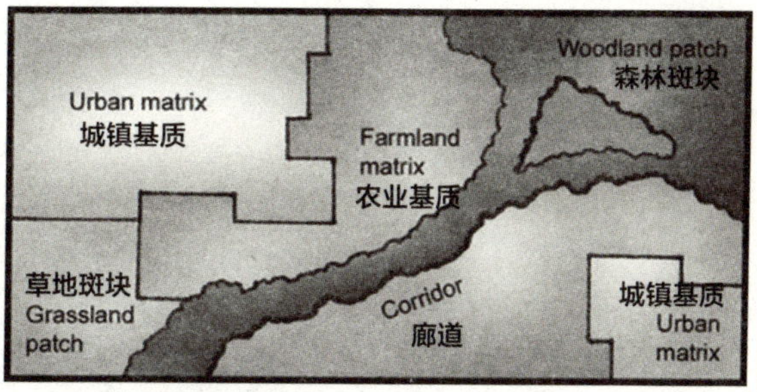

划分全域旅游空间结构

延续“斑块-廊道-基质”结构对空间的划分方式，将整个目的地划分为由旅游的承载空间、廊道和背景组成的空间结构。

3. 旅游空间理论

由于全域旅游的各类空间形态边界相对模糊

在“点线带圈面”空间理论基础上

由聂铭等人（2015）在弗里德曼“核心-边缘”理论（1966）和陆大道“点-轴”渐进式扩散理论（2002）的基础上提出。

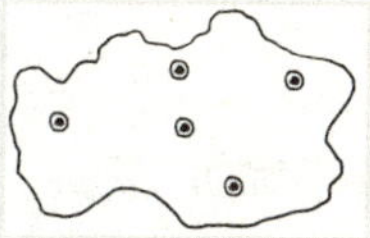
图1　旅游点空间发展阶段

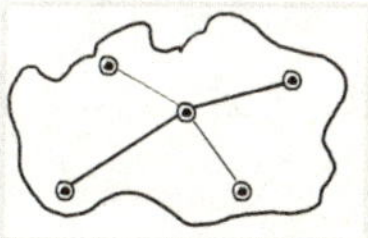
图2　“点-轴”旅游空间形态发展阶段

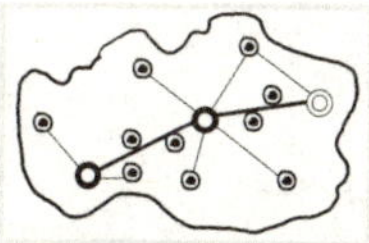
图3　旅游带空间发展阶段

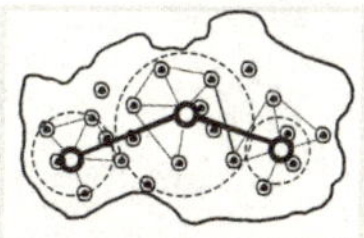
图4　旅游圈空间发展阶段

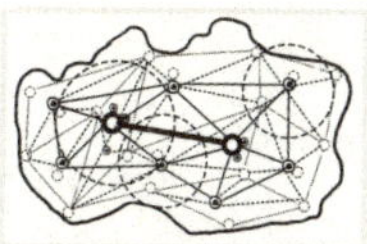
图5　旅游域面空间发展阶段

提出全域旅游空间模型

将“点”扩展为“区”，将“线”和“带”统合为“廊”，将“圈”和“面”升级为“场域”。

（二）全域旅游空间模型探索

基于　同心圆的城乡背景 ＋ “斑廊基”的空间思路 ＋ 点线面的旅游载体

提出　全域旅游的“旅游区–旅游廊–旅游场域”空间模型

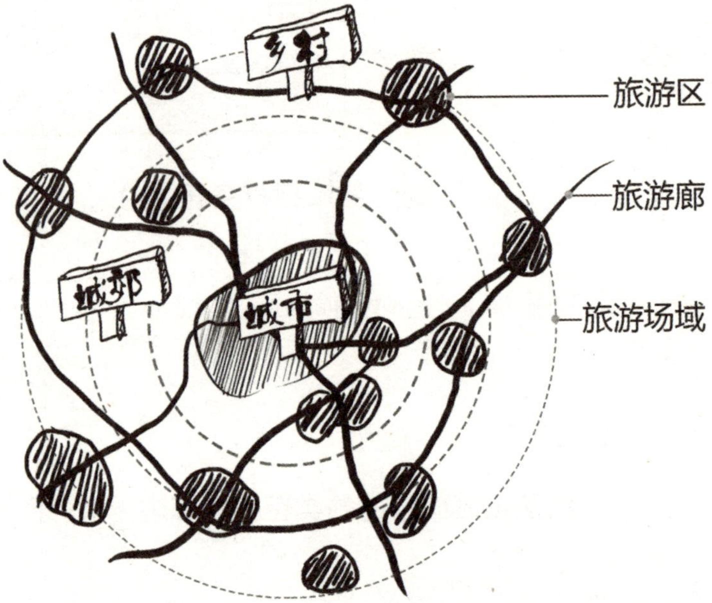

从城乡地域结构来看

将旅游空间置于城乡区域背景之中，诠释城市、城郊、乡村各异的旅游发展方式。

3个圈层

从发展肌理的抓手来看

旅游空间重点从“点”向“区”转变。“区”与“区”之间、“区”与“场域”之间通过“廊”联动，形成互动有机体。

3类空间

实现　整体旅游目的地空间系统的构建

二、全域旅游核心载体——旅游区

将旅游吸引物和旅游要素集聚、游客活动和消费相对集中的地域空间定义为“旅游区”。

与界限明确、管理权属分明的传统定义相比（2003年《旅游规划通则》：旅游区是以旅游及其相关活动为主要功能或主要功能之一的空间或地域），全域旅游中“旅游区”涉及范围更广，旅游主体更多元，集聚现象更趋明显。

（一）功能和特点

4个功能

- 全域旅游的核心载体
- 旅游目的地的吸引力之所在
- 旅游活动的主要承载区
- 区域优先发展空间

4个特征

- 核心吸引明确
- 边界相对模糊
- 服务设施相对集聚
- 空间形态各异

呈现5种主要形态：

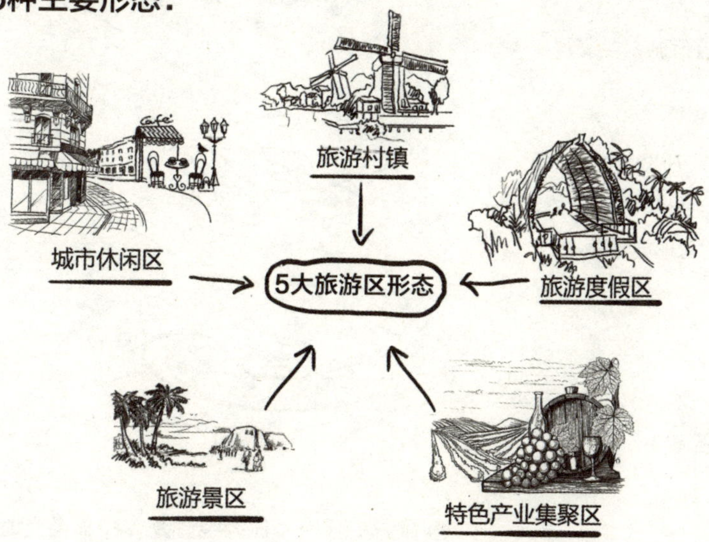

（二）发展要点

具体主抓**5**步要点：

选定潜力区域 → 落实空间载体 → 提升核心吸引 → 配置旅游要素 → 完善服务设施

1. 选定潜力区域

1个基本要求：一个地理区域（面积在1平方公里以上、100平方公里以内）

4个限制条件：满足以下**4**个条件中的至少**3**个，即可将其作为潜力旅游区

资源条件：旅游资源集中（达到国标五级资源1处或三级以上资源5处）

区位条件：旅游交通可达（具有二级公路或旅游公共交通）

产业条件：开发能力较强（拥有大中型旅游开发经营主体，或小型旅游经营者形成规模）

市场条件：旅游人次达标（不低于50万人次/年，相当于4A级景区最低标准）

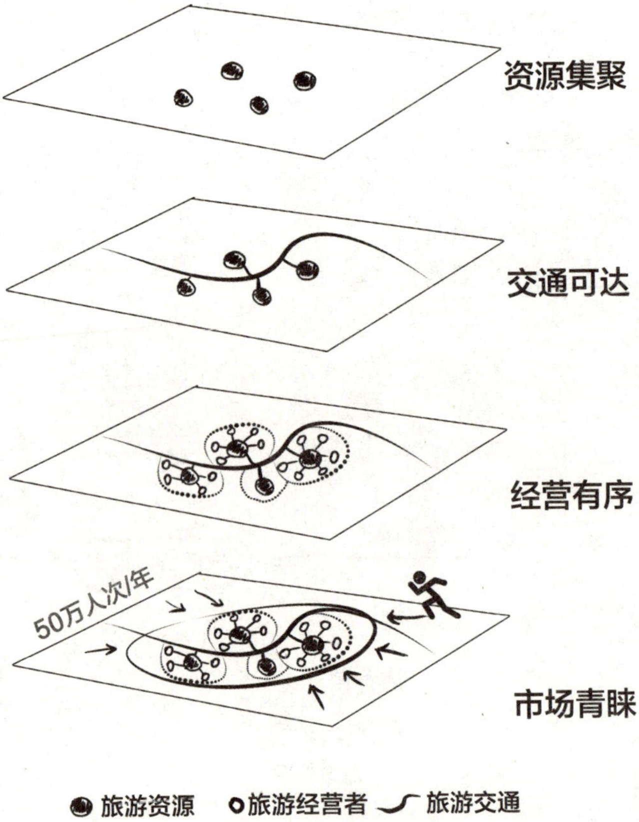

2. 落实空间载体

以多规合一为保障

❖ 针对选定的潜力区域，编制旅游规划。
❖ 纳入该区域“多规合一”体系中。

针对新建项目，要保障相对充足的用地空间

❖ 在潜力旅游区内，协调旅游项目用地。
❖ 加强对旅游用地、滩涂荒地、扶贫用地等的统筹利用。

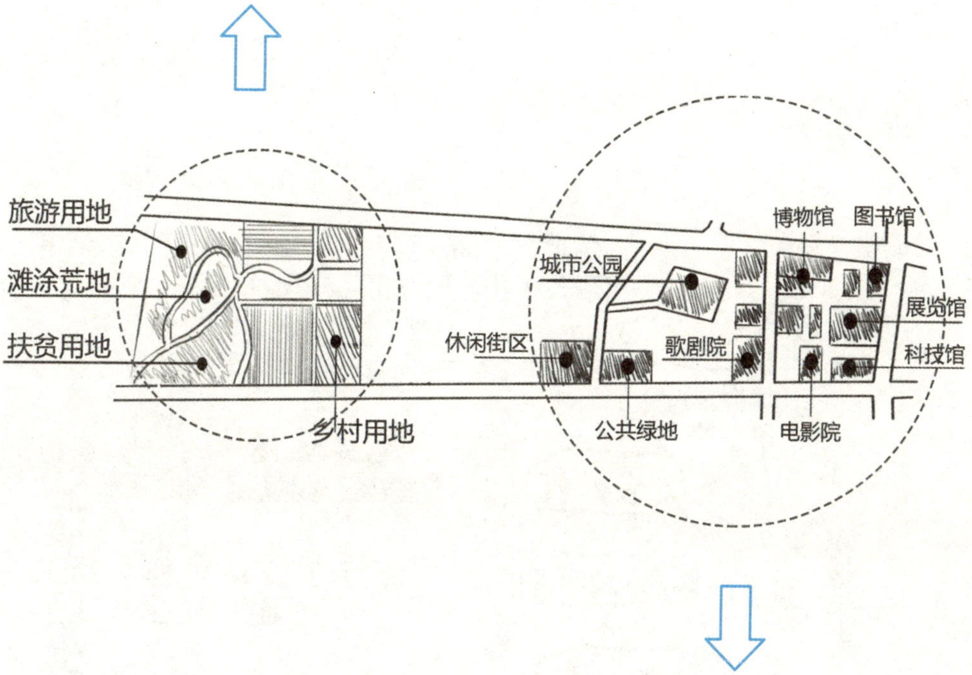

针对现有设施，要尽可能实现旅游化利用

❖ 突破传统局限于景区景点的旅游空间，开放共享非旅游主体功能的空间资源，注入旅游元素和旅游功能。
❖ 优先共享城市中的公共休闲、公益文化、商务活动、文化娱乐等设施。其中公共休闲设施包括城市公园、公共绿地、城市街区等，公益文化设施包括科技馆、博物馆、图书馆等，商务活动设施包括展览馆、会议中心等，文化娱乐设施包括歌剧院、电影院等。

3. 提升核心吸引

全域旅游吸引物内涵更加丰富

❖ 全域旅游吸引物的载体由传统资源向生产、生活、体育、科教等潜力资源延伸。

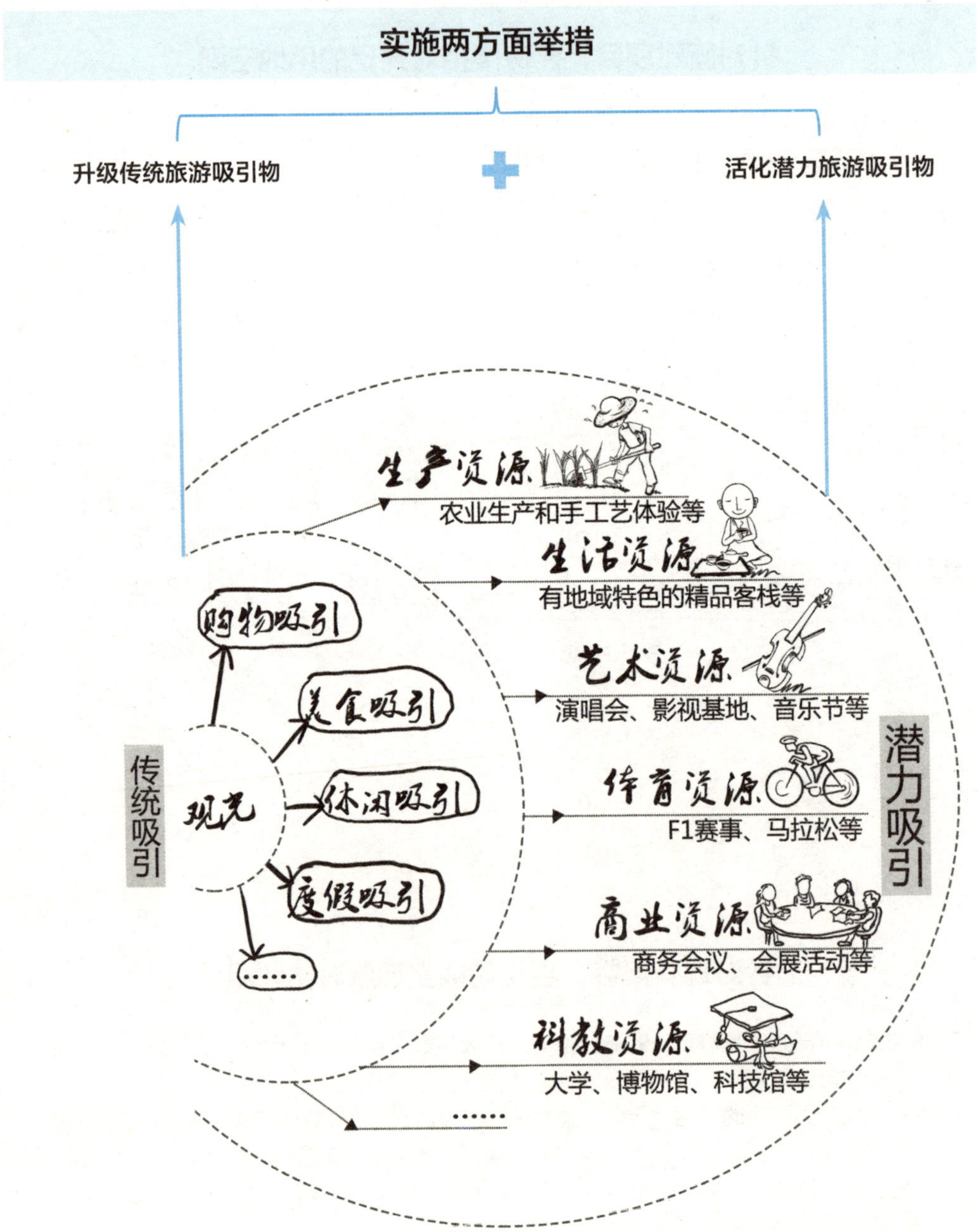

（1）升级传统旅游吸引物

促进单一观光吸引向多元吸引再向休闲度假吸引的能级提升

提升观光吸引

- ❖ 核心造极，打造独特吸引
- ❖ 丰富看点，打造支撑性吸引
- ❖ 环境优化，打造全景式吸引

复合多元吸引

- ❖ 开发旅游必购商品，提升购物吸引
- ❖ 挖掘特色餐饮潜力，构建美食吸引
- ❖ 开发演艺休闲项目，拓展娱乐吸引

提升吸引能级

- ❖ 配置休闲度假设施
- ❖ 发展反季节旅游
- ❖ 发展夜间旅游

案例链接：南京牛首山文化旅游区

基础：南京牛首山“春牛首”生态观光。

龙头：佛顶宫　**佛教圣物** ＋ **标志性建筑**

支撑：佛顶塔、郑和文化园、北部风景区。

目标：发展佛教主题的休闲度假旅游，成为长三角地区新兴佛禅主题名胜之一。

（2）活化潜力旅游吸引物

基于 | **社会资源逐渐引发游客兴趣**

- 旅游的目的不仅在于去某个景点，更在于通过旅游获得不同寻常的经历与体验。
- 地方风俗、科教、商业、体育、艺术等社会资源逐渐为游客感兴趣，从而成为有待活化的潜力旅游吸引物。

实施 | **发现、产品化和品牌化三个活化步骤**

发现潜力吸引物

- 鼓励全社会公共资源向游客开放共享
- 选取其中有条件的资源试点开发
- 推出一批市场接受度高的特色活动

产品化开发利用

- 改善基础设施水平
- 围绕潜力吸引开发消费业态

品牌化包装营销

- 当地社会各类宣传载体推介潜力吸引物
- 在地方旅游宣传片中展现风土人情
- 定期举办地方文化活动

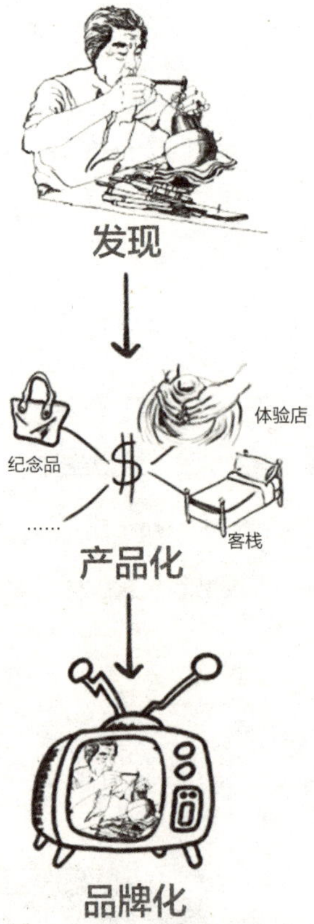

实现 | **将原本不被重视的潜力吸引物打造为全域旅游核心吸引之一**

案例链接：旧金山湾区

旧金山湾区是国际性旅游目的地，其社会资源的吸引力远大于传统景区。

谷歌总部——生产型资源形成旅游吸引

整个公司就像一个大花园，建筑错落分布其中，对外部游客形成了极大的吸引力。

- ❖ **观光型休闲：**办公楼+景观雕塑
- ❖ **生活型休闲：**大洋伞底下聊天喝茶
- ❖ **体验型休闲：**体验员工自行车

渔人码头——生活型资源形成旅游吸引

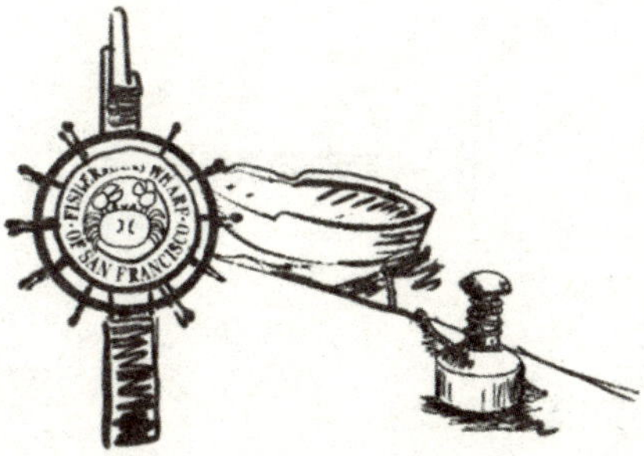

过去曾是意大利渔夫的停泊码头，如今已是旧金山最热门的去处。大螃蟹广告牌已成为城市标志。

渔夫码头 ⇨ **渔主题农庄**

- 渔夫码头：码头风景 + 休闲生活氛围
- 渔主题农庄：海鲜菜品

斯坦福大学——教育型资源形成旅游吸引

美国著名的私立大学，免费向游客开放。
校园建设极富特色，规划有序，风景如画。

学校教育资源

- 建筑观光
- 风景
- 纪念品

4. 配置旅游要素

围绕核心吸引物配置旅游要素，塑造整体旅游氛围，带动产业发展，实现旅游活动由点到面拓展。针对城市内部、城郊地区和乡村地区等不同类型旅游区，配置旅游要素的指导方针各有不同。

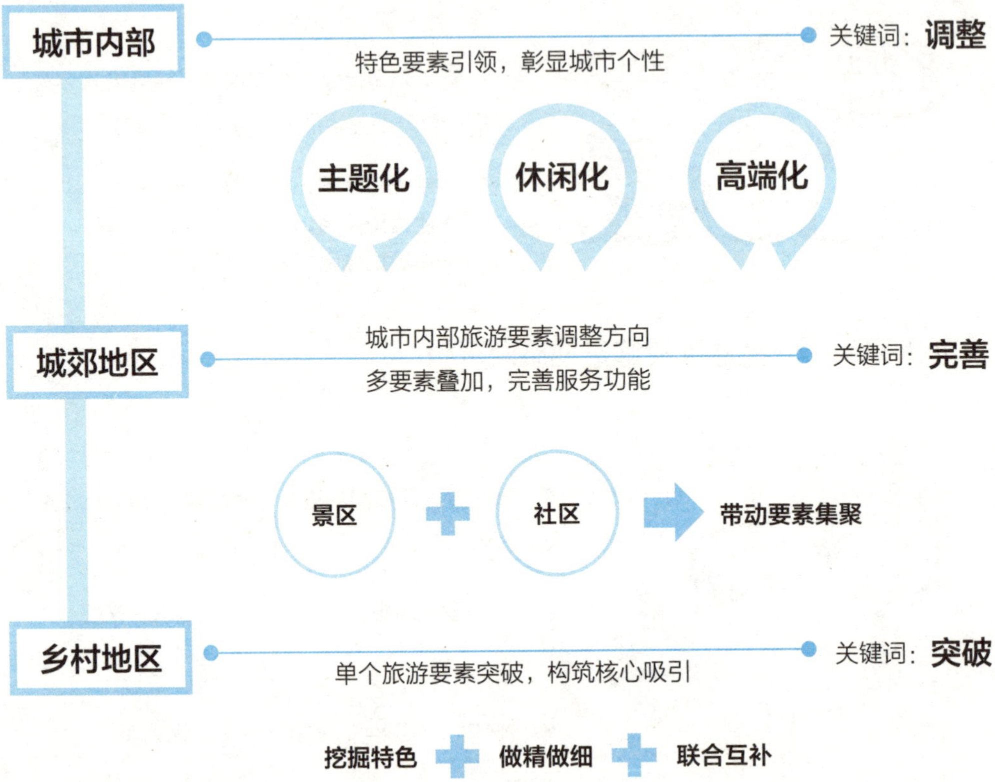

案例链接：袁家村、莫干山通过做强单个要素形成核心吸引

袁家村：以关中民俗餐饮为王牌，形成乡村旅游标杆。

莫干山：以洋家乐住宿为王牌，成为国际化旅游度假胜地。

5. 完善服务设施

按照景区标准配置相对完备的旅游服务设施，最大限度满足以人为本的游客需求，同时展现旅游区特有的文化元素。主要包括内部交通、集散咨询、基础配套三类设施。

内部交通设施

- ❖ 建设城市中的文物径、乡村中的绿道。
- ❖ 优化旅游区内部组织关系。
- ❖ 构建旅游区内部资源和要素合力。

案例链接——波士顿自由之路

- ❖ 自由之路（The Freedom Trail)是从波士顿公园到查尔斯顿之间的一条由红砖铺成的、长度约4公里的街道。
- ❖ 沿途多为17、18世纪的房舍、教堂和独立战争遗址，是波士顿城区的重要旅游步道。

集散咨询服务设施

- ❖ 在旅游区设置集散设施、咨询设施，可提高散客出行的效率，引导游客前往更多旅游点。
- ❖ 精心设计、富有文化内涵的集散咨询服务设施本身也能成为具备观光和休憩功能的旅游吸引物。

基础配套设施

- ❖ 旅游环境构成要素，为游客便捷出行提供保障。
- ❖ 包括环卫设施、广场设施、照明设施、休憩设施、智慧旅游设施、无障碍设施。

休憩设施

（三）主要类型

根据空间形态的不同，旅游区主要分为5种类型。

5种常见旅游区

城市休闲区	旅游村镇	旅游度假区	旅游景区	特色产业集聚区

城市休闲区

- **空间载体**：商业街、综合体、城市景区
- **核心吸引**：引进有吸引力的主力店铺，促进休闲业态集聚
- **要素配置**：以具有当地城市风情的购物、美食、娱乐要素为主，日夜兼顾
- **服务设施**：
  - 公共活动节点：小广场、滨水空间等
  - 配置休憩设施：卫生间、座椅、直饮水

案例链接：杭州南宋御街

- ❖ 定位为“宜居、宜商、宜游的历史博物馆”。
- ❖ 通过合理分区和商业功能注入提升竞争力。
- ❖ 统一规划设计具有文化特色的游憩设施。

旅游村镇

- **空间载体**：围绕历史村镇、主题风情村镇、特色村寨、田园景观等构建
- **核心吸引**：凸显与城市不同的生活方式
- **要素配置**：突出1～2项核心旅游要素
- **服务设施**：体现乡土风情，注重环境打造

案例链接：马嵬驿民俗文化体验园

- 以地方小吃、工艺作坊、陈列展示、文化演艺等形式，让民俗文化看得见、听得到、能品尝、可体验、能传承。
- 2015年元旦接待游客30万人次，2015年春节接待游客140万人次，创陕西省内旅游景区最大接待量。

旅游度假区

- **空间载体**：海岸、温泉、山地森林、河流湖泊等环境资源
- **核心吸引**：生态环境和度假设施
- **要素配置**：围绕游客的食宿、游玩、康养、运动等需求配置
- **服务设施**：
  - 打造利于环境享受和休闲消费的设施
  - 完善度假生活服务和文化娱乐配套

案例链接：巴厘岛地中海俱乐部度假村

- 巴厘岛本土感性风情和亚洲流行时尚完美结合，创造性地发展了当地历史人文遗产。
- 以度假村为核心，复合陆上运动、海上运动、餐饮服务、休闲娱乐、儿童俱乐部等功能的公共配套建设完备。

旅游景区

- **空间载体**：观光资源富集的风景名胜地
- **核心吸引**：具有远域吸引的自然和人文资源
- **要素配置**：配置与景区文化一脉相承的餐饮、住宿、购物等要素
- **服务设施**（责任主体）：完善景区内服务（企业）→ 完善入口区服务（企业+乡镇）→ 优化通往景区途中的服务（企业+政府）

案例链接：广西龙胜龙脊梯田

- ❖ 有“世界梯田之冠”的美称。
- ❖ 相对开放，最为经典的是平安壮寨梯田和金坑红瑶梯田。
- ❖ 带动壮寨、瑶寨风情旅游，形成了“景区+村寨”的旅游格局。

特色产业集聚区

- **空间载体**：围绕龙头企业，形成产业园区或基地
- **核心吸引**：特色产业集聚区的服务功能和产业持续盈利优势
- **要素配置**：以共享型为主，兼顾游客和产业工人需要
- **服务设施**：由集群内旅游企业提供，展示自身实力

案例链接：台北松山文创园区

- ❖ 采取创意实验室、创意合作社、创意学院和创意橱窗等四大创意策略。
- ❖ 成为台湾文创产业基地、台湾文创社群交流中心及文创产业发展服务平台。

三、全域旅游连接纽带——旅游廊

旅游廊是以旅游区为端点，以旅游交通为联系纽带，以旅游服务和观光休闲要素为节点，经协同作用形成的线性旅游空间。

（一）功能和特点

3个功能

连接不同旅游区的交通功能

旅游廊首先是交通廊道，能够以相对舒适便捷的方式将不同旅游区衔接起来。

旅游服务和观光休闲功能

旅游廊具备便利的旅游服务和观光休闲功能，能够拉长部分游客在交通过程中的主动停留时长，避免旅游区内“扎堆”。

旅游产业整合带动功能

将线性区域内的旅游资源、服务设施、城镇聚落、道路交通等进行高效整合，优化配置生产要素，促使廊道产业分工合作。

3个特征

服务完备

服务节点较密，服务品质相对较高。

旅游吸引

依托旅游交通的观光休闲吸引力较强。

价值叠加

复合交通、服务、景观和产业廊道的价值。

（二）发展要点

具体紧抓三步要点：

谋划旅游廊的布局 → 完善旅游廊的功能 → 放大旅游廊的效用

1. 谋划旅游廊的布局

各类衔接旅游区的空间皆可作为潜在旅游廊进行谋划，主要分为两种。

针对没有交通线的线性空间：

在技术可行、经济合理的前提下，前瞻性选线建设，把尽量多的潜在旅游区和旅游吸引物衔接起来。

针对已有交通线构建的廊道：

在交通设施和服务节点上进行旅游包装和旅游功能提升，形成旅游廊道。

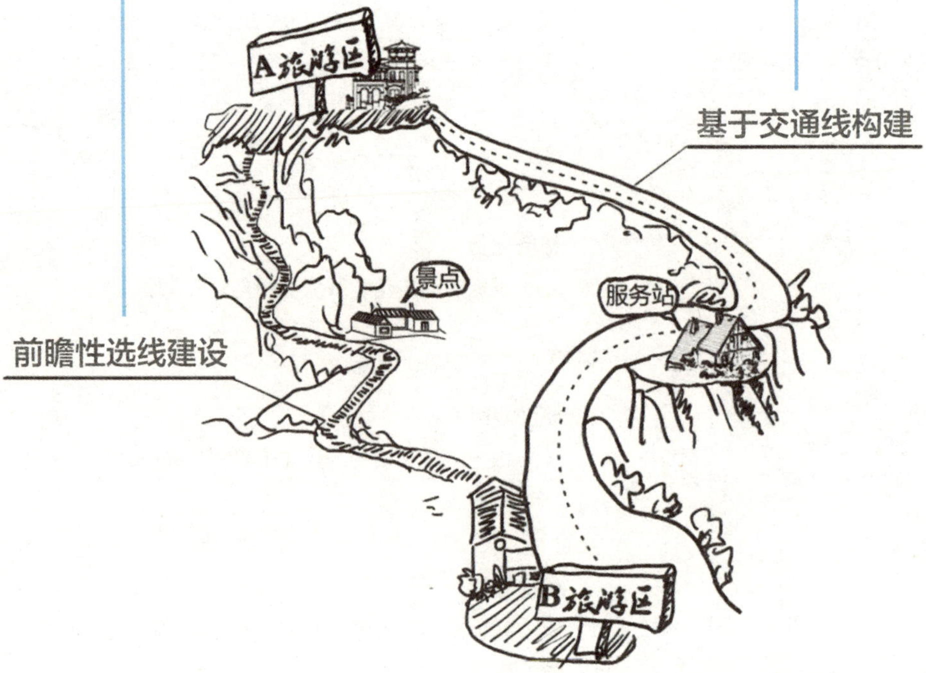

2. 完善旅游廊的功能

基于旅游廊的交通功能，打造旅游服务和景观元素，融入当地文化展示功能，使交通过程成为优质旅游体验。

旅游公路要创新经营管理模式，根据自驾车旅游需求设置沿途服务设施

节点功能提升 从交通节点到休闲节点 + 带状景观优化 从交通线到景观带 + 整体形象包装 从配套设施到吸引物

案例链接：高速公路服务区

单纯的交通停驻驿站 → **丰富多彩的商业旅游网络节点**

经营管理模式创新
- 当前高速公路服务区大都是一个模式、一个规格。
- 需借鉴先进管理经验，理顺管理机制。

韩国多元化经营模式——建设交通部投资、建设、维护，由公营企业韩国道路公社统一经营，实行自营+合营+租赁经营的多元化模式。

法国特许经营模式——公开招标确立特许经营权，国家以贷款形式参与特许公司经营。

台湾委托经营模式——实行委托经营模式
- 公共区的维护由政府负责。
- 经营区的维护和更新由经营者负责。

自驾服务业态创新
- 在先进管理的基础上，配备满足自驾旅游需求的业态。
- 打造景观化、休闲化的高速公路服务区。

钢琴造型服务区

小型游乐园

文化主题商店

文化休闲公园

其他类型的旅游廊（轨道、水路等）重点升级交通工具的服务功能

主题式交通工具 + **升级视频讲解** + **品质特产销售**

3. 放大旅游廊的效用

建设成型的旅游廊不仅具有连接、服务和景观等基础功能，还具备三方面深层次效用。

3方面深层次效用

激活潜力资源

在主要旅游廊的基础上，设置旅游廊支路，带动潜力旅游点和旅游区，整合形成线路型吸引物。

提升区域品牌

在形成旅游线路吸引的基础上，加强品牌包装，带动区域旅游品牌增值。

最美高铁

促进产业集群

发挥旅游廊的产业带动作用，沿线布局旅游相关产业，构建产业发展廊。

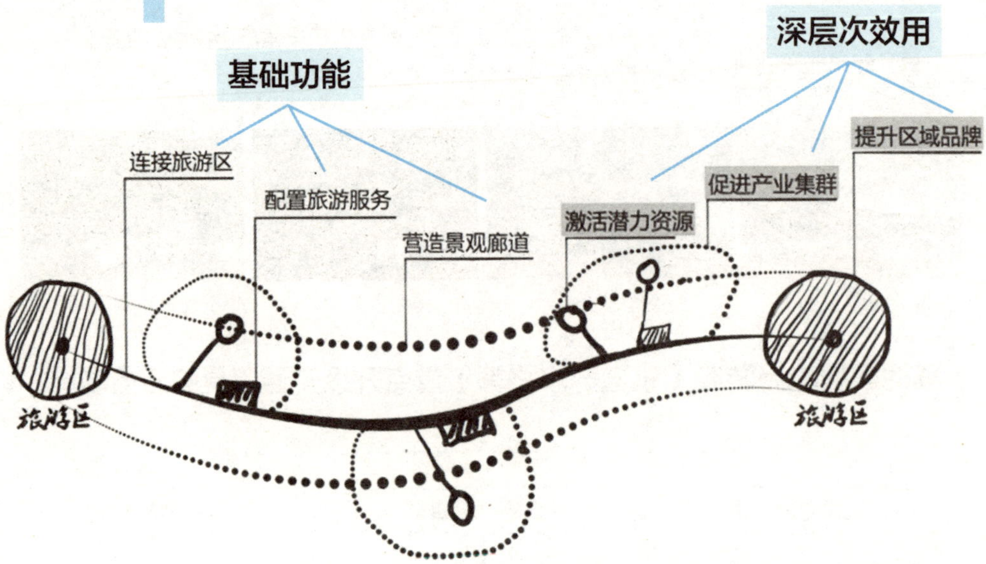

（三）主要类型

按交通方式划分，旅游廊可分为五种主要类型。

5种常见旅游廊

旅游公路　轨道交通　水上交通　休闲绿道　特殊廊道

旅游公路

- **基础**：良好的道路 + 完善的标识系统
- **关键**：注重节点建设 + 优化带状景观 + 包装整体形象
- **特色**：出行自由度高 + 风景都在路上

案例链接：美国加州1号公路

1000多公里串联

两大城市 + 数十个滨海景点

十余个旅游小镇 + 高尔夫和别墅区

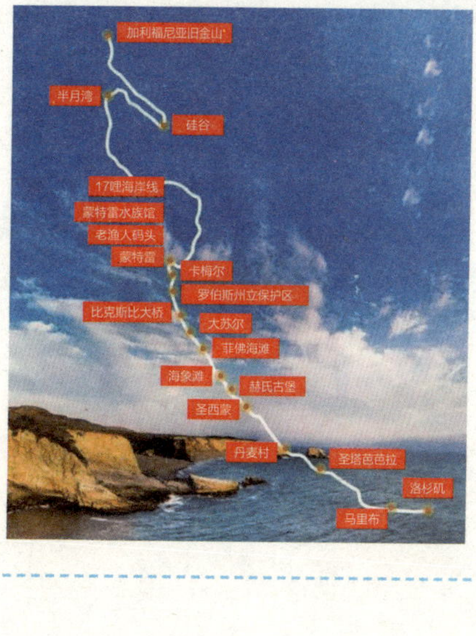

轨道交通

- **基础**
  - 景观+吸引
    - ❖ 沿途景观质量较高
    - ❖ 车站附近集聚吸引物
    - ❖ 本身形成吸引（如拥有老旧车站和铁路）
- **关键**
  - **放大吸引：** 放大列车的主题式吸引力（如站台设计、车体设计）
  - **提升服务：** 提升餐饮、购物、咨询等车上服务品质
- **特色**
  - **舒适度高：** 能够提供舒适安全的长途旅行体验
  - **形式多样：** 交通功能为主（高铁）+体验功能为主（小火车）+快速通勤为主（地铁）

案例链接：乐山犍为嘉阳小火车

❖ 中国唯一目前运营的窄轨铁路。

❖ 2015年乘坐嘉阳小火车的游客达13万人次，带来1100万元收入。

水上交通

- **基础**
  - 航道+码头：拥有可安全航行的水域和岸上服务节点
- **关键**
  - **主题凸显：** 利用各色游船、花船、画舫，打造移动风景线
  - **水陆互动：** 水陆交通无缝衔接、滨水景点快捷连接
- **特色**
  - **类型丰富：** 点对点的摆渡船+有游线的观光船+相对自由的休闲船
  - **日夜可游：** 可开展以城市夜景为主要吸引的夜游项目

休闲绿道

- **基础**：生态+游径
  - ❖ 人行步道、自行车道等非机动车游径
  - ❖ 一定宽度的绿化缓冲区
- **关键**：
  - 景观打造：带状生态自然景观+节点式人文景观
  - 服务配置
    - ❖ 建设租车站、休息站、特色小店等游憩设施
    - ❖ 提供面向骑行和步行游客的服务
- **特色**：悠闲慢享、亲近自然 → 绿道市场辐射范围以周边为主，提供一种相对日常的慢生活休闲方式

案例链接：新加坡榜鹅滨水绿道

❖ 耗资1670万元，9公里长。
❖ 突破材料限制，美观与实用合为一体。
❖ 成为新加坡人喜爱的休闲地。

特殊廊道

- **基础**：扶持政策催化 + 成规模的市场 + 母港或基地建设
- **关键**：
  - 结合资源，做足吸引
  - 围绕基地，构建产业
  - 建设联盟，出台规范

- **特色**：交通体验相对新奇

→ 目前阶段以邮轮游艇和通用飞机为主

四、全域旅游环境背景——旅游场域

“旅游场域”是不直接承载一般旅游活动，仅向旅游区和旅游廊提供生态背景、文化底蕴、产业分工协作等支撑功能的区域。通常表现为自然保护区、遗址遗迹区、历史和故事发生地、农业区、工业区、居住区等。

（一）功能和特点

3个功能

- **为旅游活动提供各类支撑**
- **影响目的地整体形象和游客体验**
- **良好的场域是目的地旅游吸引力构成要素之一**
  如城市发达、气候宜人、居民淳朴好客等

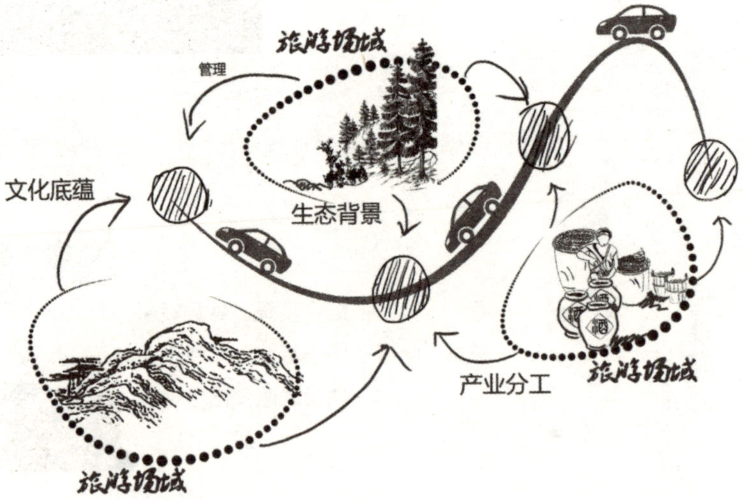

1个特征

“旅游场域”是全域旅游的必要组成部分

在传统旅游视角下，旅游场域不属于旅游范畴，
全域旅游与传统旅游最大的区别就在于对“旅游场域”的认识。

（二）发展要点

通过旅游场域提升全域旅游目的地的整体吸引力和综合产业效益，具体主抓四步要点：

提升环境空间 → 营造人文氛围 → 优化产业供给 → 孵化潜力旅游区

1. 提升旅游场域的环境空间

加大投入、加深规划设计、加强管理维护水平

增植被	保水土	治污染	减排放

2. 营造旅游场域的人文氛围

营造可见的文化氛围和可感知的文明氛围

文化展现 ＋ **文明引导**

文化展现：将场域中的文化要素通过城市地标、景观小品、节庆活动等载体展现

文明引导：通过宣传动员、国民教育、政策引导等手段，建设诚信、友爱的文明氛围，提高社会友好度和改善区域软环境

3. 优化旅游场域的产业供给

通过政策投入、设施投入、资金奖励、税收减免引导建立新型旅游产业分工

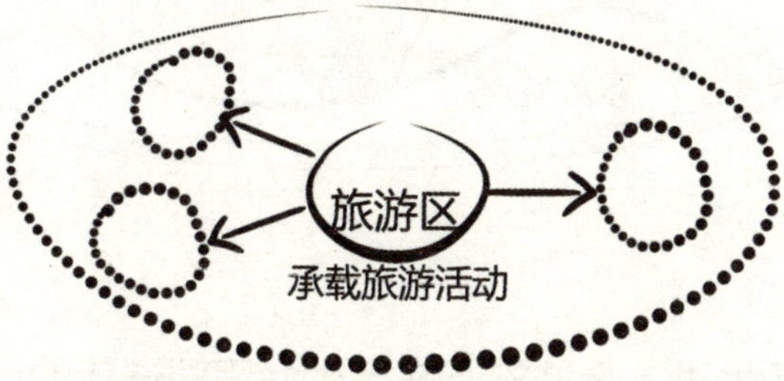

旅游场域 承载上下游的产业分工

4. 孵化旅游场域中的潜力旅游区

选择孵化对象

综合评估，发掘潜力

- ❖ 综合考虑区位交通、旅游价值、经济实力
- ❖ 选定潜力旅游区，做好孵化准备

选择孵化时机

抓住机遇，集中推进

- ❖ 政策导向：把握国家省市政策，抓住规划契机
- ❖ 投资方向：引进优质投资商
- ❖ 市场偏好：选择成熟的市场推出时机

提高孵化效率

发挥市场主导作用，快速规模化

- ❖ 先扶持发展：出台产业扶持政策，鼓励创新创业
- ❖ 后规范管控：形成规模后出台标准规范，加强监管

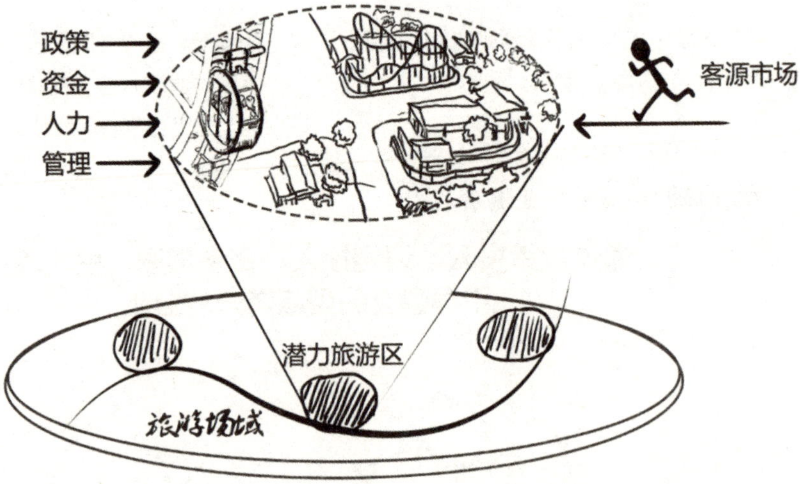

促进目的地进入全域旅游产品生命周期迭代的良性循环

（三）主要类型

旅游场域可分为城市型旅游场域、城郊型旅游场域、乡村型旅游场域等不同类型。不同场域具有不同的特色优势、发展要点和孵化方向，能够成为全域旅游的重要支撑力量。

3种常见旅游场域

城市型旅游场域　　城郊型旅游场域　　乡村型旅游场域

城市型旅游场域

特色优势
- 基础设施和服务优势

发展要点
- 注重城市文化氛围营造
- 扶持发展商贸会展、休闲购物、文化演艺等产业
- 将城市独有品牌打造为有旅游号召力的品牌

孵化方向
以城市休闲娱乐为主要功能的旅游区

案例链接：以“广交会”为引领的琶洲旅游休闲片区

- 完善围绕“广交会”场馆的文化博览、城市营销、淡旺季节会、旅游集散功能。
- 联动广州塔、金融城、万亩果园和黄埔古港等周边旅游片区。
- 成为“千年商都”面向国际的“会客中心”。

城郊型旅游场域

特色优势
- ❖ 区位交通、土地资源优势

发展要点
- ❖ 加强招商引资
- ❖ 积极发展亲子旅游、工业旅游等新业态

孵化方向
引进规模投资，构建带动性强的重大旅游项目

案例链接：沈阳市沈北新区

- ❖ 利用区位、生态、产业、科教、体制等优势。
- ❖ 重点发展现代城市主题公园、工业主题旅游、怪文化主题休闲、创意农业旅游四大新业态。
- ❖ 培育带动生态湿地、温泉养生两大传统业态。

乡村型旅游场域

特色优势
- ❖ 生态环境、乡土气息和成本优势

发展要点
- ❖ 提升改造乡村风貌
- ❖ 加强基础服务设施建设
- ❖ 培育乡土文化节庆活动
- ❖ 积极发展观光休闲农业、农产品加工业

孵化方向
政策扶持，支持打造点状精品的景区和乡村

案例链接：巴厘岛马斯木雕村

- ❖ 乌布镇是巴厘岛著名的旅游景点，也是巴厘岛的艺术、舞蹈、音乐和手工艺品中心。
- ❖ 马斯木雕村位于乌布镇以南约4公里处，虽不直接接待游客，但其生产的木雕工艺品通过乌布市场流向国内外游客，也为乌布皇宫和度假村供应精致的艺术装饰品，是旅游场域的典型代表。

5

CHAPTER FIVE

第五章 全域旅游产业联动

国家主席习近平强调，“旅游业是综合性产业，是拉动经济发展的重要动力”。国务院总理李克强指出，“旅游产业不仅是服务业，它已覆盖一二三产业，本身就是综合性产业”。在全域旅游视角下，旅游产业“四两拨千斤”的综合作用更加突出。无论是“旅游+”，还是“+旅游”，旅游业由此成为了能自身升级、能横向延伸、能纵向带动的“三能”产业，进而实现“全业共荣”的局面。

总体思路

全域旅游产业联动主要包括三方面的内容：

一是升级旅游产业要素，以满足不同层次的旅游市场需求；

二是促进旅游向关联产业横向延伸，以对接多元化旅游需求，引导随之而来的大量旅游投资，丰富旅游产品；

三是通过旅游带动上游产业供给侧改革，以提升旅游产业品质。

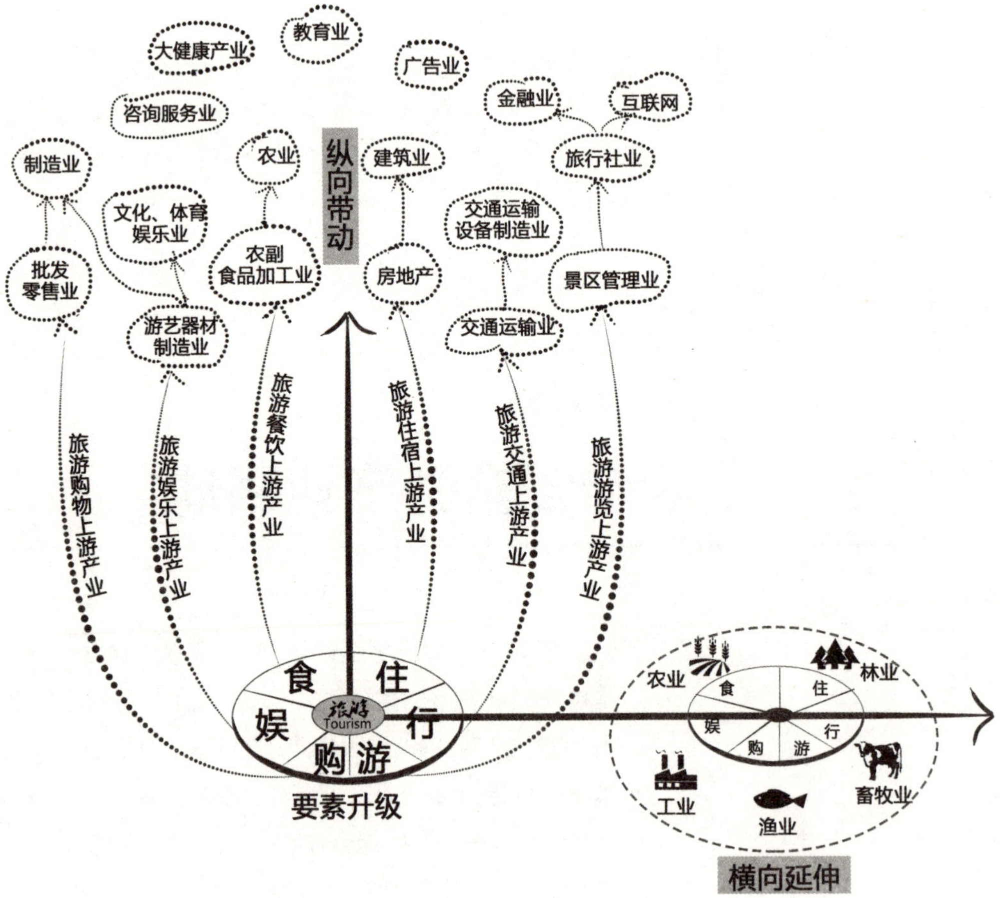

全域旅游产业发展总体思路示意图

全域旅游发展的产业重点，就是要以旅游消费为平台，统筹做好以上三个方面的工作，推动我国旅游产业综合提升。

一、全域旅游产业要素升级

全域旅游产业要素升级，是指旅游业六大传统要素向足量化、标准化、特色化和品牌化四个方向升级，实现以市场为导向的要素供给。

（一）旅游产业要素升级方向

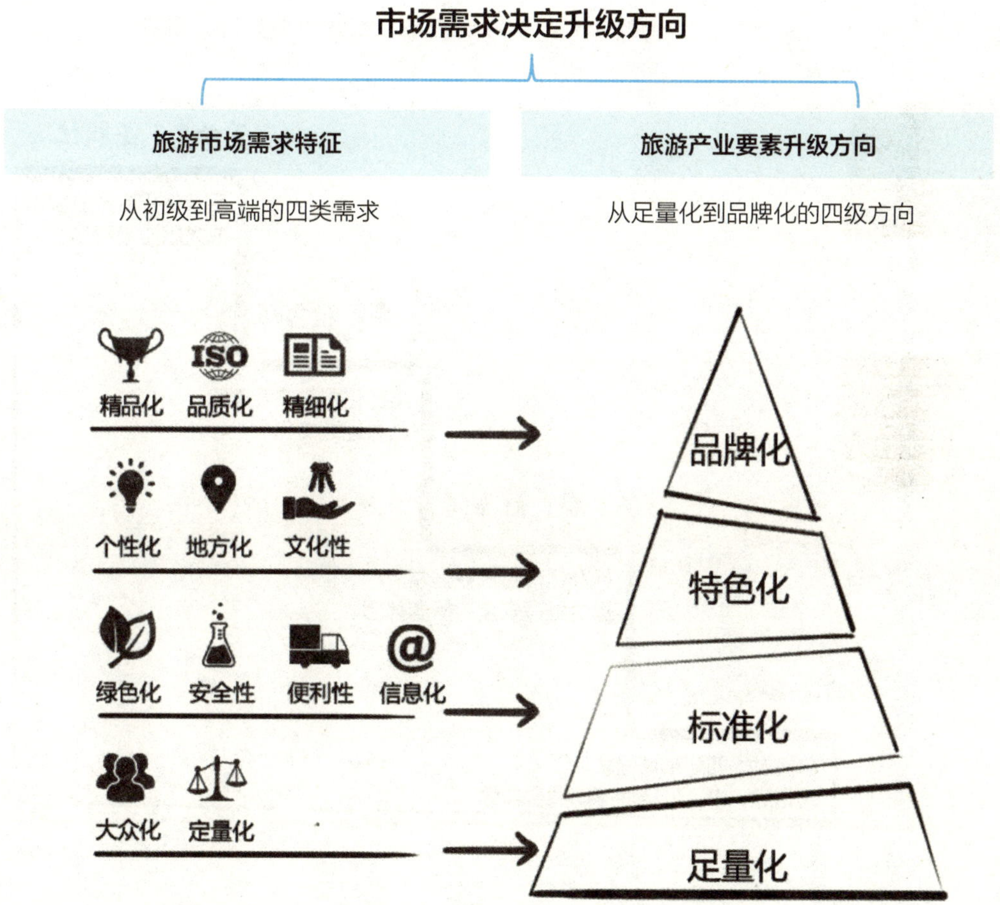

（二）旅游产业要素升级方式

基于 —— 各地区经济社会和旅游产业所处的不同发展阶段

结合 —— 旅游市场的需求层次

提出 —— “梯度升级”举措

从基本的足量化、标准化到较高层次的特色化、品牌化

第一步：足量化
总量供给匹配市场需求
满足高、中、低档的不同消费群体

第二步：标准化
标准化配置产业要素
提供舒适安全的旅游体验

第三步：特色化
特色化提升产业要素
凸显地域文化

第四步：品牌化
品牌化打造产业要素
成为旅游吸引物

实现 —— 以市场为导向的要素供给 —— 软硬兼顾的品质提升 —— 特色鲜明的吸引力构建

1. 第一步要求是足量化

足量化 | 基本匹配市场需求 | 合理配置高中低档的消费要素

市场调节存在滞后性，有必要**加强政府宏观调控**

注重市场研究 → **根据标准公式进行科学测算** → **全域全局统筹配置**

旅游住宿设施规模（床位数）预测计算公式①：E=（NPL/TK）*R

旅游餐馆座位数量（餐位数）预测计算公式②：C=（NP/T）*R

Tips：避免按照旺季峰值配置的认识误区

旺季临时调控措施

❖ **临时借用社会资源：**如临时停车场等

❖ **增设临时性设备：**如营地、帐篷、移动厕所等

注①：E：总住宿床位数；N：年游客量；P：游客过夜率；L：平均住宿天数；T：年可游天数；K：床位平均利用率；R：调整系数，为满足高峰需求而根据实际情况做的小幅调整。

注②：C：总餐饮座位数。余者同注①。

2. 第二步要求是标准化

明确2个主体： 地方旅游的主管单位 + 行业协会

落实3类标准：

国家标准	执行细则	地方标准
严格落实目前已发布的31项旅游业国家标准和46项旅游行业标准	国家标准相对宽泛时，结合各地需求，制定匹配国标的执行细则	缺少国家标准时，结合地方优势行业，探索制定地方行业标准

执行4步举措： 试点建设和验收 ▶ 标准提升和完善 ▶ 检查督导 ▶ 推广实施

通过标准化手段提升旅游产业要素的整体质量

3. 第三步要求是特色化

特色化 = 避免旅游产业要素同质化，千城一面、千篇一律

3种实现手法

- 使用文化元素 —形成→ 地方特色
- 植入科技手段 —形成→ 时尚特色
- 提供定制服务 —形成→ 人本特色

文化主题住宿

文化用餐体验和文化娱乐

实现旅游产业要素吸引力和附加值的提升，强化旅游体验

4. 第四步要求是品牌化

旅游产业要素的最高要求是成为旅游吸引物，形成旅游品牌

- 选取要素：挖掘唯一性资源
- 做精做细：培育品牌店铺
- 做大做强：引导规模化发展
- 捆绑营销：与整体旅游品牌共营销

品牌创意民宿

品牌休闲商街

（三）旅游产业要素升级实践

基本要求：足量化和标准化 ＋ 发展重点：特色化和品牌化

“食住行游购娱”旅游产业要素的升级路径

“食”如何打造特色并升级为吸引物

原生态食材 ＋ 地方美食 ＋ 文化主题体验 ＋ 舒适用餐环境 ＋ 品质旅游服务

示例： 沈阳新民市仙子湖风景旅游度假区推出金牌荷花盏、拔丝干香莲籽、环湖荷叶鱼、小荷尖角、红莲睡鲤、湖水香鲢等10余种荷花宴系列，成为城市旅游新时尚。

- **原生态食材：** 仙子湖6000亩百年野生荷花。
- **舒适用餐环境：** 原生态湿地环境（荷花王国+百鸟栖息乐园）。
- **媒体营销推广：** 辽宁经济台“天天吃货”栏目美食侦探独家推荐。

荷花宴系列菜肴

“住”如何打造特色并升级为吸引物

现代设施 + 地方装饰 + 人性服务 + 休闲氛围 + 个性主题 + 生态环境

示例：湖州德清县创新打造裸心谷、三九坞、法国山居、后坞生活等一批精品民宿，打响了“洋家乐”特色品牌。德清莫干山也因此被美国《纽约时报》推荐为“全球45个最值得去的地方”之一。

设施现代化：在保留传统村落和老屋框架外形的基础上，重新改造设计内部格局。如西坡山乡度假村利用7幢老房子改造成了40间内部现代化的高端客房。

氛围休闲化：原生态乡村畅享国际化休闲，成为中国低碳休闲旅游的探路者。

主题个性化：每家民宿品牌文化主题各异，如三九坞倡导“裸家族”，骑迹山庄的主题是“快乐骑行”。

环境生态化：莫干山享誉海内外，生态环境极其优越，负氧离子浓度是全球最高的地区之一。住宿于山清水秀的林间，呼吸新鲜空气，对现代都市人有着强烈吸引。

裸心谷

“行”如何打造特色并升级为吸引物

个性交通工具 ＋ 优美旅游景观 ＋ 便捷基础设施 ＋ 休闲慢行绿道

示例：美国旧金山交通系统

- **个性交通工具：**有轨电车、小型电动车等。
- **优美旅游景观：**串联九曲花街、诺布山等景点，可欣赏最美海景、海岬和城市社区。
- **休闲慢行绿道：**金门大桥徒步旅游路线和滨海路等。

有轨电车

“游”如何打造特色并升级为吸引物

开放式景区 ＋ 生活生产方式体验 ＋ 标志性吸引物 ＋ 全域旅游氛围

示例：北京重要城市休闲街区之一什刹海

- **开放式景区：**北京内城唯一一处具有开阔水面的开放型景区。
- **生活生产方式体验：**老北京人的生活方式与文化特色。
  - ❖ 乘三轮车逛胡同、游古迹、观故居；
  - ❖ 乘摇橹船观景、品茗、听琴；
  - ❖ 蜗居在四合院中享受“天棚、鱼缸、石榴树，先生、肥狗、胖丫头”意境；
  - ❖ 逛烟袋斜街，购独具匠心的文创旅游纪念品；
  - ❖ 酒吧畅饮，尽享什刹海的前世今生。

“购”如何打造特色并升级为吸引物

地方土特产品 + 创意文化艺术品 + 原产原销的购物基地 + 规范购物环境

示例：台湾“柿”外桃园

地方土特产品：以台中柿为原料。

创意包装设计：利用“柿”字构造同音成语对产品进行特色包装，如甜柿与雪梨的干果片礼盒命名为“柿不分梨”，柿叶做成茶礼盒称作“柿叶发达”等。

台湾中部农产精品伴手礼

“娱”如何打造特色并升级为吸引物

地方民俗活动 + 品牌体育赛事 + 个性旅游节庆 + 创意旅游演艺

示例：丽江

地方民俗活动：听被誉为“音乐活化石”的纳西古乐，在四方街参加篝火歌舞，放河灯寄托心愿。

创意旅游演艺：欣赏《印象丽江》《丽江千古情》演出，观看丽水金沙的歌舞表演。

二、全域旅游产业横向延伸

全域旅游产业横向延伸，是指旅游向关联产业渗透，多产业要素叠加融合，形成更加丰富多元的旅游产品、旅游空间和旅游新业态。

（一）旅游产业横向延伸方向

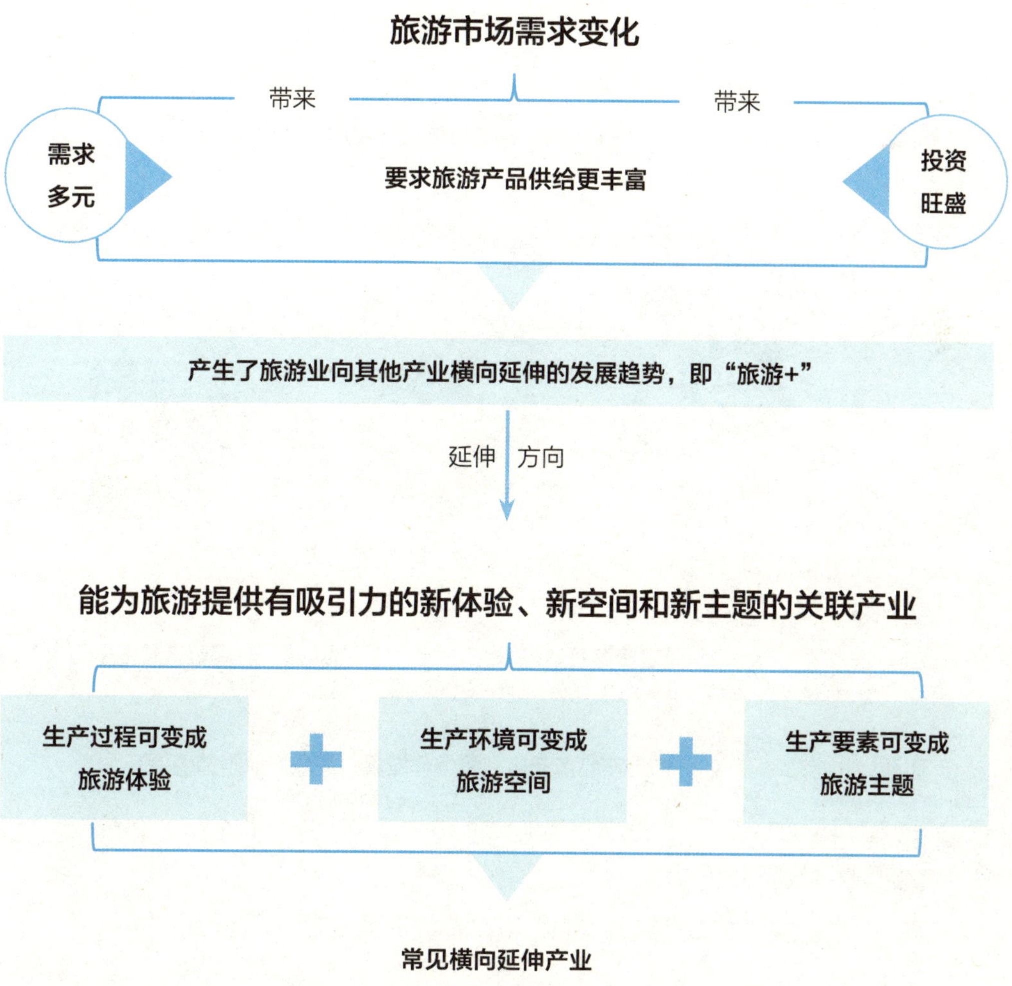

农业、林业、渔业、畜牧业、工业

- ❖ 渔业体验、牧业体验、加工制造等生产过程能形成旅游新体验；
- ❖ 农场、庄园、茶园、林场、牧场等场域环境能够为旅游提供新空间；
- ❖ 葡萄酒、红树林、水产品、航空航天等主题较具吸引力，常常为旅游所用。

（二）旅游产业横向延伸方式

基于 —— 更加丰富多元的市场需求

结合 —— 寻找“新体验、新空间、新主题”的产业延伸方向

提出 —— “寻吸引–配要素–拓功能”三步举措

跨越产业寻找吸引 ⟶ 围绕主题叠加要素 ⟶ 利用场域延展功能

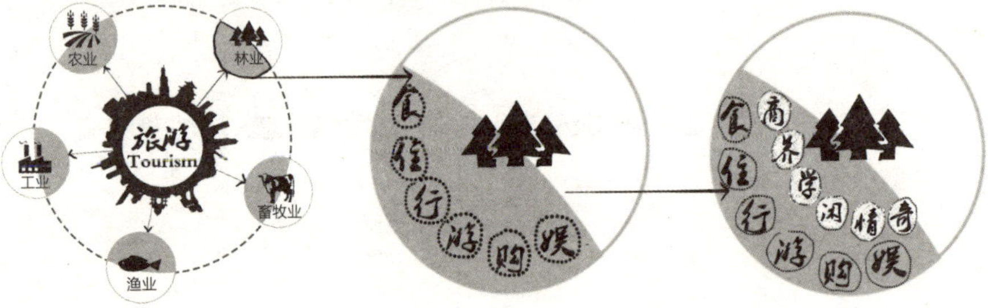

满足旅游基本需求　　　　满足旅游拓展需求

实现 —— 旅游产品多元化、特色化发展，关联产业附加值提升

1. 跨越产业寻找吸引

在关联产业中寻找新型旅游资源，不仅看重资源品质，更应评价其市场价值。

- ❖ 观赏游憩使用价值
- ❖ 历史文化科学艺术价值
- ❖ 珍稀奇特程度
- ❖ 规模、丰度与完整性
- ❖ 资源与环境保护

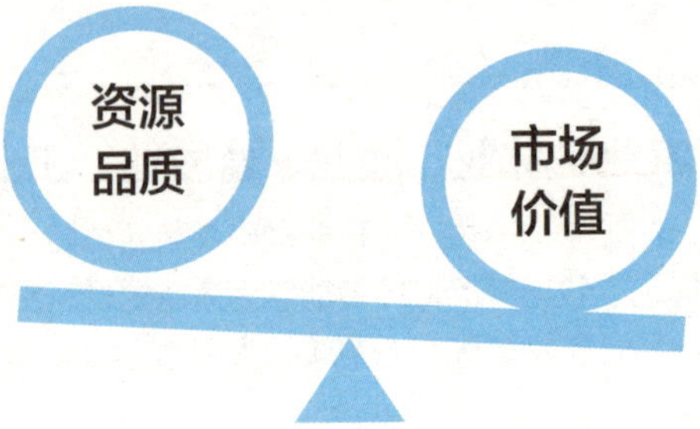

- ❖ 知名度和影响力
- ❖ 重游吸引力
- ❖ 休闲度假吸引力/潜力
- ❖ 适宜开发条件
- ❖ 气候条件与适游时间
- ❖ 区域发展贡献

2. 围绕主题叠加要素

从吸引物中提炼主题，围绕确定的主题，进行旅游产业要素的系列化配置，提升传统旅游产业要素的吸引力和经济价值。

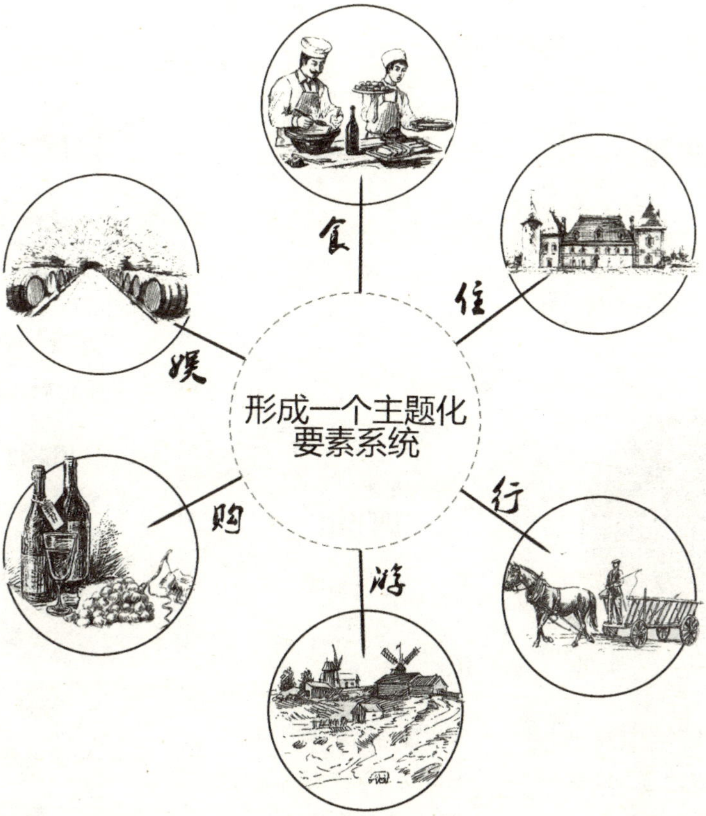

3. 利用场域延展功能

利用关联产业的场域空间，延展附加值更高的新功能。

主题化旅游产业要素		延展新功能
食	绿色食品	健康养生
住	住宿设施	商务会议
行	慢行系统	体育运动
游	景观风貌	婚纱摄影
购	土特产品	文创商品
娱	科普教育	修学旅游

（三）旅游产业横向延伸实践

结合旅游+农业、旅游+工业、旅游+渔业、旅游+畜牧业方面的实践案例，具体说明“寻主题-配要素-拓功能”三步举措的应用。

1. 旅游+农业——台湾薰衣草森林

明确主题

两个女生梦想能在一个身心安静的地方，拥有一亩自己的薰衣草田。

叠加要素

咖啡馆

包含传递梦想与勇气，以美学休闲园区呈现的“薰衣草森林”。

延展功能

- **心之芳庭**——提供婚礼与游憩服务
- **“缓慢”民宿**——提供旅人沉淀慢活
- **桐花村**——客家料理的特色餐厅
- **香草铺子**——分享香草生活与商品
- **好好**——传递美好与共好的平台
- **缓慢文旅**——城市里的文化旅馆

台湾薰衣草森林

2. 旅游+工业——北京张裕爱斐堡国际酒庄

明确主题

利用张裕品牌优势，在原有葡萄种植及葡萄酒酿造等农业、食品工业中明确葡萄酒主题。

叠加要素

主题观光游览

酒文化游览体验、葡萄园观光。

主题住宿、餐饮

异国风情餐厅、咖啡厅、酒吧、欧式主题房间等。

休闲娱乐购物

保龄球馆、3D体验馆、礼品店等。

延展功能

商务休闲会议

课桌式、长条桌式、剧场式、圆桌式等主题会议室，可同时容纳360多人参会。

婚礼拍摄庆典

利用建筑和景观，成为婚纱摄影基地、婚礼庆典举行地。

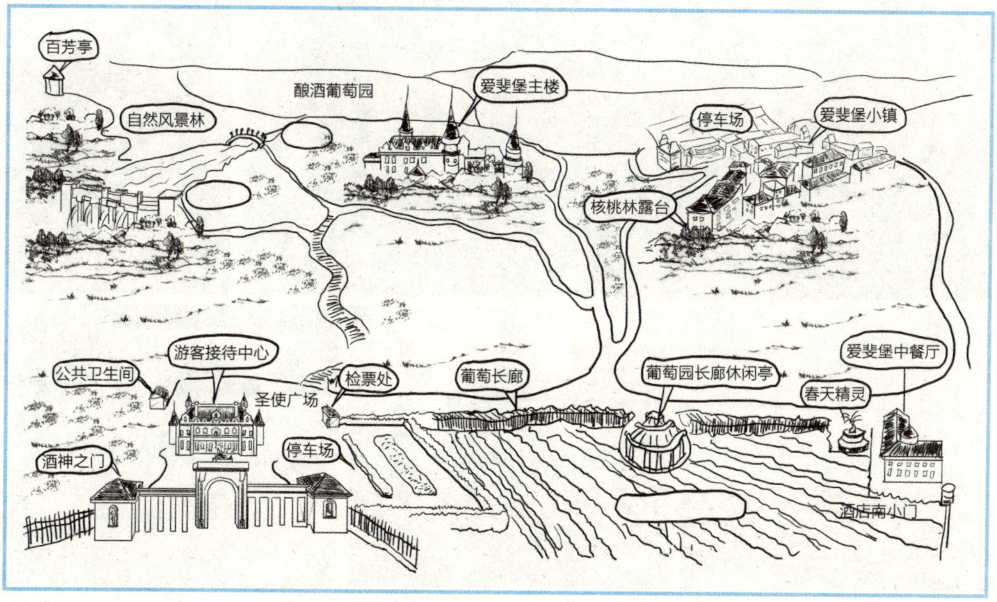

北京张裕爱斐堡国际酒庄示意图

3. 旅游+渔业——旧金山渔人码头

明确主题

有100多年历史的渔人码头

渔人码头的渔业特色逐渐被旅游业所取代，码头工厂改造成了市集，成为特色商店及餐馆的集中地。

叠加要素

海鲜美食 + 主题购物

形成海鲜摊子、商店、餐馆、购物中心、纪念品店等业态体系。

延展功能

博物观光

配置开发海洋博物馆、机械博物馆、蜡像馆等旅游景点。

科普休闲

开发海豹观光、潜水艇观光等，形成旧金山海洋国家历史公园区等。

旧金山渔人码头

4. 旅游+畜牧业——伊利牧场

明确主题　　**叠加要素**　　**延展功能**

《爸爸去哪儿2》第五站拍摄地

草原观光

亲子教育

推出挤奶、给奶牛按摩和唱歌、喂小牛、射击等娱乐活动，吸引家庭亲子游市场。

科普休闲

展示牛奶加工全过程等。

利用伊利品牌优势，开放牧场。

欣赏“最纯净的草原”呼伦贝尔草原风光。

伊利牧场

三、全域旅游产业纵向带动

旅游产业纵向带动，是指通过上游产业的供给侧改革，提供更优质的旅游要素、旅游装备和旅游服务。

（一）旅游产业纵向带动方向

上游产业转型，提升旅游产业供给品质

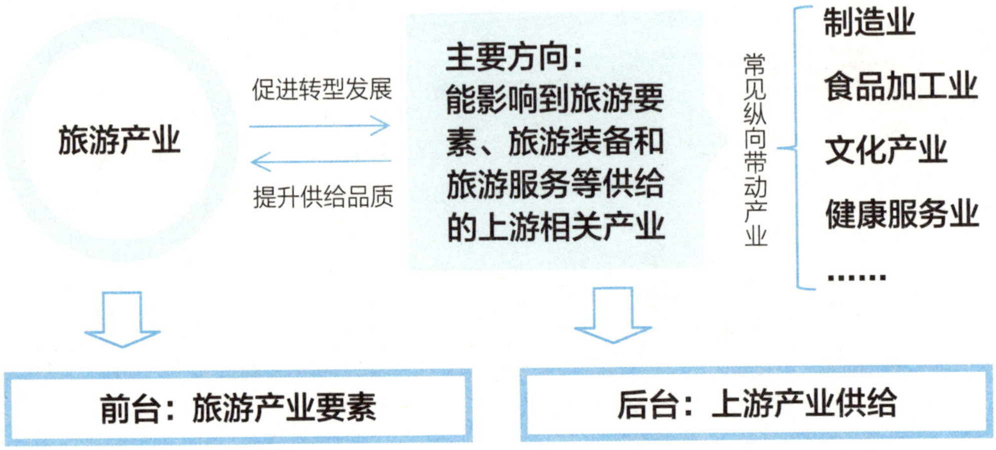

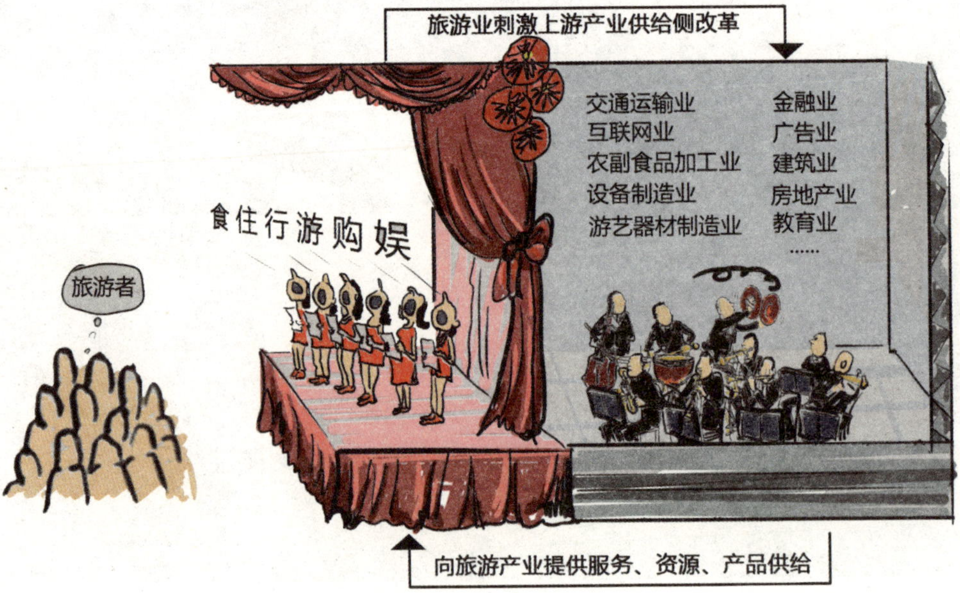

（二）旅游产业纵向带动方式

基于　旅游市场对某一特定旅游产业要素的持续性、规模化需求

结合　地方优势产业

提出　“抓龙头–筑链条–建集群”三步举措

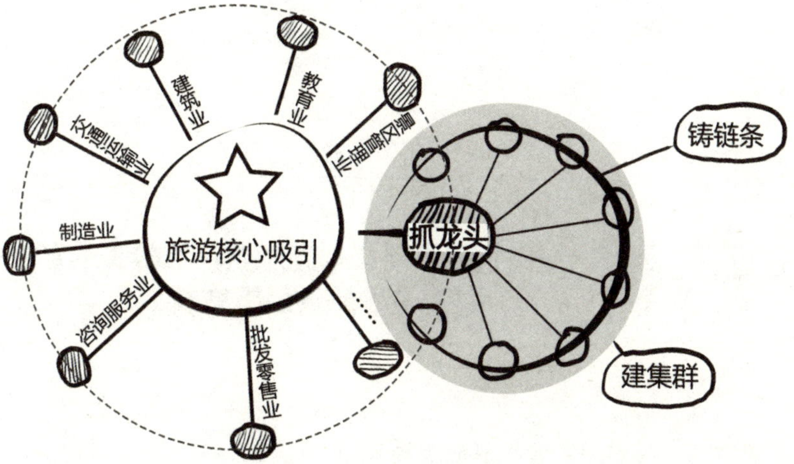

实现　旅游产业品质提升，同时促进上游产业供给侧改革

1. 抓龙头——外引内联，培育龙头产业

明确产业方向：市场需求规模大、产业发展基础好、关联产业带动性强

采取3项措施：

基于旅游市场需求和产业发展基础，明确龙头产业 → 政府引导，引进或培育龙头企业 → 宣传推广，扩大产业影响力

⇩

内部培育
- ❖ 鼓励优势企业兼并重组、品牌连锁、特许经营等
- ❖ 政府调控引导，组建旅游企业集团和“联合舰队

外部引进
- ❖ 改善投资环境，引进现有龙头
- ❖ 引导跨界投资，打造新龙头

2. 铸链条——上下延伸，构建产业链条

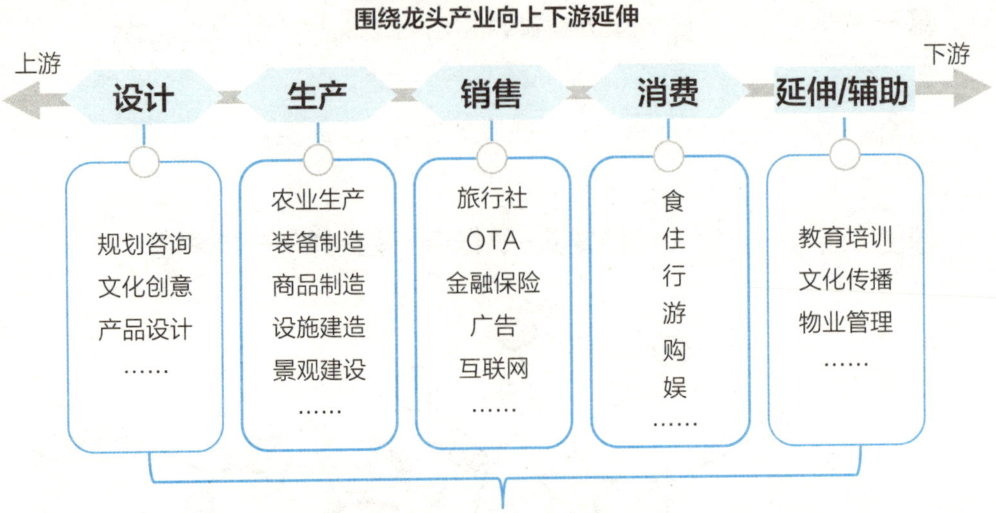

通过产业链构建，使参与到旅游产业分工的各主体共享全域旅游经济效益。

3. 建集群——空间集聚，形成规模效应

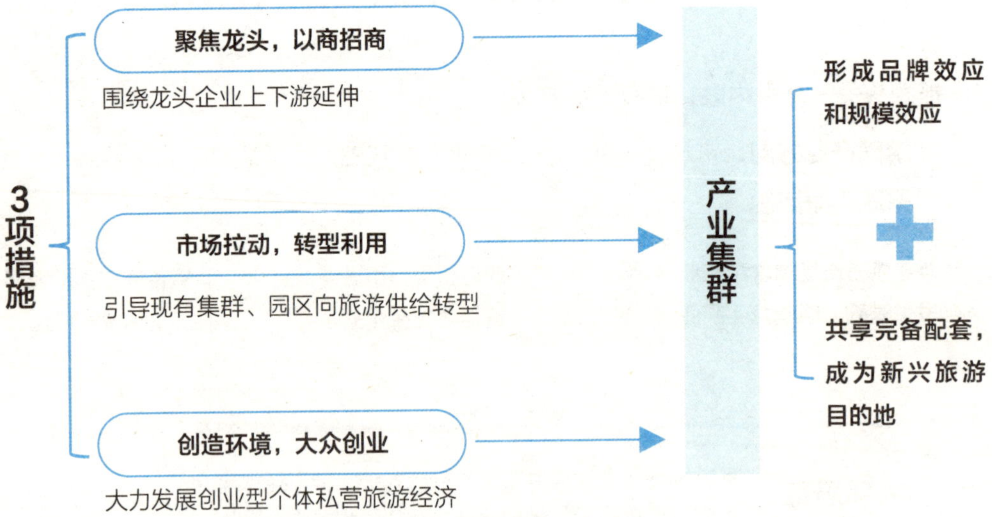

实现从吸引更多企业集聚的量变到引发区域创新的质变，推动区域经济高效增长。

（三）旅游产业纵向带动实践

旅游产业纵向带动的“抓龙头–筑链条–建集群”模型在实际应用中，存有各具特色的路径，需结合具体案例进行分析。

1. **装备制造业+旅游：**以瑞士阿尔卑斯滑雪度假城镇群为例

基于

独特地理环境、优越气候条件、悠久滑雪历史、丰富历史遗迹

龙头

滑雪旅游

衍生发展了滑雪旅游、滑雪健身娱乐、滑雪竞技表演、滑雪培训、大型滑雪竞赛等多样化滑雪产品。

链条

上游产业

冰雪体育用品的销售中心和生产基地，滑雪装备、滑雪用品、滑雪器材设计生产基地，机械牵引装置产业园和滑雪区域开发商等。

下游产业

滑雪商品定点生产企业、滑雪学校、滑雪研究规划机构、滑雪宣传出版单位、滑雪网站、旅行社、酒店、餐馆、购物商店、车船公司等。

集群

形成瑞士阿尔卑斯滑雪度假城镇群

瑞士阿尔卑斯滑雪度假城镇群示意图

2. 通用航空+旅游：以沈阳法库财湖通用航空基地为例

机遇

辽宁打造“航空大省、航空强省”战略 + 沈阳“南部运输航空、北部通用航空”规划

基础

财湖地理优势和空域条件

龙头

通用航空旅游

依托中航工业及沈飞L162项目，以财湖通航机场为核心，成功举办东北地区首个规模空前、影响深远的国际飞行大会。

链条

上游产业

通用航空飞行器研发设计、零部件生产、总装制造、试飞试航、教育培训等。

下游产业

通用航空飞行器维修、旅游休闲、会议展览等。

集群

推动通用航空产业集群建设

沈阳法库财湖通用航空基地示意图

3. 文化产业+旅游：以台湾桐花文创产业集群为例

基础

桐花作为台湾客家人的文化图腾 + 台湾发达的文创产业氛围 + 客家传统食品和工艺

龙头

客家桐花祭文化旅游

由台湾客家委员会设立于2002年，从最初的简单祈福发展为全台最知名的旅游经济活动。

链条

上游产业

传统食品和手工艺产业、文创商品设计、创意包装设计等。

下游产业

桐花创意餐厅、客家商品连锁店、文创节庆和营销服务、桐花婚庆服务等。

集群

形成台湾桐花祭文创产业集群

已有80家文创从业者推出400余种桐花商品，开设60家客家餐厅。桐花文化主题的蓝海产业形成。

台湾桐花祭文创旅游产业示意图

4. 健康服务业+旅游：以法国依云小镇为例

基础 坐落于日内瓦湖南岸的地理优势 + 阿尔卑斯冰川水源地优势

龙头 以水为主题的健康旅游

以依云水为品牌，以水主题健康旅游为特色，通过广泛的资源整合，打造“饮用之水、疗养之水、赛事之水“，促进商业出售及城镇旅游。

链条

上游产业

矿泉水相关产品制造、美容教育、美容产品研发、鲜花产业、医疗和养生硬件设施等。

下游产业

矿泉水销售、温泉SPA疗养、高尔夫、商务会展、户外运动、美体保健、娱乐休闲等。

集群 形成法国依云水疗健康产业集群

法国依云小镇示意图

CHAPTER SIX

第六章 全域旅游管理创新

全域旅游的推进需要管理的突破和创新。过去是旅游部门的小马拉旅游业的大车，而在现代旅游业大变革的环境下，急需地方政府从区域发展战略全局出发，将推进全域旅游作为地方经济社会发展和“稳增长、调结构、惠民生”的重要抓手，“团结一切可以团结的力量”，拧成一股绳，形成推动全域旅游发展的强大合力，达成群马拉大车的理想状态。

总体思路

改变过去旅游部门单打独斗的局面，构建起各部门协作联合的社会管理体系，推动我国旅游行政管理向社会管理转变。其要点有二：

一是管理体制创新，从行政管理、综合执法、产业政策、规划统筹、旅游统计五大方面，创新全域旅游管理体制机制。

二是环境提升建设，从交通环境、卫生环境、集散体系、信息服务、标识系统、人文环境、资源环境、整合营销八个方面，提升全域软硬旅游环境。

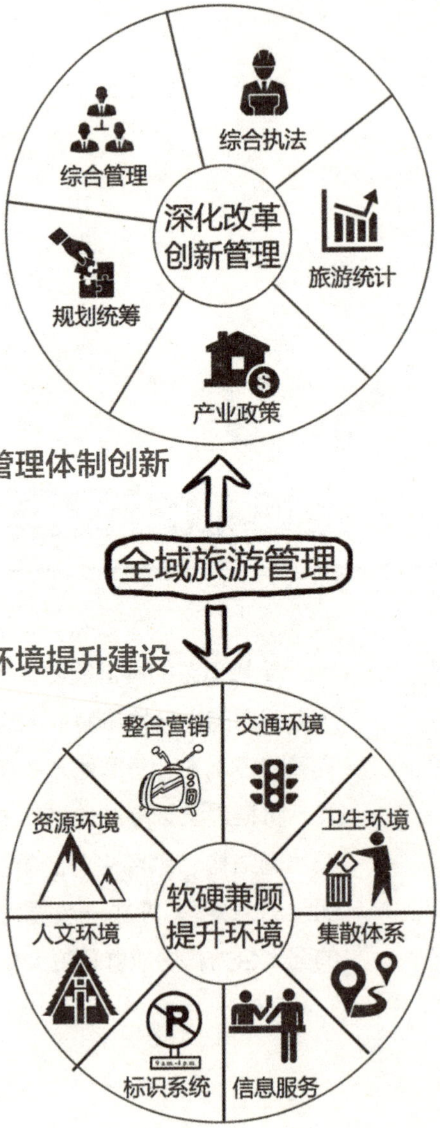

一、深化改革，创新全域管理

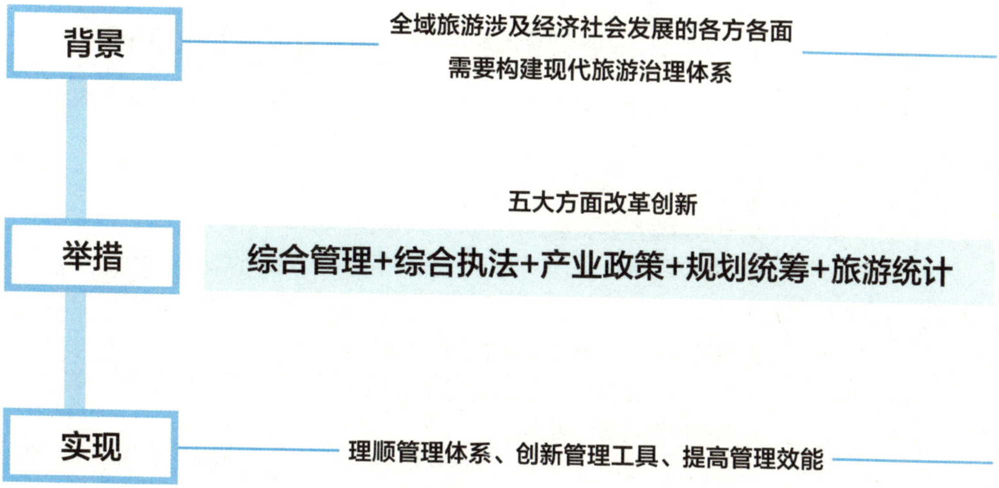

（一）综合管理创新

从区域发展战略全局出发，把推进全域旅游作为地方经济社会发展的重要抓手，统筹协调政府多部门参与，并吸纳社会组织力量，形成“政社互动”的综合管理格局。

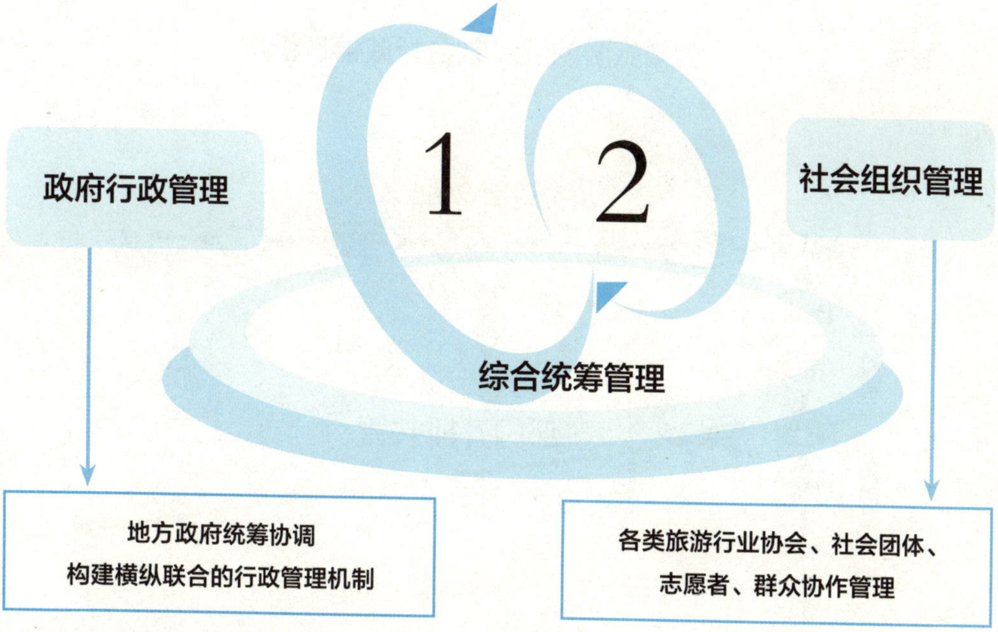

1. 构建横纵联合的行政管理机制

首先

设立旅游发展委员会——作为旅游综合协调管理机构

加大综合协调力度，强化产业规划、综合监管、政策协调等职能。

案例链接：

❖ **北京旅游发展委员会：**

吸纳发改委、财政厅、环保局等实权部门的副职人员担任旅发委副主任。

❖ **湖北省旅游局升级为旅游发展委员会：**

由省政府直属机构调整为省政府组成部门，综合协调职能进一步加强。

❖ **江西省婺源县旅游委员会：**

直接调度相关执法部门来处理旅游投诉事件，有权否决不利于旅游产业发展的乡镇规划、产业引进项目。

其次

各地方政府统筹

旅游部门构建纵向多层级管理机制 + 公安、工商、规划、国土、交通等横向多部门协作管理

形成

全域旅游的横纵联合行政管理机制

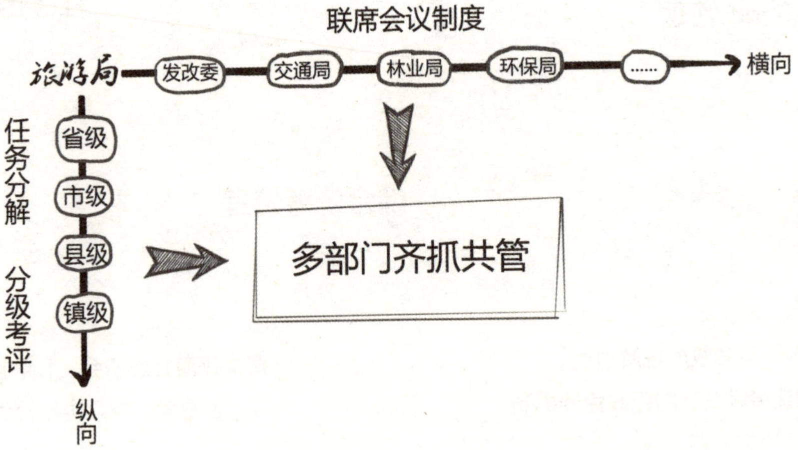

（1）纵向设置四级旅游管理体系

多级管理

完善市、县（区）、重点乡（镇）、村等多级旅游管理队伍，做到专人专岗。

任务分解

逐级细化分解全域旅游任务，强化层级负责制。

社会监督

向社会公布各级旅游部门的权利事项和责任事项，明确旅游管理的事中、事后监管制度。

分级协作，合力推进

案例链接：

2014年，湖州市形成了市、县、乡镇和村的四级乡村旅游管理网络，有效地促进了旅游管理效能的提升，助推湖州成为了“中国乡村旅游第一市”。

市级层面

湖州市旅游发展领导小组、湖州市乡村旅游提升发展领导小组、湖州市旅游协会、湖州市乡村旅游事业发展中心。

县级层面

农家乐规范管理协调小组和乡村旅游分会、乡村旅游（农家乐）管理办公室（或乡村旅游事业发展中心）。

乡级层面

乡村旅游和农家乐管理工作站、乡镇旅游办公室、农家乐服务中心、农家乐分会。

村级层面

村农家乐工作服务点、农家乐联合社、农家乐合作社、农家乐分会。

（2）横向联动多部门齐抓共管旅游

横向多部门

地方政府牵头，旅游发展委员会协调
联动公安、工商、规划、国土、建设、交通等横向多部门

共管方式

建立**全域旅游联席会议制度**

全体会议　　**专题会议**

实现

对旅游工作实施全域一盘棋管理模式统筹解决全域旅游发展的重大问题

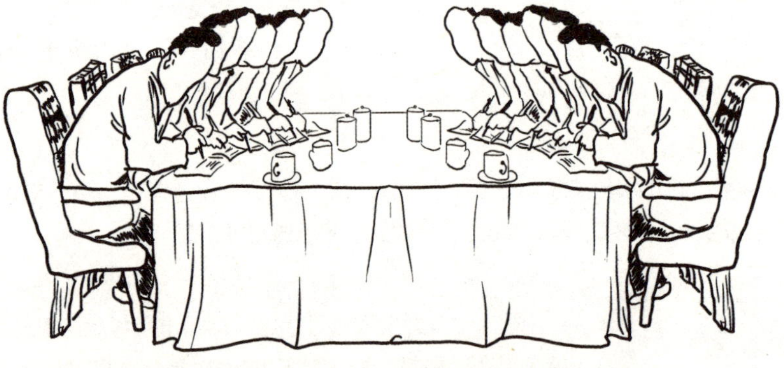

多部门以联席会议形式强化沟通协作

案例链接：

2015年3月18日，山东省正式确定旅游工作联席会议制度。

由省旅游局牵头，省旅游局、省委宣传部、发展改革委、财政厅、教育厅、公安厅、交通运输厅、水利厅、农业厅等34个部门组成。

联席会议办公室设在省旅游局。

成员单位根据工作需要可以提出召开全体会议或专题会议的建议。

在全体会议之前，召开联络员会议，研究讨论联席会议议题和需提交联席会议议定的事项。

（3）落实对各部门的分工考评机制

考核

① 分解任务，建立旅游工作责任清单

② 考核对象
纵向：四级旅游管理部门

横向：公安、工商等相关部门

③ 将全域旅游量化为政绩考核指标（纳入综合考核）
进行KPI打分考核

④ 考核单位
纵向：上级旅游管理部门

横向：地方考核办

⑤ 实行“优奖劣惩严考评”的制度

实现　上下联动、齐抓共管、横向到边、纵向到底的旅游工作责任链

提升　全域旅游行政管理效能

案例链接：

2014年3月17日，湖州市长兴县水口乡开始实施《水口乡美丽乡村建设长效管理办法》，安排配套资金170万元，用于美丽乡村长效管理以奖代补。

县考核：长兴县“锦绣长兴”长效管理办公室采取明查和暗访相结合的方法，每月对各村进行考核。

乡考核：采用“周检查、月考核、年总评”的方法，日常督查与月末考核相结合。

每年12月对各村进行年终考核，并结合每月考核情况进行年终考评，根据考核得分情况兑现年终奖励。

2. 强化社会组织的行业管理职能

功能：作为行政管理的有效补充与支撑

主体：

四类专业协会 + 十类行业分会

四类专业协会：
- 旅行社协会
- 旅游饭店业协会
- 旅游车船协会
- 旅游景区协会

十类行业分会：
- 旅游城市分会
- 旅游教育分会
- 妇女旅游委员会
- 温泉分会
- 休闲农业与乡村旅游分会
- 水上旅游分会
- 民航旅游专业委员会
- 在线旅游分会
- 休闲度假分会
- 旅游商品与装备分会

重点工作：

搭平台、促合作	定期开展业务技术交流活动，促进行业内资源与渠道共享合作。
出标准、评等级	制定全域旅游发展相关的技术标准，开展企业评级活动，奖优扶弱，引导各类旅游企业标准化发展。
强宣传、增效益	开展行业宣传推广活动，扩大企业知名度，提升行业整体效益。
出报告、供参考	定期发布市场报告，为政府企业决策提供参考。
助监管、维权益	强化旅游行业质量监管，协调行业秩序，维护旅游消费者权益。

实现：

搭建三方沟通桥梁

政府 ⇔ 企业 ⇔ 游客

- 政府 → 落实政策指引
- 企业 → 提升企业效益
- 游客 → 维护游客权益

案例链接：

① 法国乡村旅游协会——定标准、评等级、奖优扶弱

法国乡村旅游协会在政府的政策范围内制定行业规范、制度及质量标准，以达到行业自律，最终实现乡村旅游可持续发展。

法国农民可以加入法国农会的“欢迎你到农庄来”（Bienvenue à la ferme）网络，或加入“农民接待”（Accueil paysan）等民间协会组织。

加入上述组织的家庭旅馆在建设后达到三稻穗（相当于酒店业里的三星级）标准，10年中每年向公众开放6个月，就可以得到政府家庭旅馆修缮补助津贴（约占家庭旅馆总投资额的20%~30%）。

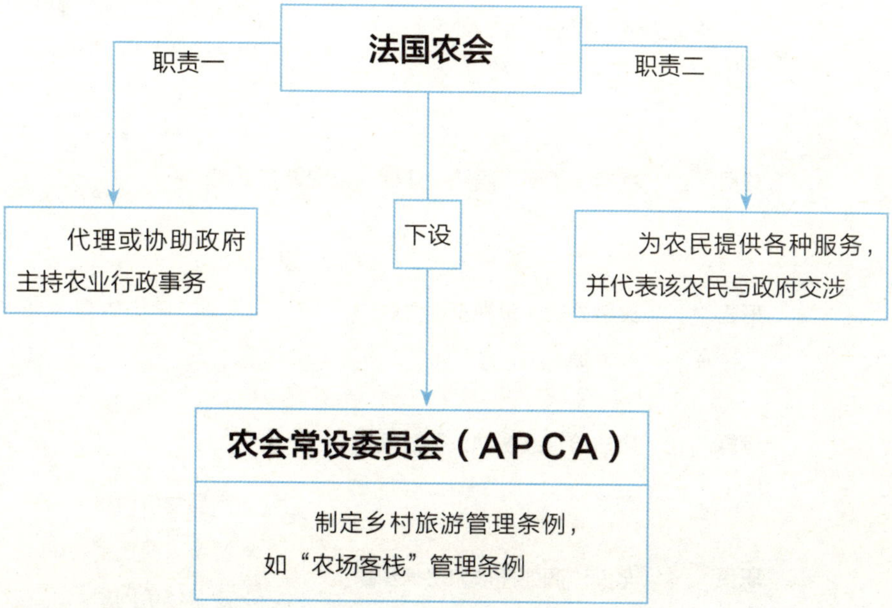

② 广东省旅游协会、深圳市旅游协会——强宣传、扩影响、增效益

广东省旅游协会开展了“吃在广州”等系列宣传活动；举办“南昆山生态旅游文化节”，帮助南昆山开展旅游扶贫；广州还与香港翡翠台举办了“全球华人小姐评选活动”，扩大了广东旅游知名度。

深圳旅游协会每年均在深港两地召开大规模旅游新产品推介会和新闻发布会，先后组织接待了日本、韩国、澳大利亚、英国、菲律宾等国的旅游新闻界访深团，宣传推广深圳旅游业的整体形象。

（二）综合执法创新

目标

强化各项法律法规在旅游领域的执行力度，全面推进依法治旅

解决旅游监管交叉与缺位并存、旅游局缺乏执法权等问题

措施

改革创新全域旅游综合执法队伍

构成

1. 统一的综合执法单位 或 **2. 专项旅游执法单位**

1. 统一的综合执法单位：
- ❖ 旅游成为支柱产业的地区

2. 专项旅游执法单位：
- ❖“大部制”改革的城市
- ❖ 执法矛盾多的中小城市

成员 旅游、工商、质检、环保、公安等多个部门

形式 集中办公、隶属于地方政府

运算 执法检查经费纳入财政预算

职责 全面协调处理涉旅法律纠纷
- ❖ 商品物价纠纷
- ❖ 游客人身伤害
- ❖ 旅游物价问题
- ❖ 旅游市场秩序

案例链接：

2015年4月，四川阿坝州组建旅游市场综合执法局。

❖ 由14个单位各抽调1人组成：公安、规划建设、国土、工商、物价、质监、食品药品监管、安监、卫生、文化、交通、劳动保障、宗教、环保

❖ 办公经费由县财政核定后统一划拨，无旅游综合执法专项经费；

❖ 作为州政府直属正县级综合执法机构，采取集中办公形式。

2. 专项旅游执法单位

适用范围

部分旅游市场监管矛盾突出的地区，可在地方政府统筹协调下，由旅游局联合其他部门，设立专项旅游执法机构。

三大类型

- 旅游巡回法庭——在旅游区内快速及时仲裁旅游纠纷
- 旅游警察——介入解决旅游人身财产安全事件
- 工商旅游分局——专项监管旅游市场秩序与物价

全国旅游巡回法庭发展历程

2010年7月

三亚市城郊法院旅游审判庭成立，定员定岗，专门审理旅游纠纷案件，直接指导旅游巡回法庭工作。

2013年12月

上海市启动旅游纠纷诉调对接机制，设置旅游巡回法庭，并邀请20余名在职律师和退休法官作为兼职调解员。

2015年6月

宁夏沙湖景区设立巡回法庭，建立“电话、接访、巡回、上门”快速立案机制，“导诉、立案、调裁、执行”一站式服务机制。

2015年9月

江苏昆山法院旅游度假区巡回法庭揭牌成立，依法审理涉及民事纠纷、生态文明建设、文化繁荣发展等各类民商事案件。

2015年9月

安徽省含山县成立人民法院旅游巡回法庭，在景区巡回办案，并开展法治宣传、法律咨询等工作，拓展法院诉讼服务渠道。

2015年10月

桂林市设立旅游巡回法庭，及时高效解决旅游过程中发生的旅游服务合同、人身财产损害等纠纷案件，有效开展法律服务。

2015年11月

四川阆中市成立古城旅游巡回法庭，实行巡回办案，与旅游局、派出所、古保办、消费者协会诉调对接，联动化解纠纷。

全国旅游警察发展历程

2015年10月10日 三亚成立国内首支“旅游警察”队伍。

2016年

1月12日 河南省洛阳市栾川县公安局旅游管理警察大队成立。

1月22日 福建省厦门市公安局鼓浪屿派出所旅游警务队和湖里派出所旅游警务队分别挂牌成立。

2月5日 丽江市公安局旅游警察支队成立。

随后，瑞丽、腾冲公安局旅游警察大队，大理白族自治州、昆明市、西双版纳州公安局旅游警察支队成立。

4月26日 陕西省韩城设立韩城公安旅游警察分局。

4月28日 湖南省资兴旅游警察大队在东江湖景区正式挂牌成立。

4月30日 杭州西湖景区行政执法局G20女子巡逻队首次亮相。

案例链接：

三亚旅游警察支队有经侦、刑侦、治安等警种。

截至2016年2月底：

查处涉旅治安案件120起，行政拘留122人，侦破刑事案件1起，近2个月旅游投诉下降50%。

1 共同责任制

涉旅报警 ▷ 旅游警察率先接警
- 属于职责范围的高效处置
- 属于其他职责部门管辖的协调处理

2 基本定位

打击违法犯罪
服务市民游客
当好党委政府的参谋助手

3 职业技能

能说外语
懂看账本
办案能手
……

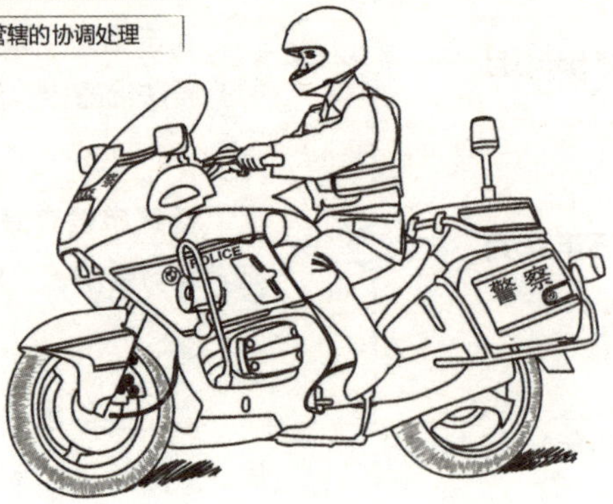

（三）产业政策创新

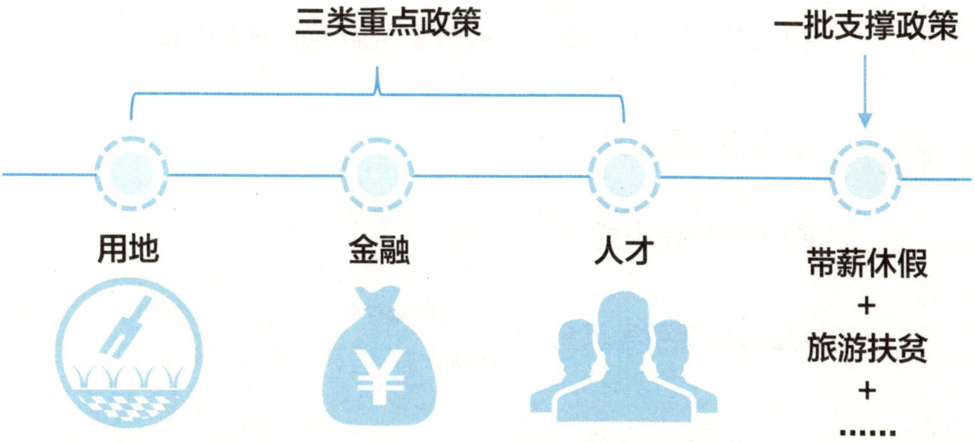

1. 创新全域旅游建设用地政策

国家层面

借助全域旅游发展契机，出台相应法规细则，支持全域旅游的用地需求，切实解决旅游用地的规范性、合法性问题。

地方层面

因地制宜地施行旅游用地的先行先试。

如创新全域旅游产业用地分类管理政策；探索出台农民利用集体土地参与全域旅游开发、分享旅游收益的相关政策；落实“坡地点状供地”政策。

旅游行业协会

研究发布全域旅游相关项目的用地标准，指引旅游用地高效集约、规范化发展。

案例链接：

浙江省“坡地村镇”用地试点
点状布局、垂直开发

集中连片供地 → 允许点状供地

平原地区供地 → 允许开发山坡地块

保护与保障并举

减少占用平原耕地

单个旅游项目总用地控制在200亩以内

桂林市旅游产业用地改革试点
小型设施不占指标，权力下放

旅游景区内的小型设施用地，单体用地面积在150平方米以下，总用地面积不超过20亩，且不涉及占用耕地和征收的，由市人民政府审批，报自治区国土资源厅备案后实施。

2. 创新全域旅游金融政策

创新出台五项金融政策，保障全域旅游的开发建设：

2 项重点金融政策

PPP投融资模式

推广旅游基础设施和公共服务的PPP投融资模式。

设立旅游投资引导基金

整合现有资金渠道，拓宽资金来源，支持全域旅游重点项目及基础设施的开发。

3 项支撑性金融政策

筹集专项资金

财政直接补助、贷款贴息、以奖代补，实行资金使用管理绩效评价机制。

扩大银行信贷投入

加强与农信社、商业银行及政策性银行的合作，完善信用担保体系，扩大银行信贷投入。

出台税收优惠政策

国家出台全域旅游相关项目的税收优惠政策，各地方逐步出台税收减免细则并落实执行。

（1）创新投融资模式——重点推广PPP投融资模式

支持企业通过政府和社会资本合作（PPP，Public-Private Partnership）模式投资、建设、运营旅游项目，引入良好的企业机制和治理模式，提高旅游服务质量，改善旅游业的软环境。

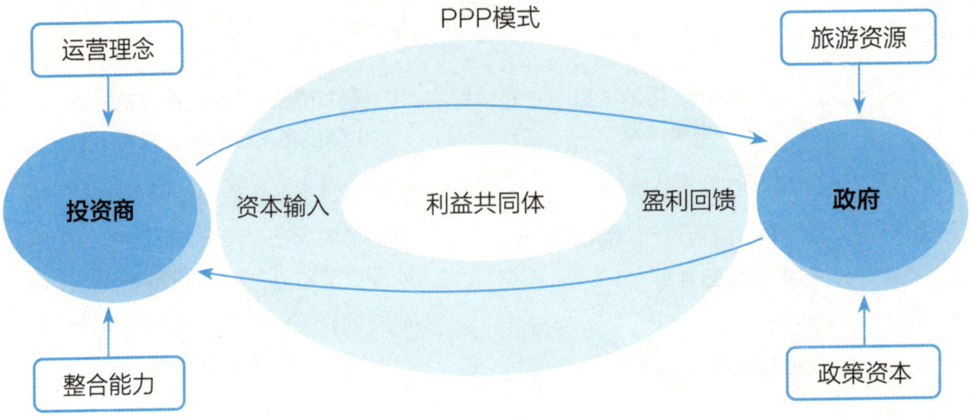

（2）设立并运作旅游投资引导基金

设立

设立主体　发展全域旅游的地方人民政府。

设立程序　由负责推进创业投资发展的有关部门和财政部门共同提出设立，引导基金的可行性方案报同级人民政府批准。

资金来源　支持旅游产业发展的财政专项资金、旅游企业所得税的一定比例、企业/个人捐赠、旅游运输企业的征收费等。

资金规模　根据财政实力和区域创投资本的实际需求而定，理想的资金规模（包括政府引导资金和社会参与资金）占GDP的1%。

运作

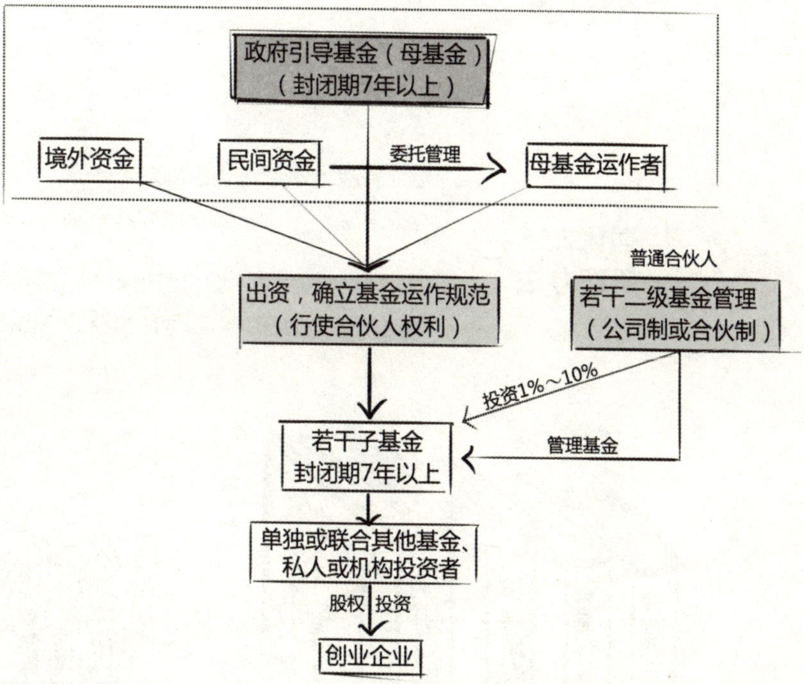

*注：国务院36号文件指出：“鼓励有关部门和地方政府设立创业投资引导基金，引导社会基金，积极发展股权投资基金。”

3. 创新全域旅游人才政策

人才类型：行业管理人才 + 企业经营人才 + 服务技能人才

4大举措

- **创新人才引进扶持**
  - 出台异地旅游高级人才落户政策
  - 放宽外籍高层次旅游人才居留条件
  - 加大对创新创业人才的政策倾斜
- **完善人才培养机制**
  - 鼓励校企合作开办旅游院校或课程
  - 落实导游人才自由职业相关政策
  - 扩大出国留学人员派出规模
  - 鼓励支持旅游企业开展游学考察
- **营造人才发展环境**
  - 落实国家“万名旅游英才计划”政策
  - 重视旅游人才的社会荣誉和精神奖励
  - 鼓励旅游人才开展旅游研究
  - 引导地方设立旅游人才发展基金
- **强化人才管理办法**
  - 建立旅游人才专家信息库
  - 促进旅游人才的区域流动与交流
  - 推动旅游人才的信息化管理
  - 建立健全导游准入退出管理机制，实行导游人员有序流动的开放式管理，实现导游执业的自由化和法制化

（四）规划统筹创新

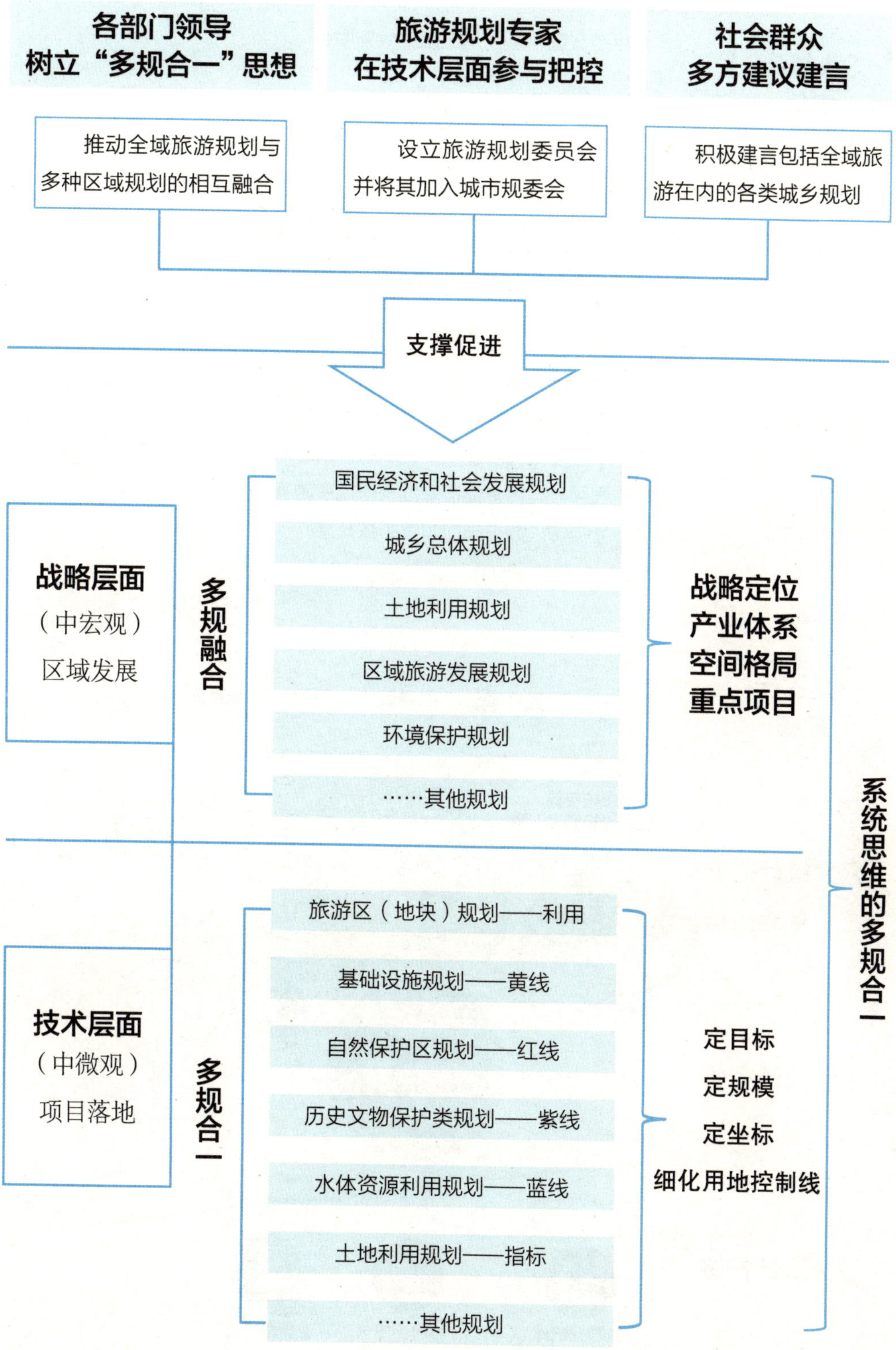
各部门领导
树立“多规合一”思想
旅游规划专家
在技术层面参与把控
社会群众
多方建议建言
推动全域旅游规划与多种区域规划的相互融合
设立旅游规划委员会并将其加入城市规委会
积极建言包括全域旅游在内的各类城乡规划
支撑促进
战略层面
（中宏观）
区域发展
多规融合
国民经济和社会发展规划
城乡总体规划
土地利用规划
区域旅游发展规划
环境保护规划
……其他规划
战略定位
产业体系
空间格局
重点项目
技术层面
（中微观）
项目落地
多规合一
旅游区（地块）规划——利用
基础设施规划——黄线
自然保护区规划——红线
历史文物保护类规划——紫线
水体资源利用规划——蓝线
土地利用规划——指标
……其他规划
定目标
定规模
定坐标
细化用地控制线
系统思维的多规合一

（五）旅游统计创新

3大统计主体

- 国家旅游数据中心、地方旅游数据中心
- 地方旅游部门和统计部门
- 携程、去哪儿、途牛等在线旅游大数据OTA平台

以住宿过夜人天数为核心指标，符合旅游科学内涵，且能实现旅游统计数据横向可比

6大统计指标

- ❖ 接待国内过夜游客人数
- ❖ 住宿单位接待国内过夜游客人数
- ❖ 住宿单位接待人数占国内游客人数比重
- ❖ 住宿单位接待国内过夜游客平均停留时间
- ❖ 常住居民人均接待住宿单位国内过夜游客数
- ❖ 旅行社接待人数占国内游客人数比重

3类统计方法

大数据统计、抽样调查、卫星账户统计三种叠加

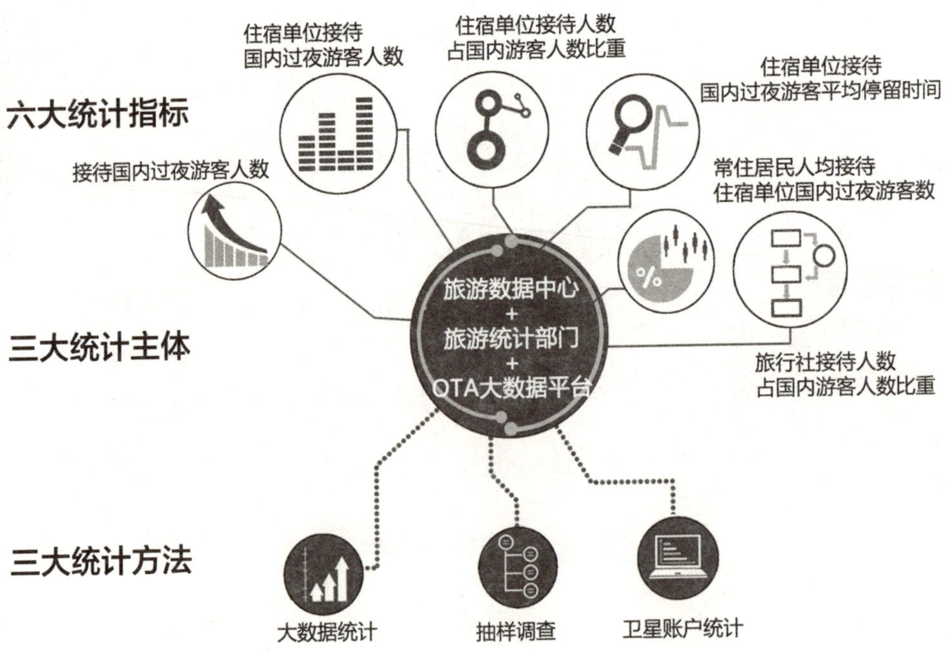

二、软硬兼顾，提升全域环境

基于

① 散客化趋势（>90%）
② 相对普遍的综合环境与公共服务短板
③ 景区内外、城市乡村、居民游客一体化的发展理念

结合

丰硕的城市建设成果 + 互联网旅游的时代机遇

推进

八个方面的建设：

- ❖ 交通环境
- ❖ 卫生环境
- ❖ 集散体系
- ❖ 信息服务
- ❖ 标识系统

→ **硬件设施和软件服务全面升级**

- ❖ 人文环境
- ❖ 资源环境
- ❖ 整合营销

→ **内部环境和外部形象同步提升**

做到

旅游服务触手可及
旅游氛围浓厚
切实提高游客满意度

实现

软硬兼顾、内外一体的全域旅游优质环境

（一）全域交通环境改善

目标

破除城乡交通分割，打通全域旅游脉络 + 提高全域旅游的通达性，满足城市发展和旅游建设的双重需求

2大方面

快进 外部进入交通

航空	铁路	公路	水路
规划增建机场 补贴特定航线	优化高铁、高速线上交通站点的旅游服务配套		加快建设旅游港口码头

慢游 内部畅游交通

- **畅通“最后一公里”**：旅游直通车
- **建设慢游休闲绿道**：自行车道、慢行道
- **完善自驾游服务系统**：营地、游线、标识系统

保障

强化旅游与交通部门的联合运营管理

- **路网规划**：旅游部门参与区域路网规划建设，促进城市交通路网联通重点旅游区
- **建设资金**：引导旅游发展资金与交通建设资金共同出资，提升旅游区周边交通
- **运营管理**：政府引导 市场参与 企业运作

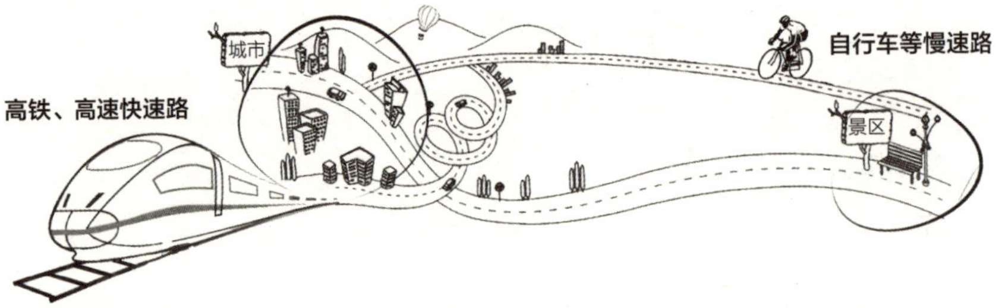

1. 畅通“最后一公里”

目标：解决自助游散客的出行痛点

- 城市公共交通 → 景区 不达
- 城市主干道路 → 景区 不通

措施：

联通路网：建设重点景区与城市主干道之间的连接道路

4类工具：

- **旅游专线**：调整公交线路串联重点景区
- **景区直通车**：由交通枢纽向重点景区运客
- **摆渡车**：旺季临时性开设，联通景区
- **其他交通**：商务MPV等个性化定制用车

运营管理：**政府与客运公司合作运营为主，社会化自助用车为补充**

滴滴打车 神州专车 Hertz 赫兹国际汽车租赁 AVIS 安維斯租車

案例链接：山西省运城市——以直通车破解“最后一公里”难题

依托13个区县的700余辆客运车辆资源，开通运城至李家大院、永乐宫、大禹渡、普救寺、鹳雀楼、铁牛馆等景区的直通车，配备数辆商务MPV（Multi-purpose Vehicle，多用途汽车）车型，满足游客的个性化“云游”，做到“无需预约、一人也发团、说走就走”。

2016年春节黄金周，发送至景区的直通车有：
李家大院景区136班，发送游客2115人；
芮城永乐宫景区26班，发送游客443人；
大禹渡景区26班，发送游客460人；
发送华山御温泉游客138人；
发送五老峰游客350人。

2. 建设慢游休闲绿道

基础：城市自行车道路网 — 乡村旅游交通路网 — 景区游线路网

类型：

- 自行车道：设置骑行标识、停车场、维修点
- 慢行游步道：铺设鹅卵石路等健身道
- 运动健身绿道：设置距离提示牌、乐跑服务站等
- 其他绿道：主题化打造

城市自行车绿道

乡村慢行游步道

景区运动健身绿道

保障：自行车的租赁还车系统 — 节点服务驿站 — 标识解说系统 — 绿道景观系统 — 安全防护设施

案例链接：增城绿道

广州增城区建有国内最美、最长、最安全、穿越景区（点）最多的绿道网。2015年上半年，增城绿道共接待游客33.37万人次，绿道旅游收入1119.14万元。

共建设了：

- 200公里自驾车游
- 335公里自行车休闲健身游
- 50公里增江画廊水上游绿道网
- 将增江河岸山水、田园风光、果园红荔、竹林幽径、农家风情融为一体

3. 完善自驾游服务系统

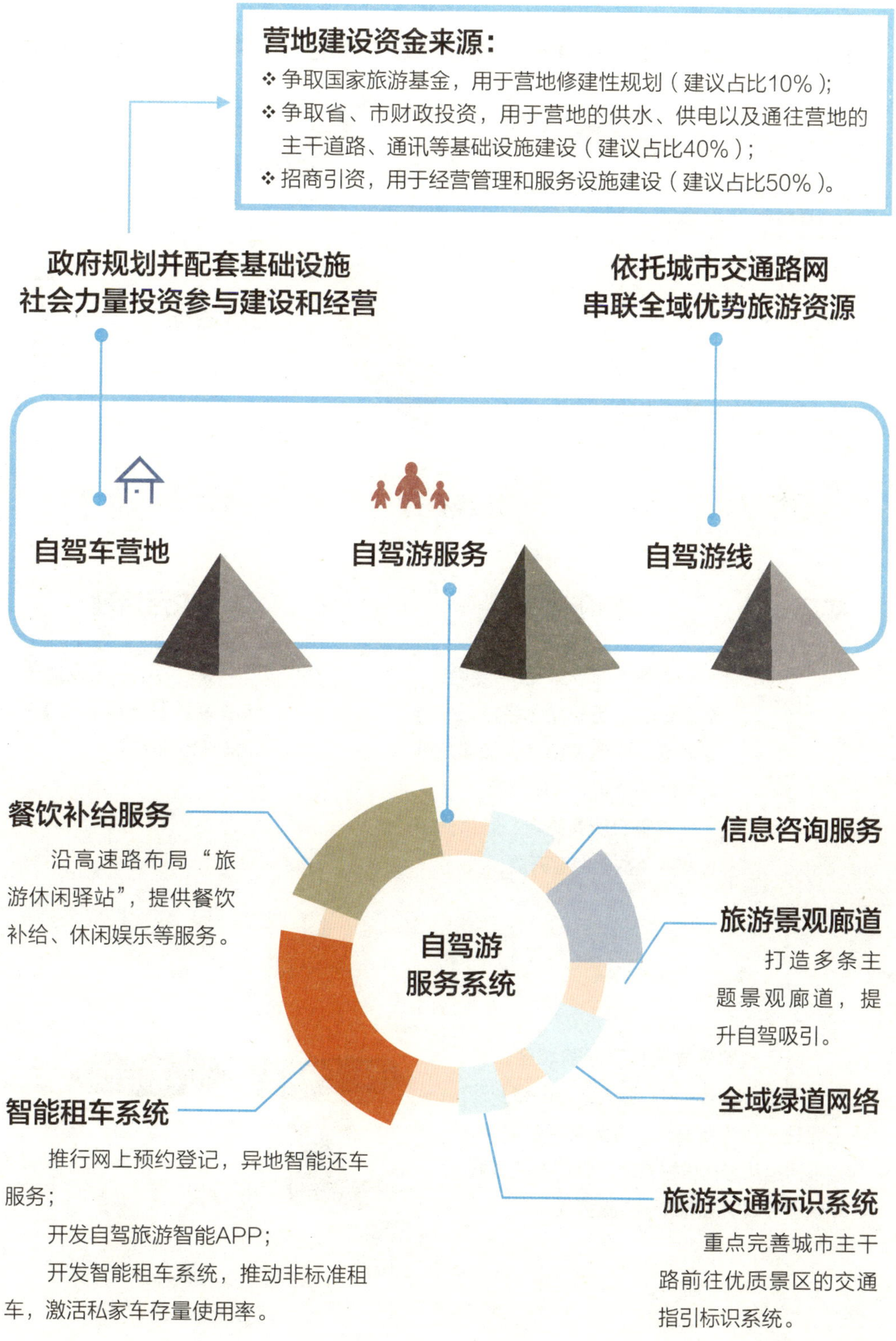
营地建设资金来源：
❖ 争取国家旅游基金，用于营地修建性规划（建议占比10%）；
❖ 争取省、市财政投资，用于营地的供水、供电以及通往营地的主干道路、通讯等基础设施建设（建议占比40%）；
❖ 招商引资，用于经营管理和服务设施建设（建议占比50%）。
政府规划并配套基础设施
社会力量投资参与建设和经营
依托城市交通路网
串联全域优势旅游资源
自驾车营地
自驾游服务
自驾游线
自驾游
服务系统
餐饮补给服务
沿高速路布局“旅游休闲驿站”，提供餐饮补给、休闲娱乐等服务。
信息咨询服务
旅游景观廊道
打造多条主题景观廊道，提升自驾吸引。
智能租车系统
推行网上预约登记，异地智能还车服务；
开发自驾旅游智能APP；
开发智能租车系统，推动非标准租车，激活私家车存量使用率。
全域绿道网络
旅游交通标识系统
重点完善城市主干路前往优质景区的交通指引标识系统。

（二）全域卫生环境提升

目标　城乡卫生一体化+景区内外卫生环境一体化+全域卫生无死角

提出

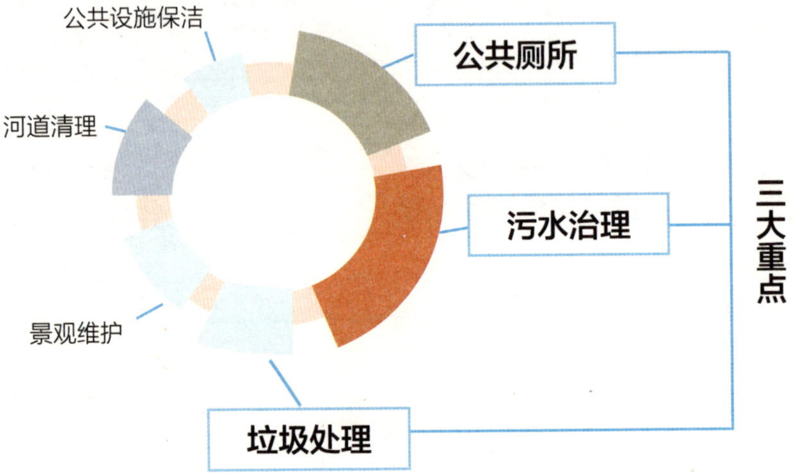

实现

厕所革命

完善：加大景区、度假区、休闲街区、历史文化名村、乡村旅游点、交通集散点、加油站等区域的旅游厕所建设力度。

共享：所有临街、临景的单位厕所免费向游客开放。

＋

农污治理

农村污水和垃圾处理与城镇环卫管理同布置，同推进，同落实。

案例链接：

浙江省德清县建立了涵盖城区、公路、河道、集镇、村庄五大区域的城乡环卫管理一体化新模式，将全县环卫保洁、垃圾清运和绿化养护管理，全部委托县城市管理行政执法局统一实施管理。

保障

①商业化运营

由大中型企业冠名赞助或授予商业广告经营权，企业或个人获得外墙、内饰广告经营权。

案例链接：

德国商业化运营的公厕——免费开放，年赚3000万欧元

汉斯·瓦尔承诺向柏林市政府免费提供公厕设施，并包揽维护和清洁工作，仅要求公厕外墙广告的经营权作为回报。瓦尔经营的厕所主要有三类收入：

①公厕外墙吸引了香奈儿、苹果、诺基亚等“大牌”贴广告，广告年收入达3000万欧元；

②厕所内部的摆设和墙体变为广告载体；

③提供付费厕所服务，如提供个人护理、婴儿尿布、擦拭皮鞋、后背按摩、听音乐、阅读文学作品等服务。

②智慧科技提升

促进企业将节能、节水、环保等创新科技应用到环卫设施中，开发“找厕所”、“垃圾分类指引”等智能化应用APP。

（三）全域集散体系构建

目标：提供一站式交通、信息、组织接待、宣传促销、投诉受理等服务功能

构建：全域旅游目的地集散服务中心体系

措施：① 分级构建

分级		一级旅游集散中心	二级旅游集散中心	三级旅游集散中心
针对客流		全国乃至国际	区域周边省市	外地游客及本地游客
布局原则		特大型综合交通枢纽，如国际航空、高铁站、大型普铁站、邮轮码头	城际客运枢纽、公路客运枢纽、水运客运枢纽	客运换乘中心、重要景点、城市休闲中心等游憩和交通设施
主要建设指标	停车场（平方米）	≥5000	≥2000	结合现有设施提升
	候车厅（平方米）	＞300	＞150	＞50
	线路（条）	≥40	≥20	有即可

② 管理创新

A　建立在本地居民集中区，主要服务于本地居民出游的集散中心

前期	中期	后期
政府引导建设 →	政企合作运营 →	市场化运营

B　建立在交通枢纽处，主要服务外地游客的集散中心

客运公司市场化运营，鼓励连锁化经营、特许经营，形成服务网络

地区	组建方式	服务对象	运营方式	经营成效
上海	政府拨款设立的自收自支型事业单位，下设旅游集散站和上海一日旅行社两个经营实体企业	主要是上海市民，其次是外地游客	集散中心负责设计、开发、宣传旅游产品和线路以及旅游投诉处理，通过市场招标确定旅游车辆经营单位	盈利，业务广泛，逐年完善
杭州	由政府和企业共同组建，杭州旅游集团控股经营	主要是外地游客，其次是本地市民	企业化运营，集自助旅游、旅游车辆换乘和旅游咨询服务于一体	处于财政支持期，业务有微盈利
苏州	苏州汽车客运有限公司控股经营的股份企业	游客、本地市民、旅游企业和交通企业等	企业化运作；采取旅游集散站和旅游车分离方式运营，充分借助大股东资源	市内旅游专线亏损，市郊旅游专线实现盈利
北京	政府组织，北京公共交通控股（集团）有限公司注资并实现全盘接管	主要针对来京旅游人群	企业化运营，向旅游者提供“吃、住、行、游、购、娱”全方位旅游服务	已逐步走向正轨
天津	天津市交通集团投资并进行管理，采用客运枢纽+旅游集散中心模式	外地游客、本地市民等相关群体	资金来源为政府补贴、银行贷款、企业自筹	2013年开始运营

（四）全域旅游信息服务

基于：互联网+旅游时代机遇 + 传统咨询的升级需求

满足：游客随时随地便捷获取信息的需要

提升：两大方面（前端+后台）的信息服务体系

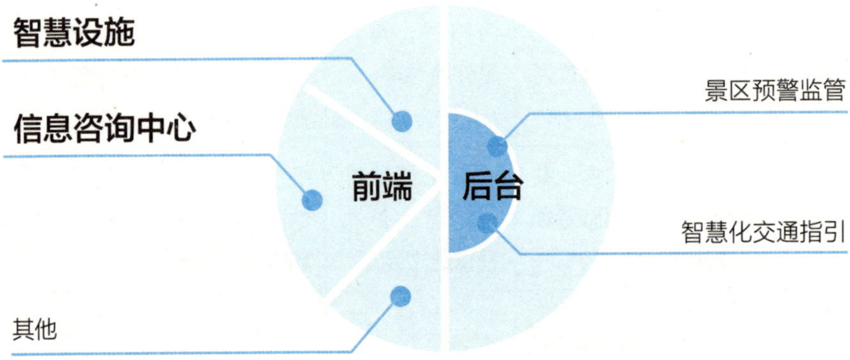

重点子系统

1. 智慧设施

- **二维码：** 公交、地铁等公共场所
- **WIFI覆盖：** 重点景区全覆盖
- **触摸屏：** 客流聚集区（如北京三里屯）
- **语音导览：** 景区智慧导览区

政府投入，引导建设

植入广告，获取经费

重点子系统

2. 信息咨询中心

四大类型旅游信息咨询中心 → 三种运营管理模式

依附旅游集散中心

一级、二级、三级旅游集散中心

依托窗口服务单位

景区景点、旅行社沿街门店、星级饭店等窗口服务单位

→ **经营单位负责运营管理**

独立建设

在集散中心未能覆盖且人流密集处建设，如城市主要商业区等

→ **政府统筹运营管理**

展示地方文化特色的旅游志愿服务站

在旅游景区、特色居民社区等区域，打造最具地方文化特色的服务亭

→ **社会组织+志愿者服务**

案例链接：

依托游客集散中心的信息咨询服务中心——乌镇西栅游客服务中心，将旅游咨询与游客集散、售检票、客房预订、前台接待等服务功能集合于一体。

西栅游客服务中心平面图

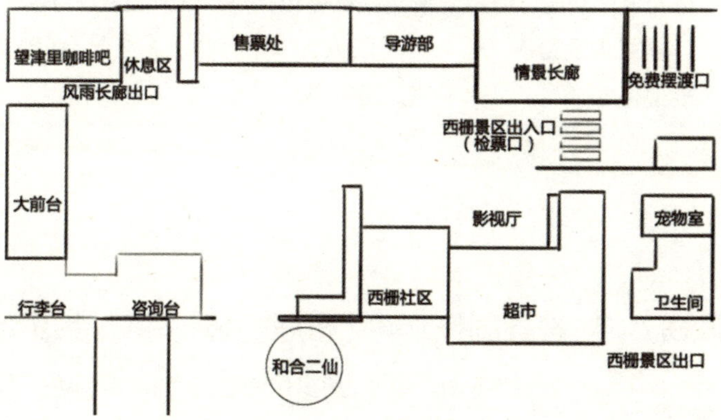

提供景区咨询、叫车、汽车票及飞机票代售、免费资料取阅、住宿信息咨询、公用电话、宠物寄养、VIP接待、旅行社经理资格证查询、记者证登记、失物查询与登记等服务。

（五）全域旅游标识系统

目标

随时随地清晰指引交通、方向、景点和服务等
形成全域旅游目的地的特色名片

5大原则

- 标准化：符合相关标准规范
- 国际化：国际通用符号 多种国际语言
- 人性化：按需设置 导视明确
- 系统性：融入城市VI 统一风格
- 辨识性：简洁易懂 辨识度高

4大方面

1个总图：全域旅游指引总览图
- ❖ 置于交通枢纽、游客集聚区
- ❖ 应用智能科技+互动触摸屏

＋

3个分项：旅游交通指引标识牌 >> 旅游区导览标识牌 >> 旅游服务设施标识牌

旅游交通指引标识牌
- ❖ 指向重点景区
- ❖ 方向距离标识
- ❖ 方向标识

旅游区导览标识牌
- ❖ 旅游区全景图
- ❖ 景点解说牌
- ❖ 警示关怀牌

旅游服务设施标识牌
- ❖ 游客中心标识
- ❖ 集散中心标识
- ❖ 直通车标识

分项要点：
- 依托城市交通 路牌设立需规范标准
- 彰显景区特色 以人为本，满足游客需求
- 标准化+特色化 起到招徕游客的作用

4个步骤

需求调研 → 设计制作 → 布局安装 → 维护更新

- 需求调研：实地踏勘 明确需求点位
- 设计制作：系统性设计 融入地方元素
- 布局安装：最少足量原则 统一安装配置
- 维护更新：定期更新信息 保持牌面清洁

案例链接：

内蒙古伊金霍洛旗全域旅游交通标识系统（由巅峰美景创意设计）

① 全域旅游指引总览图

全域旅游资源总导览牌

全域旅游资源总导览牌

② 旅游交通指引标识牌

景区（点）距离方向标识

景区（点）方向标识

③ 景区导览标识牌

景观景点说明牌

景区景点指示指引牌

旅游公厕标识牌

④ 旅游服务设施标识牌

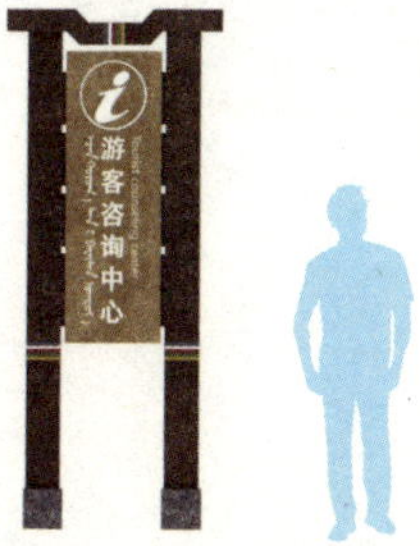

游客咨询中心标识牌

出租车停靠点

旅游集散中心

（六）全域人文环境优化

实施4大举措

宣传引导　树立意识

印制并发放文明旅游宣传品

刊播文明旅游的公益广告

在飞机、高铁、邮轮、游船上宣传

开展活动　规范行为

开展景区、酒店文明创建活动

普及接待礼仪、宗教禁忌等知识

评选文明旅游大使

舆论监督　形成氛围

在报刊、广播、电视上开设文明旅游专栏

开展旅游从业人员评优

由行业协会引导自律建设

记录诚信　引导风尚

建立文明旅游信息库，包括诚信旅游企业、文明游客、文明旅游服务员等

影响4类群体

- **当地居民：** 热情友好的主人
- **旅游从业人员：** 文明的服务者
- **旅游志愿者：** 文明的宣传员

→ **游客：** 文明出游

形成　**全域文明的旅游环境**

（七）全域资源环境保护

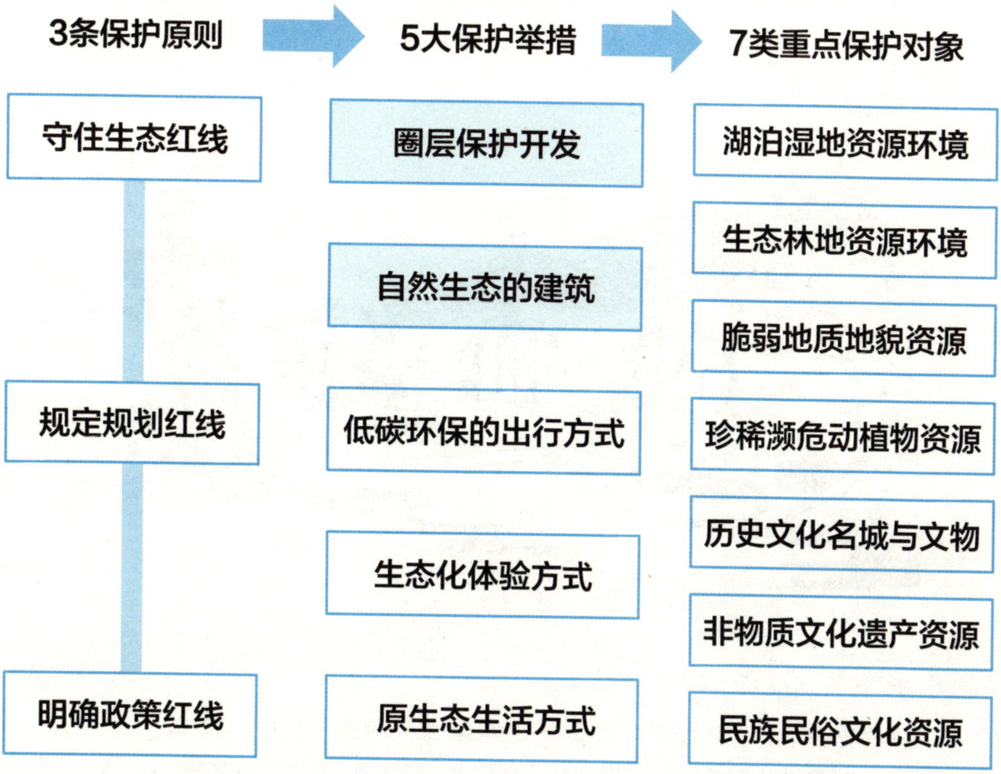

1. 圈层保护开发

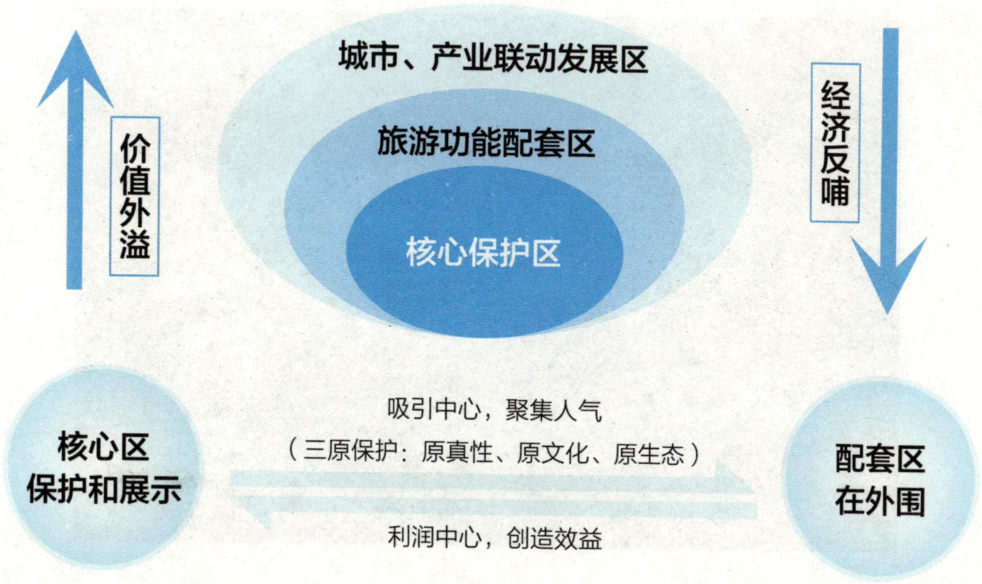

2. 自然生态的建筑

秉承“道法自然”的理念，坚持建筑和自然的结合，彰显地方特色。

建筑材料——取材当地，高效利用，避免浪费。

建筑形态——色调与自然色彩融合，形状隐于自然景观。

案例链接：海南省保亭县缘真岛

倡导生态化的休闲度假方式，建设了一批与自然环境和谐互融的生态建筑。

❖ 从大地中生长出来的建筑——不破坏一棵树木，在湖面、岛上架空建设；

❖ 消隐的建筑——建筑容积率低，分散、点状式开发，避免密集成片开发；

❖ 建筑亦景观——艺术化、生态化打造建筑景观，融入黎苗文化元素。

（八）全域旅游整合营销

基础

整合营销对象 + **整合营销主体**

整合营销对象：
- ❖ 传统旅游资源
- ❖ 有吸引力的社会生活资源

整合营销主体：
- ❖ 地方政府+旅游局
- ❖ 旅游企业
- ❖ 相关行业企业

构建

全域旅游品牌形象

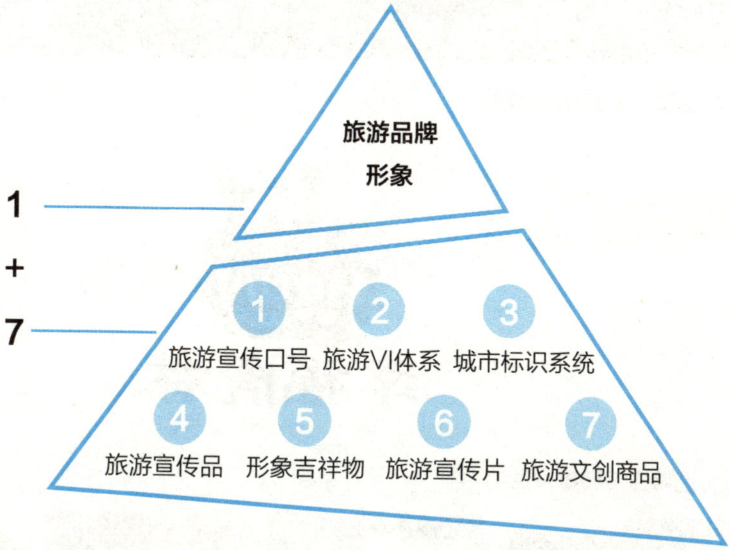

打通

3大 传统媒体渠道
- ❖ 电视媒体
- ❖ 户外媒体
- ❖ 纸质媒体

\+

2大 新媒体渠道
- ❖ 网络媒体
- ❖ 手机媒体

引爆

策划5类旅游营销活动

- ❖ 文化节庆
- ❖ 文艺娱乐
- ❖ 体育赛事
- ❖ 会议展览
- ❖ 巡回推介会

月月有活动
季季有高潮

案例链接：

黑龙江省虎林市品牌营销策划（由巅峰美景创意设计）

① 品牌形象

② 品牌LOGO和吉祥物

③ 品牌应用和事件营销

7

CHAPTER SEVEN

第七章
全域旅游示范创建

推动全域旅游发展，基础在环境、核心在产业、关键在体制、动力在改革创新、路径在统筹融合，目标是通过旅游业发展带动经济社会全面发展。

“以令率人，不若身先。”在全域旅游方兴未艾的发展大潮中，需要树立勇于引领示范的先行标杆，为全国全域旅游的深化推进探索经验。

一、创建目的

（一）提升区域综合竞争力

抓手　全域旅游示范区创建工作

调动　地方各部门的合作力量
包括旅游局、规划局、公安局、交通局、工商局等多个部门

提升
① 旅游贡献推动区域经济
② 旅游促进生态绿色发展
③ 旅游带动社会民生和谐
④ 提升地方旅游品牌影响力和综合竞争力

（二）获取国家八大“优先”政策

创建全域旅游示范区，是地方谋求自身发展的积极行动，也是一张对外展示形象的名片。成功创建后，国家会在财政、基础设施、推广宣传等八个方面给予支持，助力区域整体发展。

财政支持	优先纳入中央和地方预算内投资支持对象
基础设施	优先支持旅游基础设施建设
投资支持	优先纳入旅游投资优选项目名录
宣传推广	优先纳入国家旅游宣传推广重点支持范围
改革试点	优先纳入国家旅游改革创新试点示范领域
A级创建	优先支持A级景区等国家重点旅游品牌创建
人才培训	优先安排旅游人才培训
重点联系	优先列入国家旅游局重点联系区域

二、创建原则

党政统筹　协调推进

- 发挥地方党委和政府的领导作用
- 从区域发展战略全局出发

共建共享　互惠互利

充分发挥“旅游+”的整合功能
主客共建共享，成果惠及各方

特色产业
城乡建设
现代科技
创意文化
生态文明建设

→

游客能满意
居民有实惠
政府有税收
企业有发展

因地制宜　突出特色

形成色彩斑斓、各具特色、创新发展的格局

- 以特色引领全域旅游建设，立足本地区的实际
- 挖掘地域文化特色，探索特色统筹发展机制

以人为本　突出实效

使全域旅游的发展成效体现在主客口碑上

- 把游客、居民满意作为根本出发点和落脚点
- 让游客顺心、放心、开心，居民有幸福感

合理利用　注重保护

使全域旅游成为积极有效的开发保护模式

- 落实“绿水青山就是金山银山”理念
- 划定生态保护红线，守住生态底线
- 合理开发各类旅游资源，防止大拆大建

改革创新　稳步推进

全局谋划推进全域旅游的体制和工作格局

统筹协调机制、综合执法机制、资源整合机制、社会保障机制

三、创建主体

国家层面

类型	主体
全域旅游示范县（含县级市）	县（含县级市）人民政府
全域旅游示范市（州）	市（州）人民政府
全域旅游示范省（部分）	省（区）人民政府

省级层面

鼓励省（直辖市、自治区）开展全域旅游创建

有条件的也可创建全域旅游示范镇（乡）

创建全域旅游示范区，需具备“四主两特”条件

四主

1. 区域内有明显的旅游主打产品
2. 旅游业可成为区域主体功能
3. 旅游业可成为区域主导产业
4. 旅游业可成为区域主打品牌

两特

旅游资源禀赋特别高 ⟷ 旅游产业覆盖面特别广

四、创建流程

“申创验管”4部曲 10措施

申报

1. 县市自主申报

县、市州人民政府自检后，向省区提交全域旅游示范区申报材料。

2. 省区初审推荐

各省、自治区、直辖市初步审核申报资料，合格后向国家旅游局推荐。

3. 国家确定名单

国家旅游局审核申报材料，确定同意创建的县、市州名单后对外公布。

创建

4. 县市学习动员

创建单位学习“国家全域旅游示范区”的有关要求和标准，召开动员部署会议，安排和落实各项工作。

5. 宣传统一思想

大力宣传创建目的和意义，大力营造“全民共同创建”的良好氛围。

6. 全面创建提升

县市政府成立工作领导小组，安排部署创建工作，细化分解各项考核指标，定期对各部门、各单位创建工作开展情况进行抽查。创建单位应开展不少于一年的创建工作，建议按照国家标准执行。

验收

7. 省区初检上报

创建工作完成后，市（州）旅游主管部门自检、省级旅游主管部门初检合格后，向国家旅游局提出正式验收申请。

8. 资料审查打分

国家旅游局采取资料审查、组织实地检查等方式，依照全域旅游示范区检查验收标准进行对照打分。

9. 国家组织验收

优先组织验收满足4项基本标准的单位：①旅游业实现当地经济贡献率15%和新增就业贡献率20%；②实施“1+3”旅游综合管理和综合执法模式；③旅游厕所建设达标；④旅游数据中心建成。

管理

10. 长期动态管理

国家全域旅游示范区实行动态管理，对不能保持创建成果的，将及时从创建名录中除名。没有纳入创建的，有积极性和有条件的，也可以申请补充创建和检查验收。

五、创建抓手

创建全域旅游示范区，需以“1+3+9”重点工作为抓手，落实国家全域旅游相关政策指示，推动全域旅游创建工作的顺利开展。

设立1大综合协调管理机构	**旅游发展委员会**	①建议以旅游为优势产业的区域设立； ②由地方政府下属机构升级为组成部门，强化统筹协调职能； ③吸纳相关部门的副职人员担任副主任。
设立3大联合执法机构	**旅游警察**	①在地方公安局设立旅游警察队伍； ②按需选择大队、支队或分局形式； ③介入解决旅游相关的人身财产安全事件。
	旅游工商分局	①在主要旅游市县的工商部门设立； ②在游客集聚区设置旅游消费维权站点； ③建立旅游维权快速反应机制； ④加强对涉旅企业经营的日常监管。
	旅游巡回法庭	①在重要景点、度假区、休闲区设立； ②确立“就地立案、就地开庭、调解优先”原则； ③建立针对旅游的诉调程序和审判工作机制； ④鼓励成立旅游律师、法官志愿者服务团。
实施9大重点举措	**多规融合**	①将旅游规划纳入多规融合甚至多规合一体系； ②宏观层面，将旅游战略与区域战略统一； ③微观层面，落实旅游用地需求，探索用地新政。
	财税金融支持	①推广PPP等投融资模式； ②设立并优化运作旅游投资产业基金； ③创新其他财税金融支持政策。
	特色产品体系	①培育一批核心旅游吸引物或标志性旅游景区； ②大力推进休闲度假产品开发； ③推进旅游小城镇和旅游特色村建设； ④打造具有代表性和品牌影响力的全域旅游线路； ⑤发挥“旅游+”整合带动功能，培育新产品新业态。
	厕所革命	①完善旅游厕所软硬件设施（新建与改建结合）； ②推进临街临景的经营单位免费向游客开放厕所； ③推行旅游厕所的商业化运作模式。

续表

实施9大重点举措	自驾服务	①联通重点景区与城市主干道之间的连接道路； ②招商建设一批自驾车营地； ③配套完善自驾游服务体系。
	标识系统	①调研普查全域旅游的标识牌布点需求； ②设计并制作凸显地域特色的相关标识牌； ③按需布局不同类型的旅游标识牌； ④完善交通指引牌、旅游区导引牌、旅游服务设施指引牌三类标识体系。
	智慧旅游	①建立智慧旅游管理平台，具备流量监控、车辆调度系统等功能； ②完善智慧旅游服务系统，如触摸屏、二维码、WIFI等相关设施； ③推动“互联网+旅游”发展，出台政策鼓励引导企业创新、个人创业。
	统计创新	①创新三大统计主体：国家与地方旅游数据中心、旅游统计部门、OTA大数据平台； ②创新六大统计指标； ③创新大数据统计、抽样调查、卫星账户统计三种统计方法； ④由目前单一消费统计向综合产业统计升级。
	整合营销	①整合营销对象（传统旅游资源与有吸引力的社会生活资源）+整合营销主体（旅游行政部门、旅游企业、相关行业企业）； ②构建旅游目的地营销的形象体系（形象定位、宣传口号、logo、吉祥物、宣传大使等）； ③打通线上线下多种营销渠道，叠加应用传统媒体与新媒体，强化营销效果； ④策划富有创意的旅游宣传推广活动，吸引游客参与体验，引爆旅游营销品牌； ⑤创新海外营销，依托中餐馆、唐人街、孔子学院等区域，打造入境旅游体验中心。

第三篇

优术

优术，实效也。道既明，术乃重在行。前两篇阐述了全域旅游的背景意义、内涵特征及核心思路，这是“知”全域旅游，而对于新事物来说，尤其迫切需要“行”来化智慧为方法，化实践为检验标准。本篇着重论述全域旅游的方法和实践，助力中国旅游在“知行合一”的框架下阔步前行。

作为世界旅游发展的普遍规律，全域旅游的特征在欧美和部分亚洲国家已经得以展现，如美国佛罗里达、瑞士和新加坡，它们都成功建设起空间互补、产业集聚、管理成熟的国际旅游目的地。无独有偶，国内诸如苏州、杭州、琼海等许多地方也先后进行了有益探索。作为一种新的发展理念和模式，全域旅游同时需要顶层规划设计、操作指导层面的实践铺路，巅峰智业在此方面积极践行，率先编制了不少代表性的全域旅游规划案例，可以为各地全域旅游发展提供更加全面的参考。

CHAPTER EIGHT

第八章

全域旅游国内外案例

牛顿曾说“如果说我看得更远一点，是因为我站在巨人的肩膀上”，同理，全域旅游的发展也需要站在国内外旅游先行发展地区这些“巨人”的肩膀上，以他山之石来引各地全域旅游之玉，实现区域旅游整体发展的目标。

一、国外相似案例

国外案例——旅游业相对发达、具备全域旅游特征的国际旅游目的地

国家旅游局局长李金早提到："现代旅游业发端于欧美国家，其旅游发展很早以来就具有全域特点。"

为指导我国各地方科学发展全域旅游，本章收录了具备全域旅游特点的国外案例，提炼形成空间、产业和管理方面的综合性经验借鉴。

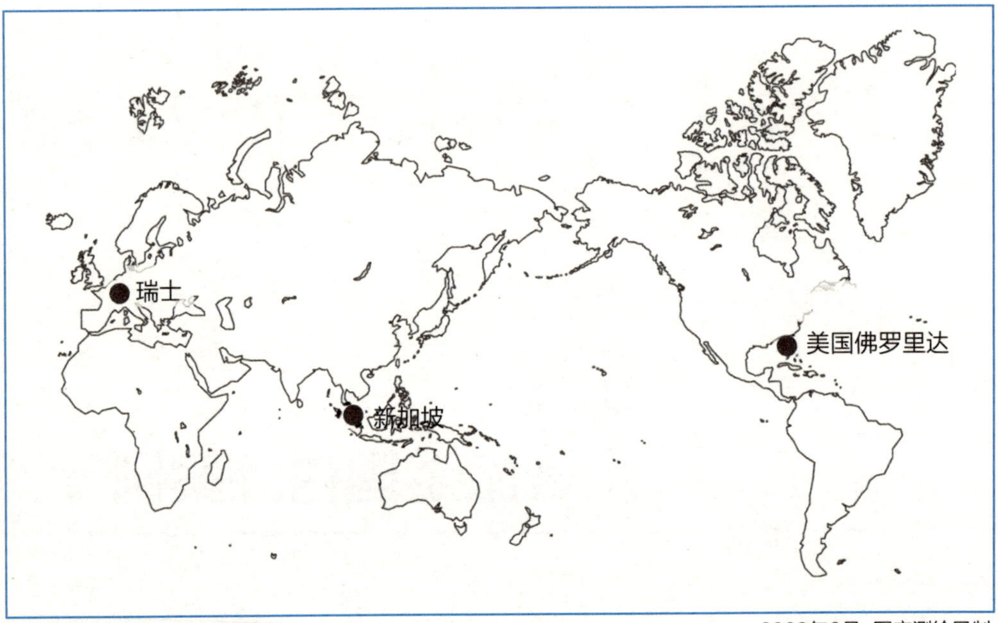

审图号：GS（2008）1428号　　2008年6月 国家测绘局制

例如：

- 美国佛罗里达深挖城镇特色，打造全域差异化、集聚化的阳光半岛；
- 瑞士发挥自然文化资源优势，打造全域世界公园；
- 新加坡结合城市经济基础，打造全域花园城市。

（一）美国佛罗里达

——差异化、集聚化发展的阳光旅游半岛

1. 佛罗里达概况

佛罗里达是美国大陆最南部的一个州，旅游起始于本国游客度假和养老市场，并逐渐走出一条差异化、集聚化发展的道路，使其成为一个真正的国际化全域旅游目的地。

数据说

- 人口与经济总量均达全美第四，是美国旅游业收入第一大州，在全世界旅游消费市场中排名第二，占有2.29%份额。
- 2013年，旅游收入761亿美元，共接待游客11 380万人次（包括州内游客2010万人次），其中国际游客1490万人。
- 2014年，旅游与休闲业直接就业人数115.14万人，占全州人口的5.7%，每年超过20%的经营预算直接来自旅游业税收。

美国旅游收入第一大州、国际旅游度假中心、疗养度假目的地、水上运动及娱乐中心

2. 实践举措——三全策略

A

全域空间 —— 五大旅游之都形成网络化格局

+

B

全域产品 —— N个旅游产品富集满足多元化需求

+

C

全域配套 —— 三大政府主抓的配套支持系统

A 全域空间——五大旅游之都形成网络化格局

世界邮轮之都 迈阿密

以豪华邮轮、阳光沙滩等为特色，汇聚全球20家邮轮公司总部，与32家邮轮公司合作。

主题公园之都 奥兰多

世界最大的主题公园聚集地，拥有8个全美排名前20位的主题公园，如迪斯尼、环球影城等。

世界游艇之都 罗德岱尔堡

拥有游艇77 000艘，其中7000艘为豪华大游艇，形成了制造、培训、旅游等完整的游艇产业链。

奢华海滩之都 西棕榈海滩

私密、奢华的海滩生活。旺季时，占有美国四分之一的财富人群都聚集于此。

海上运动之都 基维斯特

美国最美十大小镇之一，拥有独特的海上公路，是观赏日落和日出最美的地方，水上运动发达。

目前佛罗里达共有282个不同等级、不同功能的城市，形成了以“五都”（迈阿密、奥兰多、罗德岱尔堡、西棕榈海滩、基维斯特）为核心，以量大面广的小城镇为支撑的城市网络体系，成为全世界游客向往的旅游胜地。

B 全域产品——N个旅游产品富集满足多元化需求

佛罗里达拥有沙滩旅游、主题公园、航空度假、邮轮度假、文化艺术旅游、体育运动旅游、自然生态旅游等多形态旅游产品，能够满足游客多元化需求。

沙滩旅游

东部400多千米长的海滩几乎连为一体，适合各类水上运动。

主题公园

东拥有排名前20位的北美主题公园中的8家。

航空度假

拥有美国规模最大的、最典型的航空小镇，每家都有私人飞机。

邮轮度假

每年接待邮轮旅行游客达1400万人，有5个邮轮母港。

文化艺术

拥有340家博物馆，涉及历史、艺术、科技、太空等主题。

体育运动

拥有1250家高尔夫球场，每年创造经济价值达75亿美元。

自然生态

拥有160家州立公园和数目可观的自然生态保留地。

C 全域配套——三大政府主抓的配套支持系统

全域全民共享的品质化生活配套旅游服务系统

- 公、私立大学75所
- 艺术长廊和博物馆80多个
- 文化艺术演出团体及场所12个
- 给予特殊服务，打造退休者乐园

教育	艺术
文化	养老

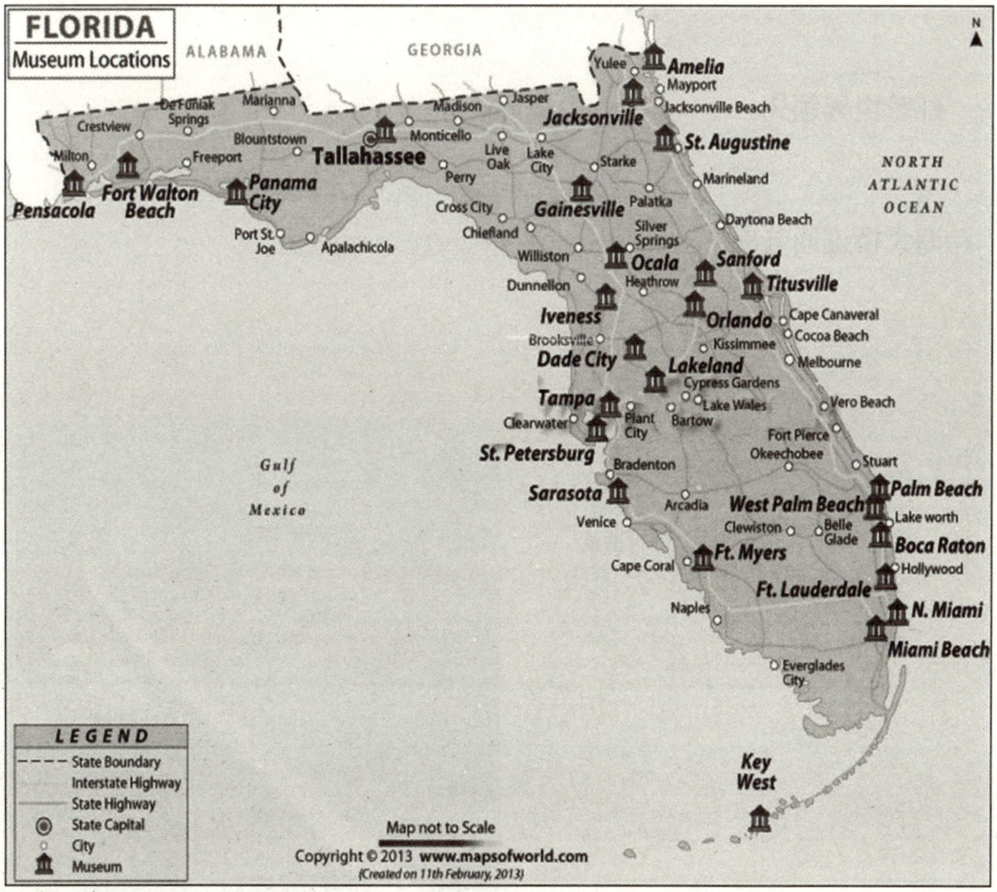

佛罗里达州博物馆分布图

C 全域配套——三大政府主抓的配套支持系统

全域联通可达的交通基础设施支持系统

航空交通便利 国际机场6个，国内机场35个。

公路交通发达 3条州际高速，高速免费率接近90%。

铁路全国领先 铁路全长4800千米，高铁全国领先。

邮轮世界领先 5个主要邮轮母港，14个深水商港。

跨海大桥连通陆岛 海上修筑42座大桥，是最美海景公路。

佛罗里达州交通图

佛罗里达跨海大桥

C 全域配套——三大政府主抓的配套支持系统

全域布局的生态可持续支持系统

严格立法

规划留白

绿色认证

绿色旅游

- ❖ 3个国家公园和1个国家保护区
- ❖ 160个州立公园
- ❖ 41个水生生物自然保护区
- ❖ 3个国家河口研究保护区
- ❖ 1个国家海洋保护区

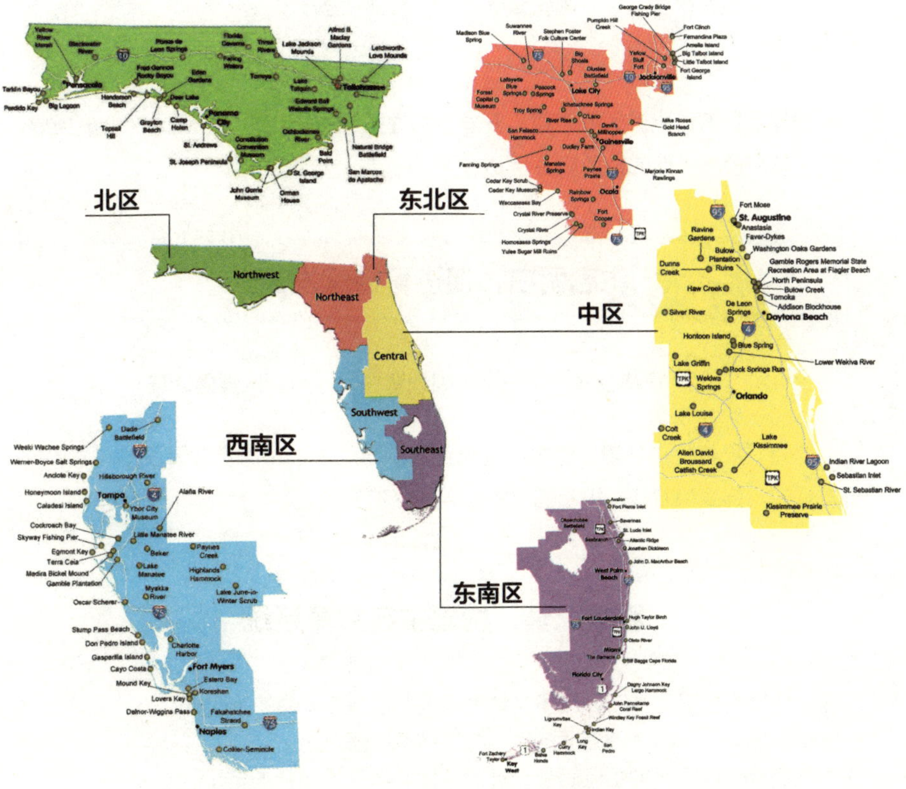

佛罗里达5区160个州立公园分布图

3. 经验借鉴

培育核心吸引物，差异化、集聚化发展

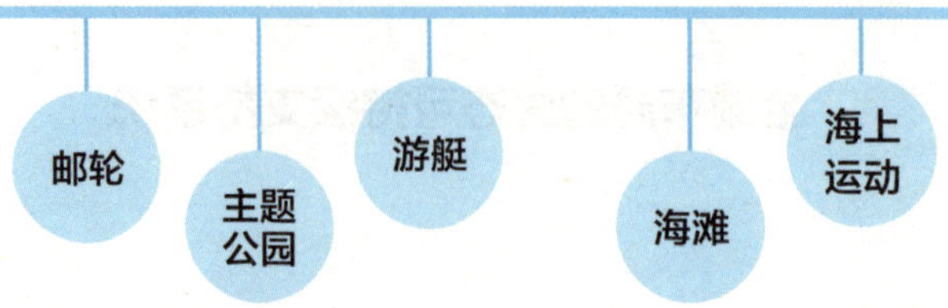

以“五都”为核心，带动周边中小城镇发展，形成网络化发展格局，促进旅游相关产业在空间集聚。

开发多元产品，缩减淡旺季差异

全年体育赛事不断，包括专业高尔夫、篮球、足球等运动比赛。

根据目标客群出游时间规律，开发互补性强的一年四季、一天24小时的全季候旅游产品，策划全年无休的特色旅游活动。

生态留白，促进可持续发展

严格立法 + 规划留白 + 绿色认证

坚持“严格保护环境”理念，发展绿色旅游。加强生态资源开发的科学论证，明确开发规模、强度和方式，以及完善生态环境保护的措施。

服务配套，构建主客共享系统

- ❖ 建立便捷医疗服务体系，给予当地老年人免费高尔夫等福利。
- ❖ 注重改善航空、高铁等交通条件，打造特色交通旅游。
- ❖ 注意提高当地居民的生活质量，针对不同人群开发特殊服务项目。

（二）瑞士

——“内外兼修”，打造“世界公园”

1. 瑞士概况

瑞士拥有无数世界顶级的美丽风光，被称为“世界公园”。瑞士旅游的发展，展现了系统性的全域旅游发展理念：以旅游业推动城镇化发展，建设了一批特色旅游小镇，使全国城乡几乎变成一个有机结合的大景区和大度假区。

数据说

在2015年发布的全球旅游业竞争力报告中，瑞士位列世界第六。

- 人口仅有819万；
- 一年接待了896万入境游客，旅游GDP达143.69亿美元，且增速达3.5%，高于全国GDP增速1.9%。

“世界经济论坛”举办国、全球旅游业竞争力第六名、联合国欧洲总部所在地

2. 实践举措——“内外兼修”的“世界公园”战略

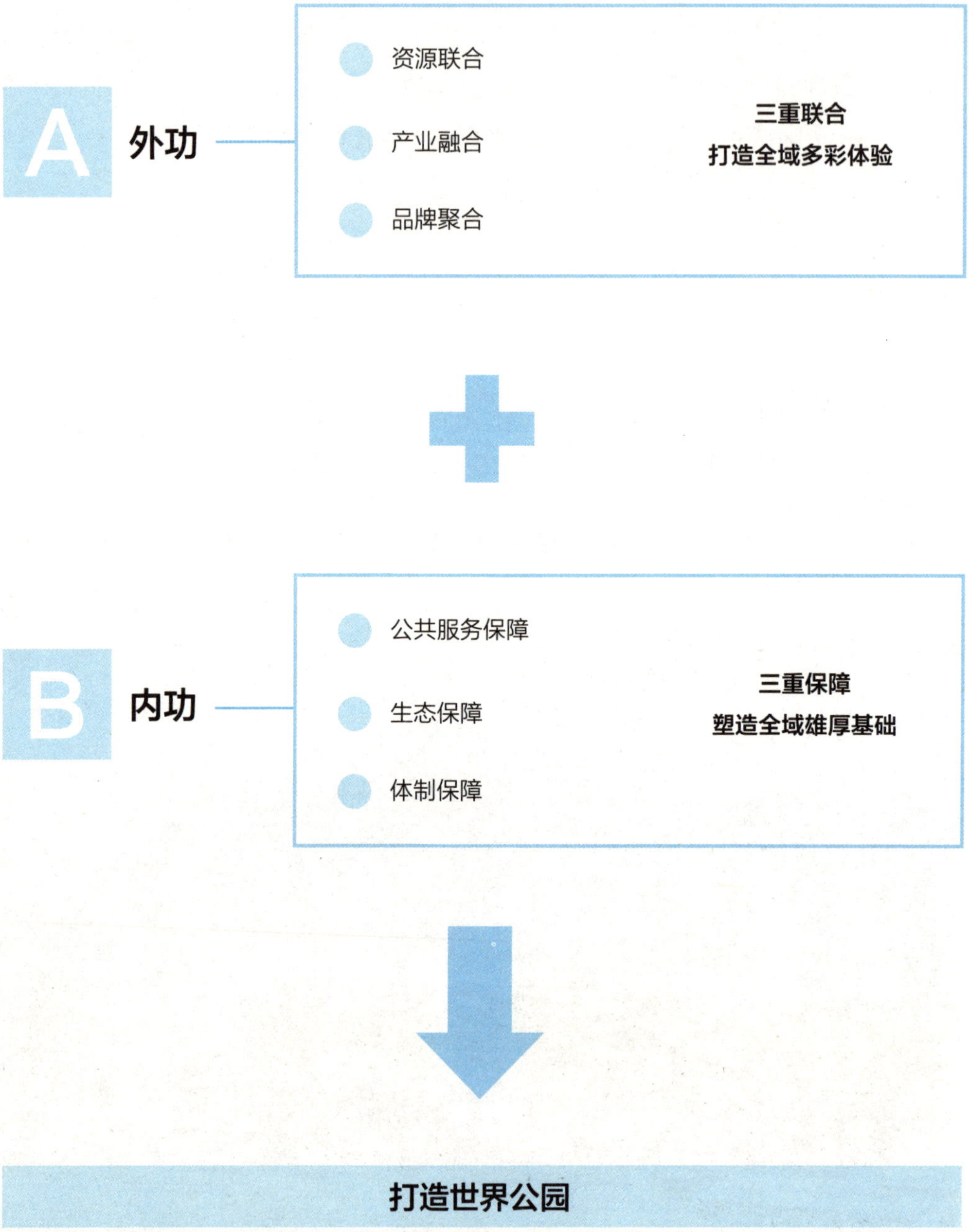

A 勤练“外功”——打造全域多彩体验

资源联合

瑞士打造“瑞士环游之路”——人人代表旅游形象、处处是旅游环境，整个国家宛如一个“大景区”、“世界公园”。

瑞士拥有丰厚的度假旅游资源

休闲娱乐

户外探险

自然风景

滑雪旅游

人文景观

高档酒店

整合资源，打造瑞士环游之路

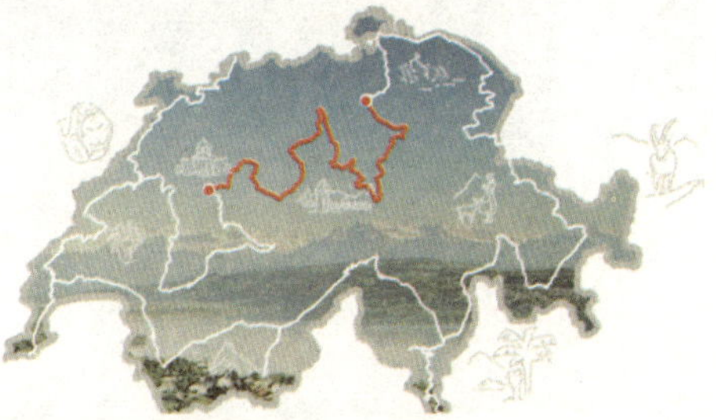

长达1000英里的瑞士环游之路，穿越了4个语言区，翻越了5座阿尔卑斯山口，前往11个联合国教科文组织世界遗产地和2个生物圈，途经22个湖泊。沿环游之路游走瑞士将使游客深入了解瑞士，全面领略美丽的景色和文化珍宝，在每个区域，都可以享受到当地独特的旅游体验。

产业融合

旅游产业融合作为旅游业发展的一种创新形式，为瑞士旅游业的发展注入了生机和活力。瑞士通过扩展、延伸并丰富旅游要素，来满足游客多种需求。

依托资源优势，促进旅游业与会展、购物、体育、节庆等融合

丰富游客体验，提升瑞士整体产业经济效益。

会展旅游

瑞士每年举办的国际会议超过2000个，包括达沃斯论坛世界经济论坛、日内瓦车展、巴塞尔钟表珠宝展。会议带来的外国游客总计超过3000万人。

购物旅游

瑞士购物有三宝：钟表、军刀、巧克力，几乎是每个国际游客到瑞士必买的旅游商品。质量可靠的旅游商品，促进了整个旅游产业链的发展。

体育旅游

瑞士是欧洲乃至世界的冰雪运动中心。冬季冰雪运动的旅游收入占瑞士旅游收入一半以上 。瑞士的徒步、骑行、独木舟等体育旅游方式也很发达。

节庆旅游

“百里不同俗”的民俗节庆充分体现了瑞士文化多样性，每年吸引了许多游客慕名而来，促进了旅游动态发展，成功树立了城市旅游品牌。

品牌聚合

打造了整体品牌“Get natural”（自然本色）；将瑞士打造成世界顶级的度假胜地，让游客体会当地原汁原味的自然与人文风光，享受在瑞士的美好时光。

以自然本色为主题，瑞士旅游局将经典景区分为了5大子品牌。

无论是喜爱自然还是人文的游客，都可在那里得到愉快的度假体验。

感受文化

爱蒙塔尔的奶酪工场

近距离观察著名的爱蒙塔尔AOC乳酪的制作方法。

亲近自然

罗什德内山－日内瓦湖上方

在2045米的高度环视四周，日内瓦湖以及阿尔卑斯山脉尽收眼底。

展览观光

伯尔尼美术博物馆

瑞士最古老的艺术博物馆，也是瑞士最杰出的收藏馆之一，拥有涵盖8个世纪的杰出作品。

公共交通

全景列车

金光闪闪、别致典雅的火车载着乘客从日内瓦湖畔途经度假胜地格施塔德，来到位于伯尔尼高地地区的因特拉肯。

运动休闲

日内瓦湖上的水上聚会

全家人一年365天都可以在这里享受水流带来的快乐。

B 深抓“内功”——塑造全域雄厚基础

公共服务保障——优化旅游全过程

公共交通系统发达。火车、公共汽车、观光缆车和游船几乎覆盖瑞士所有的城市和风景区（点），拥有欧洲最大的缓行交通网络。

公共服务系统完善。旅游公共服务全域衔接，持有瑞士交通系统的票证，不但可以使用密集的交通网络，还可以免费进入400多家博物馆参观。

城市建设与旅游结合密切。依靠旅游业推动城镇化，建设特色旅游小镇，配套完善的公共服务建设，既是城镇，又是“景区”，实现二者有机融合。

生态保障——优化旅游环境

瑞士为了有效地发展旅游业，各级政府视优美、生态的自然环境为重要基础，从全域整体优化旅游环境。

从联邦政府到省政府，各级都制定有关自然环境保护管理的法律规定，任何公共事务和重大项目的决策，要遵守联邦、本省的法律规定，并征求相关利益方的意见。瑞士鼓励游客采用环保且有利于健康的徒步和自行车等方式旅行。

体制保障——优化旅游管理

瑞士旅游局提供管理与政策支持

瑞士政府长期重视旅游业的发展，积极为旅游业的市场化运营创造有利环境。联邦政府及各州政府对旅游市场环境、旅游产品的促销与分销、旅游产品与服务价格等事务给予管理与政策支持。

打破行政壁垒	+	提供财政支持	+	放宽经营限制
给予税收优惠	+	灵活制定政策	+	生态保护系统

在旅游局引领下促进内部分工合作，实现共建共享

政府为旅游业经营者的合作创建了良好的跨部门、跨产业合作平台。瑞士旅游局是产业与公司垂直合作的平台。瑞士旅游行业协会、促进组织等中间组织承担了许多职能性工作，多部门之间互相配合。国家旅游促销组织与各旅游目的地营销机构经常在战略规划、品牌推广、新市场的选择等方面进行公私合作。

此外，瑞士政府积极利用其中立国优势，积极参与双边或多边国际合作组织。2008年加入《申根协定》，向周边申根国家开放边境关卡，带动了瑞士当地旅游业的发展。

广泛征询民意，与居民保持良好关系

瑞士旅游业的长期发展得益于其民众广泛参与的机制。

瑞士政府在制定各种政策时广泛征询民意，如2012年瑞士举行了全民投票，投票议题涉及假期住宅、环保、带薪假等。

3. 经验借鉴

创新引领，提供全域旅游发展驱动力

体制创新，全面协作共建共享，建设完善体制

政府扶持 + 协会管理 + 企业主体 + 市场化运作

- ❖ 主管部门只对旅游业进行宏观性管理；
- ❖ 协会性事业机构瑞士联邦旅游局负责对外宣传和促进工作；
- ❖ 旅游企业负责具体的旅游业运营以及产品开发。

营销创新，以游客为中心，构建统一营销模型

旅游服务提供商 + 电子商务营销 + 促销 + 大众传播

瑞士旅游营销模型和营销策略

主题旅游 + 联合营销 + 会展营销 + 医疗旅游营销

以游客为中心，充分注重游客分享带来的传播效应

品质为魂，把握全域旅游核心竞争力

将产品做到极致

- ❖ 产业变身旅游吸引物，实现产和旅的完美结合，尤以会展旅游和医疗旅游为代表。

将服务做到极致

- ❖ SWISS PASS（瑞士通票）一票式优惠联网，可享受免费参观全国400多家博物馆等优惠。

将设施做到极致

- ❖ 瑞士公共交通系统覆盖全境所有的城市、乡村和景点，完善、直观、翔实的旅游标识导向系统指引游客在全境自由活动。

（三）新加坡

——全域休闲的“花园城市”

1. 新加坡概况

新加坡是东南亚的一个城邦岛国。该国位于马来半岛南端，扼守马六甲海峡最南端出口，是世界第五大会议中心和世界十大旅游中心之一。整个城市在绿化和保洁方面效果显著，故有“花园城市”的美称。

发展历程

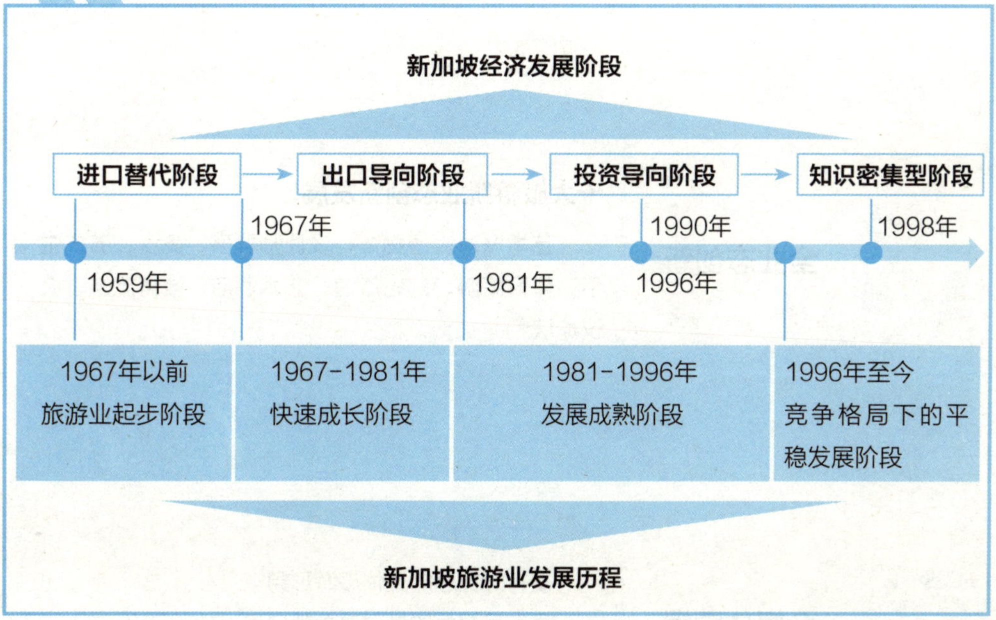

- 新加坡已从二战时期的殖民地发展成为全球最富裕的国家之一，其经济发展形态由进出口导向的产业阶段过渡到投资导向阶段，再到现在的知识密集型阶段，旅游业的发展也随之持续升级。
- 由劳动密集型向资本密集型过渡时期（1967—1981年）是新加坡旅游业发展的快速成长阶段。此期间新加坡积极建设机场，兴建公园和岛屿旅游区，大力发展会展旅游，开展整合东方元素的营销活动，全面建设“花园城市”。

2. 实践举措——“四全”发展路径

新加坡的空间尺度较小、发展水平相对均衡、产业体系高度发达，其旅游发展经验与“全域旅游”的理念高度契合。总的来看，新加坡旅游的全空间联动、全业态创新、全媒体营销、全景观打造的“四全”特征最为鲜明。

A 全空间联动

五大旅游片区联动发展

西北片区、东岸片区、纽顿/诺维娜片区、市中心片区、圣淘沙片区

\+

B 全业态创新

十大旅游新业态创新发展

艺术派对、博物馆、设计师群落、美食、节庆生活、体育旅游、邮轮旅游、艺术酒店、教育旅游、会议论坛

\+

C 全媒体营销

富有时代感的整体旅游形象
具有号召力的针对性营销口号
新媒体和传统媒体结合的营销手段

\+

D 全景观打造

强力推进“花园城市”的基本国策
将点线面生态建设与休闲需求相结合
奖励和处罚结合，强化管理养护

A 全空间联动

新加坡拥有全域旅游的条件，但并非到处都是景区景点，而是在生态保护的基础上，形成了差异化发展的旅游空间，全国主要有五大旅游片区。

西北片区

以热带植物园、森林公园、野生动物园为主。主要开展生态旅游、赛马等亲近自然的旅游活动。

东岸片区

东海岸是新加坡最大的海滨度假区，同时拥有欧亚文化遗产中心、马来文化村等文化旅游项目。

圣淘沙片区

以英比奥山顶景区、沙滩、西乐索景区、圣淘沙名胜世界为主。主要开展海上运动等游乐体验、娱乐休闲活动。

市中心片区

以国会、维多利亚纪念堂、牛车水等为主。主要开展都市休闲、文化体验等旅游活动。

纽顿/诺维娜片区

以晚晴园/孙中山故居、卫理会教堂、纽顿生命堂等为主。主要开展遗迹观光等旅游活动，未来逐渐向医疗服务转型。

B 全业态创新

在继续做好圣淘沙名胜观光、滨海度假、城市休闲等传统吸引物的基础上，新加坡不断创造和引进新的吸引物，不仅促进各相关产业与旅游的融合，还将美食、住宿等旅游要素提升为国际吸引物，并让新加坡多元化的生活方式成为重要的旅游吸引物。

新加坡的十大旅游新业态

艺术派对

以亚洲音乐派对ZoukOut、新加坡国际艺术节为代表，吸引了超过10万的海外游客参与。

新型博物馆

以3D互动幻象博物馆、杜莎夫人蜡像馆、Mandai开放式生态博物馆为代表，体现了亚洲新式博物馆的最高水平。

设计师群落

从2014年9月开始，新加坡集中了60位顶级设计师，在牛车水路打造当地设计师群落，成为一道新的风景线。

美食之旅

新加坡美食世界闻名，在亚洲50佳美食餐厅中，新加坡占有10家。而连续举办21届的新加坡美食节，每年吸引超过35万游客。

节庆生活

新加坡的宗教和文化生活多元，每年复活节、开斋节、小印度艺术节、春节都举办特色节庆仪式。最具特色的妆艺大游行发展成为国际性节庆。

体育旅游

F1大奖赛、WTA网球赛等重大体育赛事，吸引超过40万人现场观看、近3亿人电视观看，带给新加坡每年1.5亿新币的旅游收入。

邮轮旅游

新加坡邮轮港口2014年共接收372艘邮轮进出港，接待邮轮旅游游客89万人，几乎每天都有邮轮出海。

艺术设计酒店

酒店也是新加坡的重要吸引物。2014年开业的艺术设计酒店有15家，多样的选择能够满足高端、中端、大众游客的不同需求。

教育旅游

新加坡是重要的环境教育旅游目的地，其针对中国开展的修学旅游夏令营拥有26万微信粉丝和1000万微博粉丝。

会议论坛

新加坡是亚太地区举办会展和组织商务旅游的首选地。2014年因会议前往新加坡的游客占总人数的21%。

C 全媒体营销

新加坡旅游营销形成了整体旅游形象宣传、针对性营销、新媒体营销等多元化营销模式。

富有时代感的整体旅游形象

使用时期	形象内容
20世纪60、70年代	一站式亚洲
20世纪80年代	无限惊喜新加坡
20世纪90年代	新加坡，新亚洲
2004—2010年	非常新加坡
2010年至今	我行由我，新加坡

具有号召力的针对性营销口号

使用国家	营销口号
澳大利亚	迷失在真正的新加坡 （Get Lost & Find the Real Singapore）
中国	新发现 （New Discoveries）
印度	新加坡记忆，一次能带回家的旅行 （Memories that bind. Singapore, the holiday you take home）
马来西亚	去新加坡吧！ （Jom Singapore）
越南	新加坡有新快乐 （Di La Moi, Toi La Vui）

新媒体和传统媒体结合的营销手段

新加坡旅游营销的重心逐步从传统媒体转向新媒体营销，形成了新媒体和传统媒体相结合的组合营销格局。

D 全景观打造

众所周知，新加坡是世界著名的“花园城市”，全域景观的打造对于旅游业具有重要推动作用。

强力推进“花园城市”的基本国策

- 新加坡是世界上第一个把建设“花园城市”作为基本国策的国家，将绿化和生态建设作为全国最重要的项目予以发展。早在1965年，就成立了由总理密切监察的“花园城市行动委员会”，并坚持数十年基本国策不动摇。

将点线面生态建设与休闲需求结合

- 主要特点在于城市绿化带网络化，各类绿地系统形成“点、线、面”相结合的合理布局。
- 突出五种休闲街道的景观设计，即公园干道、林间道路、海岸公路、乡间公路、主要出入口的迎送公路，使绿化与休闲旅游结合。

奖励和处罚结合，强化管理养护

- 新加坡花园城市管理养护投入较大，每年的预算资金约为112亿新元。
- 新加坡对破坏园林绿化的行为给予重罚。违章砍树的罚款和赔偿金达到数万新元至100 万新元不等。

3. 经验借鉴

把城市公共资源纳入旅游资源的范畴

城市生态　城市生活　城市商业

新加坡国土狭小，传统旅游资源相对匮乏，但高水平的城市建设和城市绿化，使城市生态、城市生活、城市商业成为具有国际吸引力的旅游资源。

建立全域便捷、主客共享的旅游服务设施

- **游客中心：**特色鲜明，人性服务，能购买各种景点、交通、演出票。
- **公共厕所：**设施完备（母婴间、整装间等），卫生条件评价高。
- **无线网络：**布点密集（>10个 / 平方公里），完全免费使用。

新加坡街头的游客服务中心

国际化营销助推全域旅游发展

国际化营销 + 地区性营销

有意识将不同国家游客引导至不同区域，主打差异化旅游体验。

二、国内探索实例

我国很多城市或地区在实践全域旅游的过程中分别在空间、产业、管理方面具有较为突出的成就，其发展经验可以供不同类型地区参考借鉴。

国内案例——从不同方面对全域旅游进行探索

审图号：GS（2008）1006号　　2008年6月 国家测绘局制

其中，

- 苏州、桂林、阿坝依托自身良好的资源条件，以全域旅游空间拓展为切入点，形成了城乡一体的旅游空间格局；
- 杭州、绍兴、曲江新区在全域城旅融合、全产业互动方面率先探索；
- 琼海、安吉、泰宁将旅游业作为全社会共同运作的事业，在部门合作、政府引导等方面有相对成熟的经验。

空间构建典型案例

案例地：

江苏苏州、广西桂林、四川阿坝

案例经验：

依托核心精品资源进行全域化拓展

- 苏州依托江南园林和古镇进行空间拓展
- 桂林依托漓江山水进行空间拓展
- 阿坝依托九寨沟、黄龙等核心自然资源进行空间拓展

打造全域相对均衡的旅游吸引物

- 以龙头景区和中心城市为起点，在全域各县区和乡村区域打造新增长极，共同构筑旅游空间大格局

坚持城乡互动，构建闭环旅游线路

- 苏州的环古城河步道和环太湖风景道
- 桂林的两江四湖水上游线
- 阿坝的南部、东北、西南三大精品环线

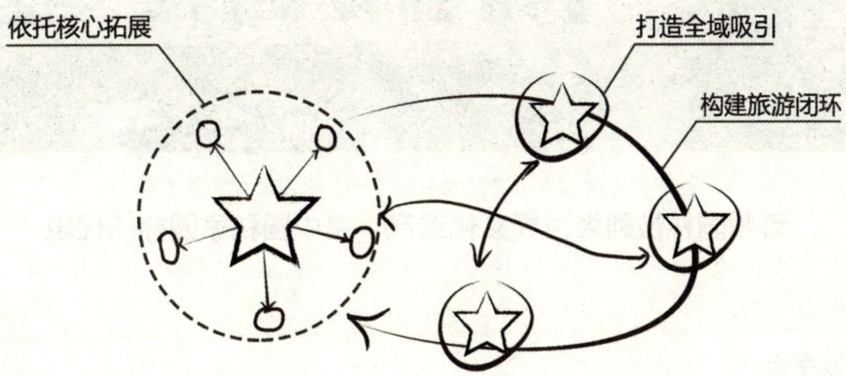

（一）江苏苏州

——更优化，推行全域旅游生活

1. 苏州概况

苏州位于江苏省东南部，长江三角洲中部，东临上海，南接嘉兴，西抱太湖，北依长江。

数据说

2014年

- 全市实现旅游总收入1697.78亿元，在全国城市中名列第七；
- 接待国内游客突破1亿人次。

中国首批国家历史文化名城之一、中国十大宜居城市

苏州园林被列为世界文化遗产，是中国私家园林的代表

2. 实践举措

A **四个措施** + B **三个创新** + C **四大支撑**

A 四个措施

积极培育产品新供给

- 促进融合，旅游+文化、商贸、教育、创意、农业、生态发展。
- 搭建孵化平台，评选旅游创新产品。
- 以“住”为核心做深体验，打造精品民宿。

扎实打造服务新框架

- **四大专项行动：**停车场、标识标牌、旅游厕所和无线网络。
- **六大散客服务平台：**漫游卡、手机应用、“苏州好行”、“落地自驾”、“旅游管家”、导游预订。

探索市场管理新手段

- 依法加强对旅游企业的监管；
- 推动跨部门跨行业的综合执法；
- 建设游客评价大数据系统。

拓展国际营销新模式

- 注重利用国际品牌、名人的影响力；
- 注重利用国际社交媒体；
- 注重做好国内外旅游企业间的对接。

B 三个创新

苏州充分发挥旅游业作为实体经济和无边界产业所具有的带动性、开放性和包容性作用，实施整合旅游与城市资源、标准化管理涉旅业态、推进城乡一体的旅游示范区建设三大创新举措，既为相关产业提供扩容和增值空间，同时也升级旅游业自身。

创新整合旅游与民生资源

将苏州城市全域打造为市民和游客“主客共享”的空间。苏州近年成功创建的国家古城旅游示范区、国家商务旅游示范区，既是高品质的生活工作区，也是开放型、特色明显的旅游区。

创新城市涉旅业态的标准化管理

在创建全国旅游标准化示范城市过程中，苏州针对首批 30 多个涉旅业态，创新实施了10大标准化工作举措，使旅游业成为城市产业中“高标准、高质量”的代名词之一。

创新城乡一体的旅游示范区建设

在推动古城保护与发展上，苏州明确将旅游业作为国家历史文化名城保护区今后发展的第一产业，以此激活古城创新创业的活力。

在推动城乡一体化发展上，发挥全省唯一的乡村旅游综合发展实验区的示范作用，做强、做优、做特全国工农业旅游示范点集群，成功打造了 一批“一体化”发展的新典型。

C 四大支撑

一个国家古城旅游示范区

国家古城旅游示范区范围为15.18平方公里，以平江历史文化街区和拙政园历史文化街区为核心，逐渐向桃花坞历史文化片区、山塘街历史文化街区和天赐庄片区等拓展区推进。总体目标是将苏州古城建设成为世界一流的古城旅游目的地，使其成为古典园林的博览区、历史文化遗产的集聚区、苏式生活的体验区。

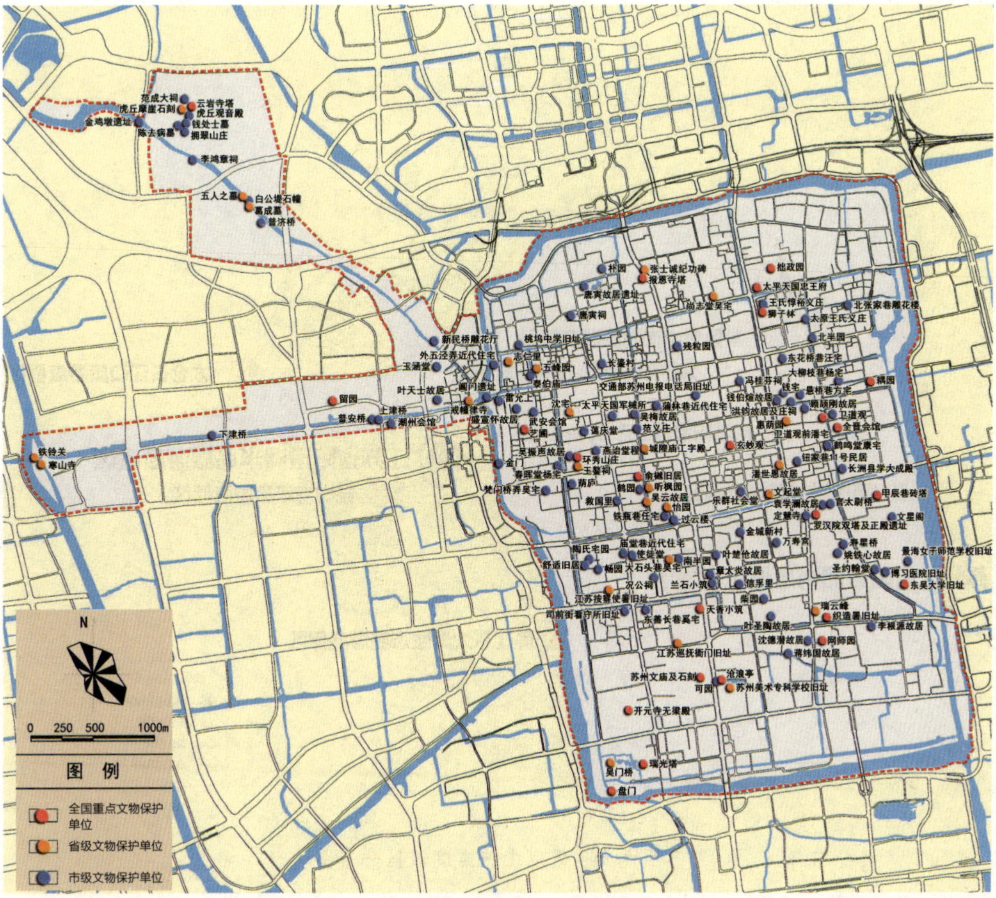

苏州历史城区文物保护单位分布图

C 四大支撑

九家省级以上旅游度假区

国家级两家： 苏州太湖国家旅游度假区、江苏省阳澄湖半岛旅游度假区。

省级七家： 昆山省级旅游度假区、吴江东太湖生态旅游度假区、太仓长江口旅游度假区、常熟沙家浜旅游度假区、相城阳澄湖生态旅游度假区、苏州西部生态旅游度假区、常熟虞山尚湖旅游度假区。

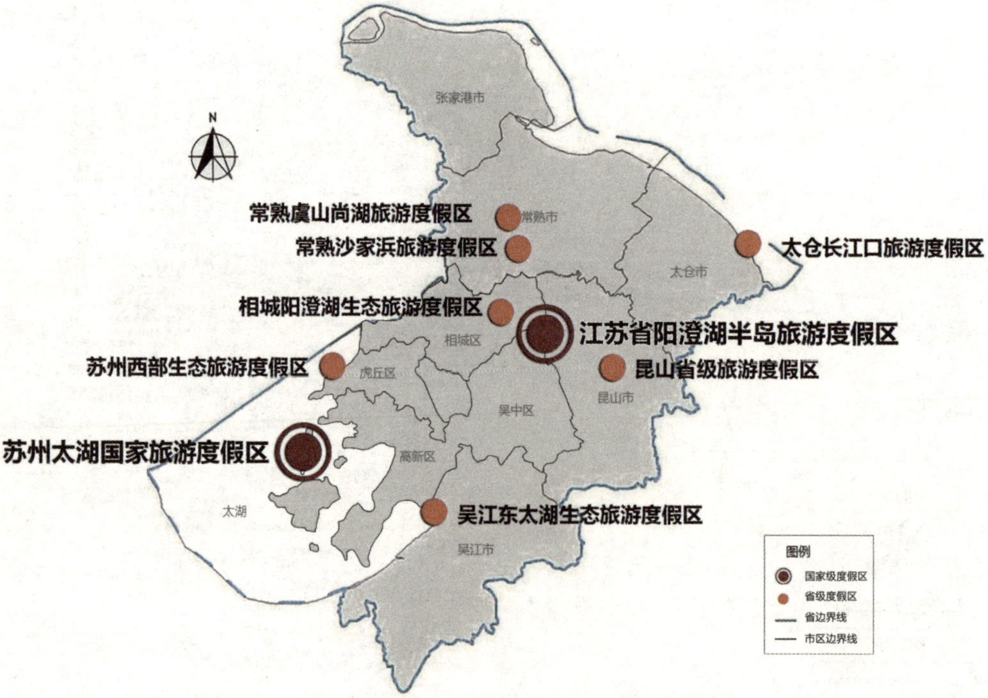

苏州九大省级以上旅游度假区分布图

C 四大支撑

三个系列精品民宿

苏州古城旅游精品民宿：以山塘人家、探花府、翰尔酒店、荷马花园酒店、平江华府精品酒店、明堂青年旅舍、NEST栖小型设计酒店为代表。

苏州古镇旅游精品民宿：以胡家怡园、同里正福草堂、贞丰轩精品客栈、万福草堂精品客栈、老周庄人家客栈、水岸寒舍、穿心阁精品客栈、敬仪堂客栈、贞固堂民居客栈、石榴园人文客栈、周庄水乡邻里客栈、水云间客栈、周庄涵舍-紫藤别院、汀上古韵精品客栈为代表。

苏州乡村旅游精品民宿：以西巷栖居、太湖麗舍度假民宿、儒林居精品酒店、守溪人文酒店、三山雾里精品民宿、乡根东林渡、西山飞鱼度假民宿、苏州安境精品民宿、玖树·溪岸、苏州东山雕花楼民宿、溪山行客栈、太湖云水依精品民宿、漫太湖四季客栈、香樟小院主题客栈、太湖湿地雅居酒店为代表。

C 四大支撑

一批全域旅游线路

7条巴士游线：联合交通部门推出了“苏州好行”旅游巴士，目前共设 7 条专线，串联了市区及周边 40 多个旅游景区和休闲商贸区。

1条环古城河步道：苏州环古城河健身步道全长 15.5 公里，成为游客和市民体验古城文化的新所在。

1条环太湖风景道：全长152.5公里，规划建设了 36 个驿站，为游客提供一站式的咨询、休憩、自行车租赁、直饮水等标配服务。

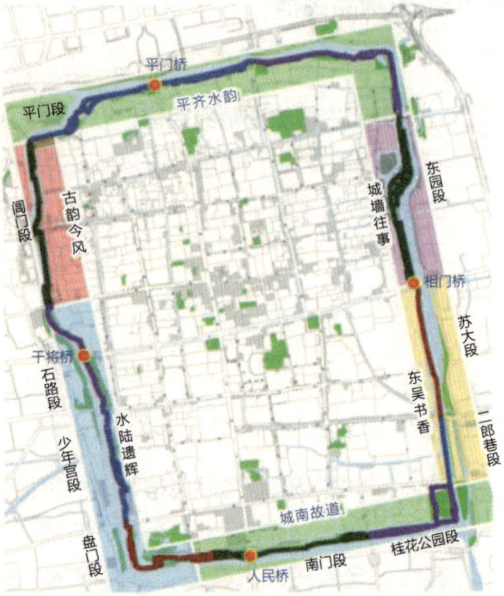

苏州环古城河健身步道

苏州环太湖风景道

3. 经验借鉴

创新理念，打造“城市即旅游，旅游即生活”

把整个城市作为最大的景区来打造

- ❖ 注重保护古城、古镇、自然山水和居民生活的原真性。
- ❖ 走“多业融合”之路，发展文化旅游、乡村旅游、会奖旅游、研学旅游和特色旅游。
- ❖ 积极探索互动体验型方式，让游客从“参观者”变为“参与者”。

市场开放，支持各类社会资本进入旅游市场

鼓励国有涉旅企业与民营企业相互持股，发展混合所有制旅游企业

- ❖ 支持企业通过政府和社会资本合作（PPP）模式投资、建设、运营旅游项目。
- ❖ 通过资助人才培养、补贴旅游保险和税费减免、鼓励品牌打造及标准化建设等方面举措，助推旅游企业做大做强。

重视服务，完善面向散客的旅游公共服务体系

构建适应全域旅游的服务体系

- ❖ 景区品质优良，拥有6个5A级景区，是全国地市级城市中数量最多的。
- ❖ 打造了全国领先的旅游咨询、投诉处理、营销推广三级服务平台。
- ❖ 基于大数据的苏州旅行社诚信管理服务体系已投入使用。
- ❖ 全面完成停车场、标识标牌、旅游厕所和无线网络四大旅游公共服务专项行动。

（二）四川阿坝

——更互动，强化全域旅游整合

1. 阿坝州概况

阿坝藏族羌族自治州，位于四川省西北部，与青海省、甘肃省交界。阿坝州被世界旅游专家誉为世界生态旅游最佳目的地。目前有3个世界级风景区，3个省级风景区，4个省级自然保护区。

发展历程

1998 “一次创业”

缔造了以“九寨沟和黄龙”为代表的“龙头景区”产业神话

十二五 “二次创业”

呈现单极带动向多极支撑、以点带面全域辐射发展的良好态势

世界生态旅游最佳目的地、四川省第二大藏区和中国羌族的主要聚居区

2. 实践举措

A 科学重建 + B 精品提升 + C 保障促进

A 科学重建

科学规划重谋大格局	系统全面地编制完成了《四川汶川地震灾后阿坝州片区旅游业恢复重建实施规划（2008—2015）》和各类专项规划。积极争取灾后重建资金，据统计，阿坝州2009年共计争取国家重建资金支持的旅游项目有58个，计划投入16.27亿元。
重建并巩固旅游基础	全州以大项目、大投入推进交通发展，21条国省干道及重要经济干线全面开工，都江堰至映秀高速公路建成通车。阿坝州九寨沟、黄龙等景区基础设施恢复完成，完成全州旅游精品线路标识系统建设。
重塑龙头景区带动作用	加快培植一批新的龙头带动景区，带动全州旅游组团化、联动式发展。立足三大世界级旅游吸引物（九寨沟、黄龙、大熊猫），打造南北“两极”旅游精品区，“北极”以九寨、黄龙为龙头，“南极”以四姑娘山、卧龙为龙头。
重视打造藏羌特色的乡村旅游	加快旅游业与农业的融合，大力建设精品旅游村寨、特色魅力乡镇，发展休闲农家乐、羌家乐、藏家乐、牧家乐等，将民族文化转化为特色旅游产品。

B 精品提升

一是坚持精品化景区建设

依托3个5A级景区、10个4A级景区，全州旅游精品打造已从九黄旅游区开始纵深推入，加强对特色旅游资源、旅游产品的挖掘和打造。

5A级景区：九寨沟、黄龙、汶川特别旅游区。

4A级景区：四姑娘山、达古冰山、汶川大禹文化旅游区、茂县羌乡古寨、金川观音桥、桃坪羌寨-甘堡藏寨、毕棚沟、叠溪·松坪沟、卓克基嘉绒藏族文化旅游区、若尔盖黄河九曲第一湾。

着力打造了大九寨、大熊猫、大草原、大冰川“四大”旅游品牌，达古冰川荣膺“最具吸引力新美景”称号，“红原大草原”被评为“中国十大最佳旅游目的地”。

大九寨

大熊猫

大草原

大冰川

B 精品提升

二是精品化路线打造

南部环线：以映秀—都江堰为主要交通接口，打造好南部环线（映秀——汶川——理县——马尔康——小金——日隆——卧龙——映秀）。

东北环线：以九寨沟—平武、若尔盖—甘南为主要交通接口，打造好东北环线（汶川——茂县——松潘——九寨沟——若尔盖——红原——阿坝——理县/黑水/茂县——汶川）并将其延伸。

西南环线：以小金—雅安、金川—丹巴为主要交通接口，打造好西南环线（小金——马尔康——壤塘——金川——小金）并将其延伸。

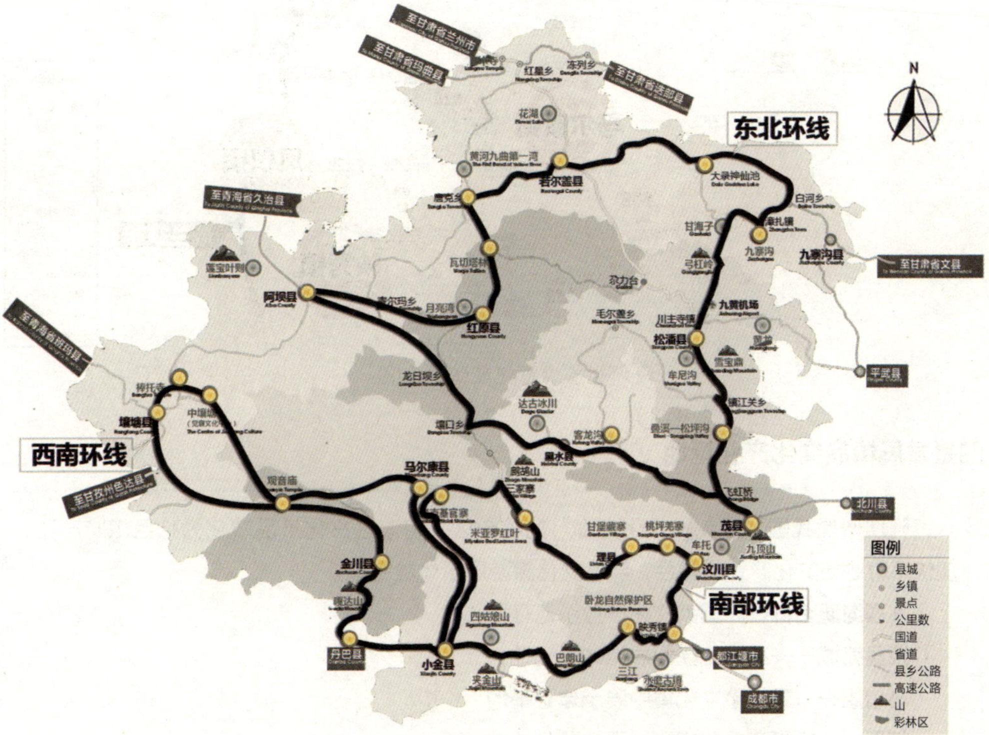

阿坝州三条精品旅游线路

B 精品提升

三是精品化旅游枢纽镇建设

阿坝灾后重建过程中全州新改扩建干线公路21条，公路通车里程达1.33万公里，旅游交通得到极大改善。未来为支撑旅游业的快速发展和服务质量的提升还将加快建设成兰铁路、阿坝红原机场，集中打造映秀镇、凤仪镇、川主寺镇、马尔康镇四个重要节点城镇。

阿坝州旅游枢纽城镇分布图

四是发展精品文化产业基地

阿坝州是我国“藏羌彝文化走廊”的核心区，将该区文化产品转化为特色旅游产品。加快旅游业与文化产业的融合，建设文化旅游展示体验基地。

九寨沟演艺群——国家文化产业示范基地；

茂县羌城——羌文化集中展示体验基地；

马尔康——嘉绒藏文化集中展示体验基地；

红原——安多藏文化集中展示体验基地。

C 保障促进

创新管理保障、营销保障、智慧旅游保障

建设州、县、景区三级管理体制

建立了州级统筹、县级监管、景区自治的管理体系。

阿坝州成立州旅游发展委员会，主管全州的旅游工作，先后制定了《阿坝藏族羌族自治州旅游市场管理办法》《贯彻实施<四川省旅游条例>的变通规定》等，着力推进行业管理规范化、法制化进程。

各县根据市场需求调整体制，如松潘县成立旅游警察大队、旅游巡回法庭、工商质量技术和食品药品监督管理旅游执法分局，强化规范旅游市场秩序；先后成立了九寨沟、黄龙、四姑娘山、达古冰山等景区管理局。

树立目标，开展针对性营销

以建成“中国藏羌文化及高原生态国际旅游目的地”为目标，有针对性地开展入境市场与国内市场营销。入境市场方面，与韩国、英国等重点入境旅游客源地旅行商签订战略合作协议。国内市场方面，加强与成都、重庆、兰州、西安等近距离重点客源城市的业内合作，建立区域联系机制，共推川渝、川甘、川陕旅游精品线路。

广泛开展智慧旅游

把智慧旅游作为旅游业转变发展方式的有力举措，构建以服务游客为核心的智慧旅游体系。多家景区实现WIFI覆盖、网络营销不断升级、数据总量多达40余万条的数据中心平台开通运行。

阿坝文旅公司荣获2015年四川电子商务最具影响力企业奖。

3. 经验借鉴

政府引导，科学规划

- ❖ 按照“一强一地两区”*的战略目标，以“全域景区”为建设新理念；
- ❖ 强力推进旅游二次创业，加快国际旅游目的地建设。

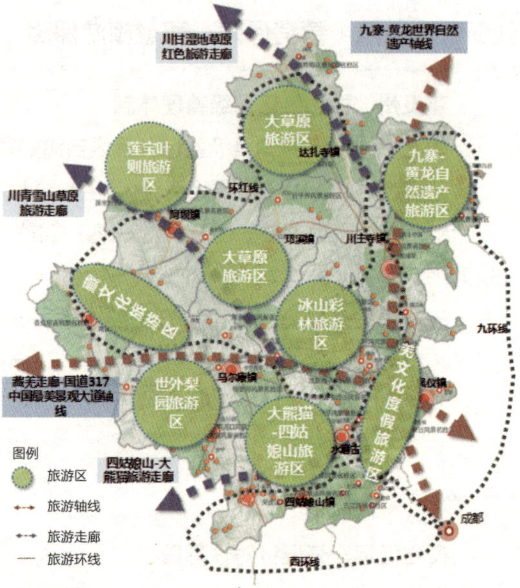

注：一强，全州综合经济实力显著增强。一地，建成国际旅游目的地。两区，成为资源开发和转化的先进地区和民族团结、稳定和富裕的模范区。

全景展现，形成闭环

- ❖ 以映秀—都江堰、九寨沟—平武、小金—雅安三条精品线路为支撑，打造个性化精品线路；
- ❖ 通过旅游线路的不断升级，带动周边区域内景区景点的全面发展，为建设全域旅游新格局奠定基础。

产品迭代，有机更新

通过灾后重建和恢复振兴，积极转型升级旅游产品

观光旅游 + 乡村旅游 + 休闲度假 + 红色文化

做世界级精品，建“全域景区”，成为国际旅游目的地，
极大地促进全州旅游产业的转型升级。

（三）广西桂林

——更联通，激活全域旅游资源

1. 桂林概况

桂林地处南岭山系西南部，广西壮族自治区东北部，湘桂走廊南端，总人口474万人，总面积2.78万平方公里。

发展历程

景区 → 两江四湖 → 全域

凭借世界级山水资源，漓江、象山、靖江王城等传统景区成为游客云集之地。

产生门票经济独大、公共服务配套不足等问题，重点实施“两江四湖”工程。

在重点旅游县和乡村旅游点的支撑下，逐步向全域旅游目的地转型升级。

“桂林山水甲天下”、世界著名的旅游城市、中国首批国家历史文化名城

2. 实践举措

A　山水城市引领 ＋ B　示范县域联动 ＋ C　水墨乡村提升

A 山水城市引领

20世纪90年代末期，桂林仍然是一座建筑物破旧、内湖水质恶化、市容不佳的城市，犹如“一个漂亮的姑娘衣衫褴褛”。1999年8月23日，为让桂林焕发新活力，在时任桂林市市长李金早的主持下，桂林市政府正式启动了“两江四湖”工程。在短短3年时间里，一个“城在景中，景在城中”的山水城市已具雏形。

“两江四湖” 指漓江、桃花江与桂湖、榕湖、杉湖、木龙湖构成的环城水系。

“两江四湖”工程历时近3年，总投资约10亿元。建设项目涵盖了城市基础设施和公共设施建设、城市环境综合整治、城市形象塑造、新区建设发展、文化、旅游等多个领域。整个项目推进过程分为三个阶段，即：**决策规划阶段、工程推进阶段、运营提升阶段。**

决策规划阶段

一是立足实际，科学决策，谋划工程总构想

1998年11月市政府召开专题工作会，提出应该从“水”来入手，要做好“水”的文章，进而提出将“两江四湖”贯通，连江接湖、清淤截污、显山露水、修路架桥、绿化美化，从根本上治理桂林城市环境。

二是科学规划，精心精细，挥写妙笔水文章

“两江四湖”实施方案的定夺，是“稳扎稳打”。桂林市组织相关技术分团汇聚各专业精英，进行了近半年的可行性研究，编制了《环保篇》《水利篇》《园林篇》《道桥篇》4个专题规划，经4次修订完成了《桂林市中心城环城水系规划研究总报告》，为工程奠定扎实基础。

三是健全机构，统一指挥，推进项目大建设

为确保项目顺利推进，桂林市迅速成立了以市委、市政府主要负责同志为组长，相关负责人为成员的“两江四湖”工程领导小组和指挥部，并设立了水利、规划、环保等技术分团，具体负责各项工作，为四大工程的顺利推进奠定基础。

工程推进阶段

“连江接湖”工程

为实现全水系通航，在叠彩山与铁封山之间开挖1100米长的人工湖，名曰“木龙湖”，开挖土石方100余万立方米，由此贯通了漓江、桃花江、榕湖、杉湖、桂湖、木龙湖；修建连通内湖与漓江的木龙湖升船机和沟通内湖与桃花江的春天湖船闸。

“显山露水”工程

为了全面展露湖光景色，桂林市政府搬迁居民1896户，单位56家，拆除旧房174842平方米，使被旧屋危房遮挡的湖光山色重展风采；为了解决水源问题，市政府采用“一沟两渠”的引水入湖工程方案，修建长7.83千米密封的2.8米×2米的箱式涵洞（暗渠），从漓江市区段上游引洁净的漓江水进入内湖。

“清淤截污”工程

一是清淤，采用水力冲驱、远距离管道输送的清淤方法，将桂、榕、杉三湖中多年未清的60万立方米的淤泥从湖中清除，输送到专门堆放场综合处理。二是截污，在江湖周边埋设截污管和雨水管18千米，修建污水泵站2座，使原来60多个污水入口和每天2万吨城市污水排入湖中的现象成为历史。

“文化提升”工程

进行环境综合整治的同时，对水系周边衰败的文物古迹进行修复、整理。一是保护、修葺文物、古迹；二是拆掉违章建筑，将文化古迹显露出来；三是恢复重点古迹，延续历史文脉；四是精心策划，新建一批提升城市文化品位的景点。

运营提升阶段

在不断探索中，桂林市政府持续优化“两江四湖”工程的运营管理手段。主要分为两个阶段：

第一阶段——政府主导。为切实加强“两江四湖”水系及景区管理，桂林市于1998年组建了桂林市环城水系建设开发有限公司。自营运以来至2007年，利润不高甚至有些年份亏损，主要原因是环城水系公司作为工程建设公司，经营管理“两江四湖”环城水系项目不以盈利为目的，而仅仅是以实现环城水系工程后期维护的收支平衡为目标。

> 环城水系公司共有9家下属单位，包括2家旅游开发公司——环城水系公司水上游乐分公司、桂林市木龙湖不夜城旅游开发有限公司；2家地产开发公司——桂林市环城水系房地产开发公司、桂林市信义路建设开发有限公司；3家物业管理公司——桂林市桃花江物业管理公司、桂林市环城水系物业管理有限公司、桂林市两江四湖景区物业管理有限责任公司；2家专业机构——两江四湖引水渠道管理开发有限公司、环城水系印刷厂。

第二阶段——市场运作。2009年桂林旅游股份有限公司整体收购环城水系公司的经营性资产（含下属公司股权），包括与经营性资产相关的商标、专利等无形资产和“两江四湖”环城水系水上游特许专营权40年。

推出水上旅游线路

推出水上精华一日游，逐步实现市区游览由陆路向水路游览的转变，贯通了桂林市区最精华、最具人气的景点。

转型升级旅游产品

将“两江四湖”与“三山两洞”有效链接，推出旅游新产品，从纯观光游览向体验式游览转变。

优化提升公共服务

建立车、船、景区、酒店一体化服务，推出“漓江花月夜”节目，VIP 包船产品，增加餐饮、购物内容，游客接待量提升明显。

B 示范县域联动

桂林市还将指导入选首批创建国家全域旅游示范区的**阳朔、兴安、龙胜**三县开展创建工作，并按照创建要求，实现由打造单个景区向打造全县大景区的转变，并以此发挥示范县的辐射带动作用，培育周边新的增长极。

阳朔

- 慢游体验——在十里画廊生态景观旅游通道铺设首条6公里彩色沥青罩面自行车道。建成县城－遇龙河自行车、徒步慢行系统闭环线。
- 度假引领——引入多家国际顶级度假酒店，在全球最大旅游网站TripAdvisor上，阳朔稳居“旅行者之选全球最佳目的地”中国榜单旅游目的地前十。

兴安

- 绿道建设——沿着灵渠修建了广西首条绿道，既彰显山水之韵，又留住了乡愁的根，让广大游客流连忘返。
- 生态观光——恢复灵渠30多公里线上的13个驿站，形成点、线、面的全新生态观光带。
- 节庆活动策划——利用灵渠南渠洁净的水资源，通过人工改造地势落差，将生态水系引进村内，兴建古集市广场，举办赶圩或米粉节等特色节庆。
- 生态带建设——兴安县将打造兴安到阳朔旅游通道和三大水库、猫儿山两条生态带，并将三大带连接起来，实现区域同步发展。

龙胜

- 节点串联——通过龙脊梯田、彭祖坪、龙胜温泉、南山、花坪五个景区的打造，将全县10个乡镇串点成线、串线成片。
- 扶贫开发——开发一条生态旅游扶贫开发的大循环路网，将龙胜发展相对滞后的西北片区全面带动起来。

C 水墨乡村提升

在城市、山水和全域旅游县的带动下，桂林市还发挥乡村资源优势，推进建设最美水墨乡村。通过三类乡村旅游产品和五条全域旅游精品线路开发建设，全域构建大桂林旅游发展格局：

三类乡村旅游产品

山水型

以 11 个典型山水型乡村为代表，建设极致山水度假乡村。

- 大圩镇熊村——古镇外围服务村落
- 田乡迪塘村——古建、古桥核心吸引，联动周边
- 田乡太平村——怀旧、修心主题古村游
- 江镇路西村——乡村红色旅游
- 三街镇溶流上村——徒步、野游等户外旅游
- 海洋乡大桐木湾——摄影基地、乡村慢吧休闲区
- 白沙镇旧县村——山水怀古乡村度假
- 兴坪镇渔村——古村落旅游、徒步旅游营地
- 永明村小青山屯——观光休闲游憩
- 罗锦镇崇山村——山水艺术基地
- 留公村——古民居旅游和乡村旅游、徒步营地

果香型

以10 个桂林知名特色农产品的重要生产村落为代表。

- 水车乡官庄村——生态农业基地
- 灌阳镇大仁村——雪梨农庄、生态度假村
- 百里新村——旅游休闲为一体的新农村示范带
- 莲花镇红岩村——恭城月柿节
- 严关镇——葡萄小镇
- 龙江乡——中国第一罗汉果休闲基地、
- 鲁家村——乡村创意休闲业态
- 龙怀乡——大芋头主题产业
- 尧山村——“叠彩花海”城市中的花卉庄园
- 中峰乡大庄田村——党建培训、农业旅游

文化型

以11个底蕴尚存的村落为代表，打造原真风貌、活态民俗、创意商品兼备的旅游村。

- ❖ 和平乡龙脊村——书吧、咖啡吧、特色民宿
- ❖ 白面瑶寨——温泉养生度假
- ❖ 文市镇月岭村——桂剧演艺、文化博览
- ❖ 洞井村——瑶族风情古镇
- ❖ 江口村——“桂剧之乡”文化旅游产品
- ❖ 沙子村——田园观光、古镇民俗、美食节庆
- ❖ 漠川乡榜上村——状元之路的游学旅游
- ❖ 百寿镇江岩村——中式养生基地
- ❖ 中峰乡锦头村——茶楼、酒馆等休闲业态
- ❖ 石塘乡沛田村——清末民初古建观光
- ❖ 草坪乡潜经村——水库旅游、回族民族风情村

五条全域旅游精品线路

依托三类特色乡村引领，建设五条全域旅游精品线路。

全域旅游东线——桂林漓东百里生态示范带（大圩—草坪—兴坪）

全域旅游西线——桂林至龙胜、资源

全域旅游南线——桂林—雁山—阳朔—荔浦—恭城—平乐

全域旅游北线——桂林至兴安、全州、灌阳

全域旅游市中线——桂林市老城区

3. 经验借鉴

城市更新与旅游建设相结合

由景区景点旅游转向城市旅游

两江四湖工程

环保工程 + **基础设施建设工程** + **城市旅游发展工程**

城市功能改造兼顾旅游功能要素整合

依托重点资源梯度推进

以具有优势资源的县为先行试点

阳朔 + **兴安** + **龙胜**

紧抓首批创建国家全域旅游示范区的机遇，按照资源品级，分批次梯度推进全域旅游创建活动，实现由景区景点向全域旅游的转变。

带动其他区县发展，推动全市构建起全域旅游发展大格局

以乡村资源为载体，全域展现地方特色

以城市、县域、乡村为载体，形成全域网状串联

示范先行 + **分类打造** + **突出特色**

形成水墨乡村旅游支撑，谋划建设中心辐射周边的全域游线

产业联动典型案例

案例地：

西安曲江新区、浙江杭州、浙江绍兴

案例经验：

以城市作为产业融合的载体，提升旅游产业综合水平

- 曲江新区依托西安古城传统文化，塑造文化+旅游+城市的新区典范
- 杭州依托市区核心资源，构建旅游与十大特色潜力产业融合大格局
- 绍兴中心城区按照全域5A的标准创建综合旅游示范区

在城市开发建设过程中融入旅游要素

- 曲江新区在开发过程中布局十大旅游景区、八大旅游产业区，带动城市综合转型提升
- 杭州通过西湖免门票等手段，促进城市休闲吸引力提升
- 绍兴按照全域旅游理念，将景区和城市融为一体，集中打造文化、旅游、生活的载体

广泛布局乡村休闲业态，建立城乡一体的旅游产业格局

- 以城市旅游为核心驱动，相对强大的城市出游需求拉动县区旅游和乡村旅游跟进，形成城市向乡村辐射的产业一体化发展格局

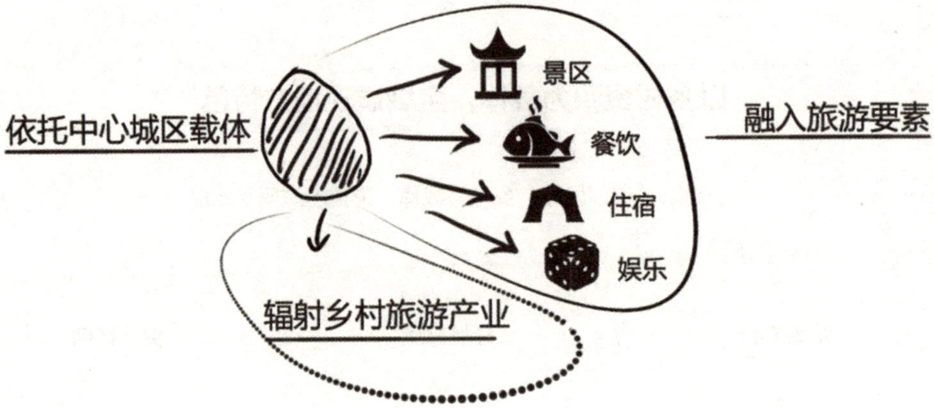

（四）陕西西安曲江新区

——更融合，促进新旧城区有机联动

1. 曲江新区概况

曲江新区位于西安市东南，是陕西省、西安市两级政府确立的以文化产业和旅游产业为主导的城市发展新区，其核心区域面积40.97平方公里。

发展历程

以新城建设为载体，实现景点内外一体化的全域旅游

以景区为架构的旅游空间经济系统 **转型** → 以景区、度假区、休闲区等不同功能区为架构的旅游目的地空间系统

以旅游资源单一要素为核心的开发模式 **转型** → 旅游+生活+城市化+资本+技术的区域综合开发模式

国家级文化产业示范区、国家5A级旅游景区

2. 实践举措——“325”战略

A		B		C
三驾马车	+	两类载体	+	五项举措

A 三驾马车

文化立区	曲江文化汇集了帝王文化、政治文化、经济文化、节庆文化、科举文化、园林文化及其文学、艺术、旅游、建筑等众多领域和层面的精髓，代表着盛唐文化核心的内容。
旅游兴区	曲江新区积极实施重大旅游项目带动战略，建设大雁塔北广场、大唐芙蓉园、大唐不夜城、曲江池遗址公园等重大旅游项目，有力地提升了城市品位。
城建靓区	曲江新区在城市建设层面，既着力于保护城市特色，又同时将城市文化经营与城市设计相结合，复兴传统文化，建设宜居宜游的美丽城区。

B 两类载体

八大文化产业园区

规划建设出版传媒产业园区、会展产业园区、国际文化创意园区、动漫游戏产业园区、文化娱乐产业园区、国际文化体育休闲区、影视娱乐产业园区、艺术家村落等八大文化产业园区。

出版传媒产业园区：传媒帝国
会展产业园区：西部会展基地
国际文化创意园区：文创基地
动漫游戏产业园区：游戏乐园
文化娱乐产业园区：娱乐天堂
国际文化体育休闲区：康体基地
影视娱乐产业园区：影视帝国
艺术家村落：多彩文艺

十大旅游景区

重点打造大雁塔—大唐芙蓉园景区、曲江寒窑遗址公园、大唐不夜城、曲江海洋公园等十大特色文化休闲景区。

大雁塔—大唐芙蓉园景区：盛唐文化
曲江寒窑遗址公园：婚俗主题
曲江池遗址公园：生态休闲
秦二世陵遗址公园：秦文化
唐城墙遗址公园：城墙遗址
杜陵遗址生态公园：陵墓遗址
大唐不夜城：盛唐文化、商业
中国唐苑：生态园林休闲
曲江海洋公园：海底世界
西安植物园：花卉生态观光

C 五项举措

落实五项具体措施，打造国际化城市示范新区

基础设施建设

先后投入资金30亿元用于基础设施建设。基本完成了曲江新区范围内的水、电、暖等市政配套。

+

文化遗产保护

以开发利用促进历史文化遗产保护，实现文化资源保护和城市建设、经济发展和民生改善的双赢。

+

旅游集散设置

新区建设之初就考虑了信息咨询、旅游集散等散客需求，设置了大雁塔北广场等一系列旅游集散服务中心。

+

旅游游线组织

通过开通运行曲江新景线旅游观光巴士、曲江观光轻轨、旅游公交车，投放3000辆公共自行车等举措，串联多个重要景区。

+

城市精细管理

在《西安市城市精细化管理工作实施方案》的基础上增加了景区管理、建设管理、公共服务管理、环境美化亮化方面的新规定，出台“升级版”的城市精细化管理方案，并严格遵照执行。

3. 经验借鉴

曲江模式的实质是文化旅游产业与城市新区耦合协同发展：以城区建设带动旅游发展，以全域旅游化发展促进城区建设。

围绕文化主题，营建公共空间，实现全民共享

以盛唐文化为特色 + **以旅游项目和城市建设为载体**

免费开放5700亩城市公共文化空间，让市民共享文化发展成果。

文化旅游融合，改旧建新统筹，实现景城一体化

“文化+旅游+城市”融合发展

西安曲江新区以文化和旅游的融合为主线，统筹旧城改造和新城建设，打造有韵味的宜游宜居之城，实现景城一体化。

做好基础配套，完善旅游公共服务，推进城市精细化管理

政府牵头做好基础设施配套和交通组织

城市建设之初就考虑旅游公共服务配套建设。

通过更新理念、完善制度和强化措施，在建设管理、景区管理、公共服务管理、环境美化亮化等诸多方面扎实开展工作，着力加强城市精细化管理。

（五）浙江杭州

——更开放，强化全域产业融合

1. 杭州概况

杭州是经济强省浙江的省会，中国七大古都之一，中国重要的电子商务中心。作为以休闲、度假旅游为特色的旅游城市，早在2002年，杭州就已践行探索以景区的开放式管理促进城市整体旅游效益的提升，全域旅游模式初见端倪。目前，旅游业已成为杭州市国民经济的支柱产业和新的增长点，国际化程度不断提高，旅游经济主要指标均位于全国前列。

数据说

2014年

- 旅游总收入达到1886.33亿元，其中旅游外汇收入23.18亿美元；
- 接待入境旅游者326.13万人次，接待国内游客10 606.43万人次。

联合国人居奖、国际花园城市、中国最佳旅游城市等40多项全国乃至国际性的荣誉称号

2. 实践举措

A		B
五大转变	+	四大亮点

A 五大转变

体制	从旅游局到旅游委	组建杭州市旅游委员会，强化职能，增加机构和编制，大幅增加经费。
理念	从游客出游到全民休闲	从服务游客向全民休闲拓展，倡导包容游客与市民生活需求的大众全面休闲。
产品	从旅游城市到城市旅游	以大项目大投资全面丰富城市旅游内容，采用社会各类主体合作的方式，构造新的产业体系。
主体	从政府办旅游到社会办旅游	在深度利用社会资源方面，推出100个国际旅游社会访问点，居民家庭、学校乃至法院、监狱等都纳入其中，引发外国旅游者的极大兴趣，有力提升杭州的国际形象。
空间	从城市独秀到城乡统筹	从杭州城区旅游一枝独秀的格局，向桐庐、富阳、临安、建德、淳安等县市城乡一体深化推进，构造新的旅游吸引，丰富新的生活内容。

B 四大亮点

旅游门票减免

2003年，杭州市推行西湖等景区免费旅游办法，实施分税制财政管理体制，将风景区内的税收交由西湖风景名胜区管委会安排使用，与风景区内的服务收入、游乐收入等，统一用于景区保护管理及各项社会事业的发展。2014年杭州旅游接待国内游客10 606.43万人次，比实施免费前的2002年增长252.4%；实现旅游总收入1886.33亿元，比2002年增长483.6%。免费开放西湖，不但使游客人数大幅增加，逗留时间也不断延长，综合花销持续增加，带动了景区乃至杭州市宾馆、餐饮、交通等行业的发展。

特潜线路打造

特潜线路是将十大特色潜力行业转化为旅游产品，像工艺美术、杭派女装等产业，已经成为城市休闲中的吸引力元素。

经过5年时间培育，杭州旅游与一、二产业跨界融合，将以前基本上是本地市民消费的项目融入旅游产品设计，成为向外来游客展示杭州的另一种风景。

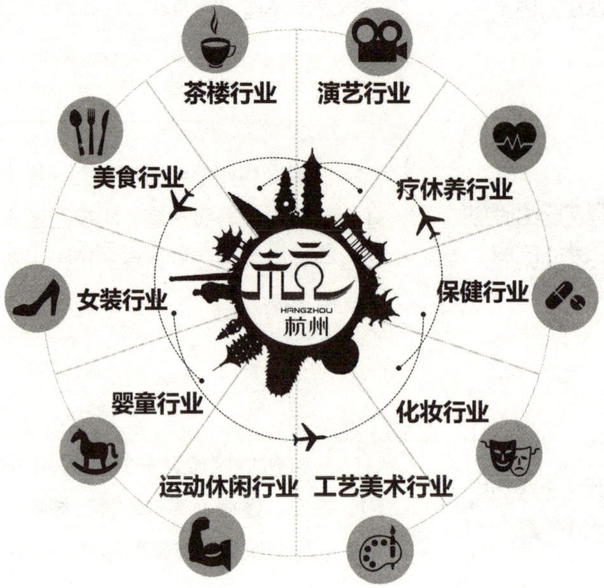

B 四大亮点

杭州旅游护照

和阿里巴巴集团合作打造“杭州旅游护照”项目，外地游客出发前就可在网上完成酒店、餐厅、门票的预订，到了杭州刷刷手机就能进入景区游览、入住宾馆。该项目将杭州城市形象宣传、旅游各环节信息和线路产品打通融合，是全国首例城市旅游O2O模式，为杭州旅游带来质的变化。

72小时过境免签

杭州航空口岸实行72小时过境免签政策，意味着将有更多过境散客来杭州，对旅游来说商机无限。三天时间，游客可以走遍浙江省。72小时过境免签政策是一个城市国际化程度、开放度的象征，是大力构建国际散客无障碍旅游的重要突破。

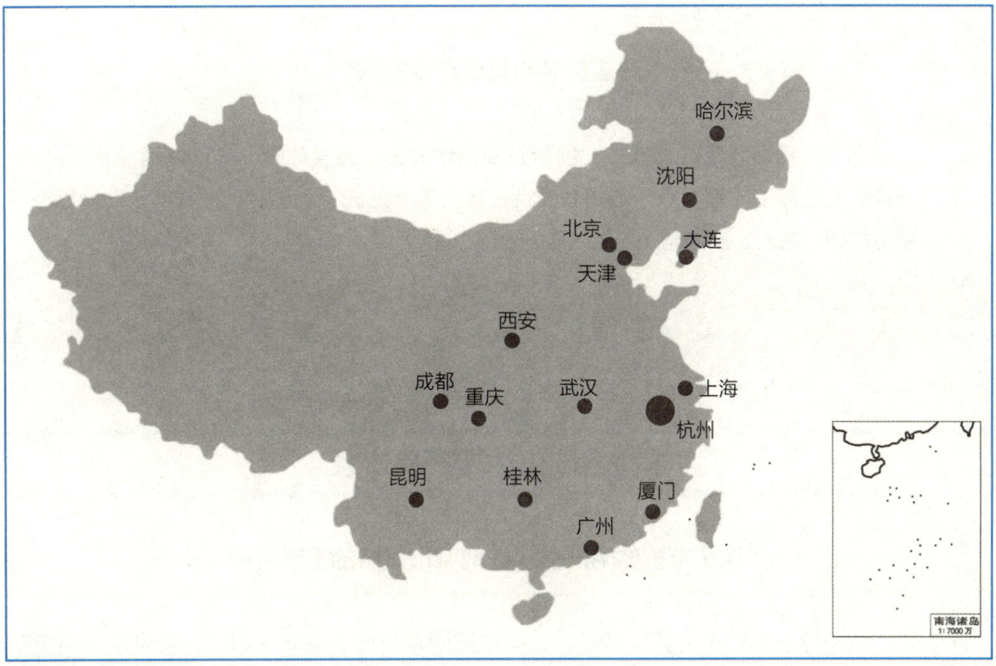

审图号：GS（2008）1394号

截至2015年6月，中国共有15个城市成为72小时过境免签城市

2013年1月1日起施行的《中华人民共和国出境入境管理法》规定，外国人入境，不离开口岸，可在特定区域内停留不超过规定时限的可以免办签证。

3. 经验借鉴

优化全域化旅游休闲空间

构建旅游全域覆盖的空间发展新格局

杭州在城市休闲化发展的基础上，提出建成“国际重要的旅游休闲中心”的“十三五”旅游发展总体目标，构建“一核两极、两轴两带、全域发展”的大杭州旅游休闲空间格局。

通过交通、水系、绿道串联多极旅游景区、休闲度假旅游区、旅游集聚区、旅游小镇等，增强各级旅游网络辐射效应，实现杭州旅游全域网络化。

拓展全领域产业融合体系

注重旅游与其他产业的融合

在培育特潜线路的基础上，创新开发世遗文化、会奖休闲、运动休闲、旅游民宿、旅游装备、养生养老、旅游电商七大特色新业态，形成特色旅游产业集群，助推旅游与新型城镇化融合、旅游与一、二、三产融合发展。

丰富全域化休闲产品体系

注重丰富休闲产品，实现城市旅游的不断升级

杭州提出在“十三五”期间，以全市旅游项目库为基础，以“龙头带动、特色引领、差异互补、提档升级”为原则，构建“10大龙头项目示范引领，45个重大项目拟建提升，85个重点项目创新培育”组成的“三级旅游项目库体系”，成为杭州全域旅游的落地实施抓手。

（六）浙江绍兴

——更整体，探索全城全景化发展

1. 绍兴概况

绍兴位于浙江省中北部、杭州湾南岸，是首批国家历史文化名城之一，是融“中国山水”和“诗画江南”为一体的东方名城，自古有“东南山水越为首，天下风光数会稽”的美誉。

作为首批中国优秀旅游城市，绍兴共有国家级和省级风景名胜区8个，有3600多处文化遗存和国家级非物质文化遗产，被誉为“一座没有围墙的博物馆”，尤以山水风光、古城风貌、人文景观为王牌特色。

数据说

2015年，接待国内外游客7275.94万人次，实现旅游总收入762.37亿元，同比分别增长15.03%和16.92%。

首批国家历史文化名城
联合国人居奖城市
中国优秀旅游城市
国家森林城市
中国民营经济最具活力城市

2. 实践举措——“三个城市”战略

A		B		C
景区城市	+	品牌城市	+	文化城市

A 景区城市

明确理念

全城旅游理念——“景区城市化，城市景区化，城旅一体化”。

景区标准

全城按照5A景区标准来打造，主要体现在公共服务、产业要素、空间结构建设等方面。

搭建空间结构

一轴

文化交通景观轴（中兴路）

两环

全景绍兴水脉环（内河水系）

黄金水城游憩环（护城河水系）

五区

名人文化体验区（鲁迅故里）

古越文化展示区（越子城）

黄酒风情体验区（黄酒城）

艺术创意产业区（书圣故里）

水乡风情体验区（八字桥）

谋划产业布局

景点景区

按照古城舞台化、街区场景化、景区主题化、旅游体验化、休闲生活化的理念，整合资源、包装产品、组合线路、挖掘内涵、丰富内容、激活景区。

住宿业

有序发展高星级酒店，积极培育特色文化主题酒店，鼓励发展台门式、民居型连锁酒店。

餐饮业

重点研发旅游“绍兴菜”，在传统饮食文化的基础上，结合现代人的美食需求，开发越菜博物园，自主研发既能体现绍兴传统文化，同时又能满足现代人口味的美食佳肴。

交通运输

开通旅游公交专线，打通内河乌篷船及内外河水上游线，运行市县旅游直通车，提升三轮车、自行车和漫步系统，探索轨道交通，形成丰富、便捷、有序、环保、安全、有特色的旅游交通体系。

旅游购物

成立专门的旅游商品研发机构，结合绍兴文化资源（桥、船、酒、书画、名人、三乌〈乌干菜、乌毡帽、乌篷船〉等），开发旅游商品，同时开辟若干条主题化商业街、步行街、生活街、精品街、艺术街等旅游购物街区。

休闲娱乐

深度挖掘绍兴传统戏曲文化，积极引进外来时尚文化，以娱乐表演为载体，大力发展夜间旅游。

配套公共服务

旅游集散中心

按照旅游综合体模式，建设具有浓郁地方特色的旅游集散中心，打造长三角区域旅游集散枢纽。

旅游咨询服务体系

在全市重要广场、商场、街区、码头、车站等人流密集区建立完善的全城旅游咨询服务体系。

旅游交通环线

开通了全城旅游公交专线和水上巴士游线，建设沟通主要景点之间的绕城旅游交通环线。

B 品牌城市

多元微营销

把握“微时代”潮流，创新营销方式，相继推出微博、微电影、微信、电商网站等平台，实现了“微宣传、微营销、微电商”的网络营销三部曲。

官方微博

以“绍兴古城”为核心加上13个景区的微博矩阵，总粉丝量超70万，其中“绍兴古城”微博粉丝量达11万。

微电影

一部《樱为爱情》上线仅两周点击率就破30万次，无数游客慕名而来。随后，相继推出了《樱为爱情Ⅱ五月之恋》、《爱在绍兴》、《缘在绍兴》、《我的老爸是极品》、《兰亭忆》等一系列主题旅游微电影。

微信

集导航、导览、讲解、互动、电商于一体，绍兴市旅游集团成为腾讯旅游首批重点合作城市，建立了腾讯旅游绍兴城市站，开通了线路团购、酒店团购、旅游攻略、手机服务、旅游直播等服务。

微电商

实现景区门票、酒店、线路、自由行套餐、特产等商品的在线预订。借助同程网、驴妈妈、携程网、途牛网四大OTA网站以及腾讯绍兴城市站、天猫旗舰店等平台进行电子商务销售。

全城智互动

绍兴用“全城、全员、全程”三个“全”字为游客带来超出预期的旅游体验和无处不在的旅游服务，树立绍兴旅游服务品牌。

“全城”理念上的智慧

绍兴旅游微博矩阵，细分“绍兴景”、“绍兴食”、“绍兴桥”、“绍兴老照片”、“绍兴民俗”等十多个专题，微博矩阵统一转发分享。各景区的售检票门禁系统，实现了网上预订、线下出票、门头检票的旅游智能服务。

“全员”管理上的智慧

绍兴旅游集团35周岁以下的员工，均需开通个人微博、微信，时时更新转发绍兴旅游相关信息。

“全程”服务上的智慧

在绍兴景区、街区、饭店和车站等公共空间等都张贴着“绍兴古城”的微信彩色二维码。二维码以兰亭御碑亭、沈园门亭、八字桥、乌篷船为背景，加上“兰”字、酒坛、乌毡帽、船桨等富有水乡情调的元素。

C 文化城市

恢复水城，复兴古城，实现城市性质向文化休闲度假型转变，城市功能向服务于城市访问者（外来游客）转变，城市人口向文化休闲产业和服务业经营者、文化型居住者为主的结构转变。

复兴古城文化

按照城市舞台化、街区场景化、景区主题化的思路，重新对绍兴古城进行功能划分。以历史街区作为舞台的前台区，重现古城的氛围和历史格局，为每一片历史街区确定发展定位，进行场景打造，增加游览内容。

+

恢复古城业态

依托街区，引入传统商业业态和休闲时尚业态，先公房后私房，以点带面辐射片区，打造商业游憩区。

+

恢复古城形制

逐步恢复古城的七座城门、官署、学府、集市、宗庙、书院会馆、宅院等重要建筑，远期可以恢复古城的城墙，形成完整的古城形制。

+

改造历史街区

传统街巷空间的保护与时代利用；传统建筑的时尚业态功能更新；疏散现有住户，保留部分原住民，吸引鼓励外来的文化经营者，引入高修养的文化居住者。

+

恢复古城水网

通过对绍兴历史上水系、河道的梳理，结合现状水系，逐步恢复原有的古水城城市各级水网。

+

贯通内外水系

用水系将梅山江、古运河、禹陵江、兰亭江等景区与古城区连接起来，形成内外衔接的全城旅游水上游览路线。

+

发展慢行交通

形成以步行交通、自行车交通、水上交通、人力交通、轨道交通为特色的古城交通体系。

3. 经验借鉴

理念为先

2009年提出发展“全城旅游”

绍兴的“全城旅游”理念是一种新的资源观、产品观、产业观、开发观，旨在突破传统景区（点）范畴，将城市本身作为旅游吸引物，调动一切能为旅游所用的城市资源，把绍兴打造成一个特色鲜明、独具魅力的文化休闲目的地城市。

文化为魂

文化搭台，旅游唱戏

三乌文化　桥文化　石文化　名士文化

酒文化　兰文化　戏曲文化　宗教文化

以文化显个性，以文化建品牌，以文化拓市场，以文化聚产业。

空间为体

古城+双翼的全域空间格局

以古城为根本，利用独特的人文价值、城市精神、城市风情，致力于打造“最江南”的休闲之都。

以东湖、吼山、宋六陵板块为东翼，以镜湖、柯岩、大香林板块为西翼，加上“南闲”与大兰亭景区，实现全域旅游空间的突破性发展。

管理创新典型案例

案例地：

海南琼海、浙江安吉、福建泰宁

案例经验：

具有发展旅游的强烈意愿，其旅游发展特征有别于传统意义上的目的地

- 琼海围绕“田园城市、幸福琼海”目标，建设国家全域旅游示范区
- 浙江安吉以全域美丽乡村建设为切入点，构建全域旅游新格局
- 福建泰宁把旅游作为生命产业，成为旅游主导型县域经济的样板

通过政策鼓励、营销、服务等管理举措弥补资源不足，打造一流产品

- 海南琼海提出“三不一就”（不砍树、不拆房、不占田，就地城镇化）思路，打造以旅游小镇为引领的四大支柱产品
- 浙江安吉创新打造美丽乡村，引进优质资本，形成旅游精品
- 福建泰宁注重品牌建设，通过“申世”、“申魅”、“申遗”提升综合影响力

全面开展旅游扶贫工作，促进农旅融合，实现旅游富民惠民

- 以乡村旅游为精准扶贫的抓手，积极扶持乡村地区的旅游业态，实现旅游拉动区域经济发展

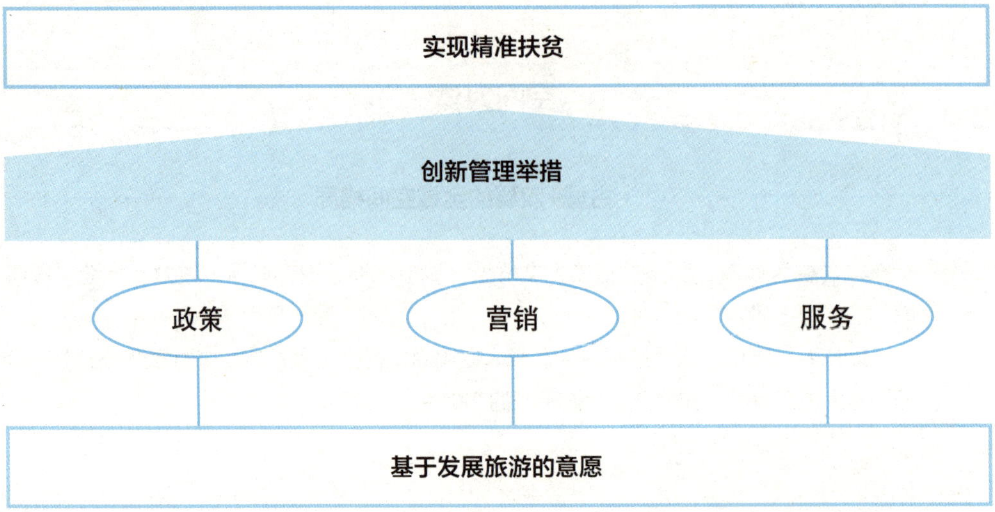

（七）海南琼海

——更统一，统筹城乡旅游发展

1. 琼海概况

琼海市位于海南省东部，全市总面积1710平方公里，常住人口50万人。琼海在实践中探索出“全域5A景区化”的新型城镇化之路，有效破解了城镇化发展中农用地保护和城市扩张的矛盾，树立了一个全域旅游的生动样板。

数据说

2015年，在旅游业的带动下，第三产业占比由第二位升至第一位。

实现旅游总收入49.8亿，接待游客总人次860.2万，农村常住居民人均可支配收入达到1.21万元。

“博鳌亚洲论坛”所在地

“美丽中国”全国十佳旅游县、全国休闲农业与乡村旅游示范县

2. 实践举措——“345”战略

A 三大创新 + B 四大支柱 + C 五大系统

A 三大创新

理念的创新

以“全域5A级景区”理念规划琼海市域，以景点要求建设每个镇村，打造“山水如画、人间仙境”的全域旅游大景区。

方法的创新

通过城乡一体基础设施系统、生态保护系统、产业支撑系统、乡村休闲旅游系统、社会管理系统等五大系统工程建设，全景化打造建设幸福家园度假天堂。

路径的创新

在“三不一就”的原则下，市委、市政府融合各方资源和力量，集中打造示范点，一个区域一个区域地推动建设。

B 四大支柱

12个风情小镇

将全市12个镇打造成有历史记忆、地域特色、民族特点的美丽小镇，形成“一镇一风情，一镇一特色，一镇一产业”的格局，作为琼海5A级景区创建的突破点。

博鳌镇：会奖天堂，滨海博鳌	阳江镇：红色小镇，休闲阳江
潭门镇：古港渔乡，风情潭门	龙江镇：绿野乡村，休闲龙江
中原镇：侨乡风情，口岸中原	塔洋镇：奎塔凌霄，琼东古镇
嘉积镇：商埠古镇，红色嘉积	长坡镇：圆梦庄园，异彩长坡
万泉镇：文综渡口，绿色万泉	大路镇：农耕风情，醉美大路
石壁镇：山水石壁，人文福地	会山镇：黎苗风情，多彩会山

1857个文明生态村

文明生态村占全市自然村的70%，8个村镇被评为全国文明村镇。开展文明礼仪、文明环境、文明交通、文明旅游、文明经营等五大文明行动。

3大国家农业公园

龙寿洋国家农业公园、滨海国家农业公园、万泉河国家农业公园

通过农村就地城镇化、农业产业化、乡村休闲游、美丽乡村建设等措施，带动田园城市及琼海特色城镇化建设工作。

300公里慢步绿道

将琼海市的万泉河、九曲江、龙滚河、白石岭等自然资源与风情小镇、国家农业公园、美丽乡村、景区景点等人文旅游资源串联起来。

C 五大系统

实施五大系统工程，全景化打造、建设幸福家园、度假天堂

基础设施系统

加强和完善城乡一体基础设施系统，包括道路交通和旅游慢道系统。

＋

生态保护系统

深化生态保护系统，包括生态修复、城乡绿化和垃圾污水处理。

＋

产业支撑系统

通过第三产业带动一、二产业，融合发展，突出以旅游业为龙头的现代服务业，提升琼海综合产业素质。

＋

乡村休闲系统

通过旅游把乡村带起来，激活乡村休闲产业链，构建农业与乡村旅游结合的农民增收系统。

＋

社会管理系统

把政府和社会服务、社会综合治理连成一体，统筹城乡、统筹社会和政府的管理，全面展开医疗和教育、卫生、民政福利系统等公共服务均等化建设。

3. 经验借鉴

“三不一就”特色城镇化

不砍树、不拆房、不占田，就地城镇化

- “不砍树”，体现了对生态环境的保护，对大自然的敬重；
- “不拆屋”，体现了对传统文化的尊重，对农民切身利益的保护；
- “不占田”，体现了对国家有关基本农田政策的坚决执行，更考虑到农村基础产业、农民生产生活的长远发展；
- “就地城镇化”，体现了“以人为本”和“以民为本”的原则。

“三园合一”的共建共享

城乡一体化、居民游客一体化

“一镇一品”的产品组合

避免同质竞争的特色化发展

- 对每个小镇根据其资源禀赋、所在产业带和农业公园的产业布局分别设计主体产业，引导小镇在产业化过程中统筹配置资源，避免小而全，逐步形成差异化和特色化的产品。
- 各乡镇之间因互补而形成合力，再连接城乡市场，为农民就近就业和在乡创业提供机会。

（八）浙江安吉

——更协作，建设全域旅游美丽乡村

1. 安吉概况

安吉县位于浙江西北部，县域面积1886平方公里，常住人口46万，距上海209公里，距杭州市中心65公里，处在长三角的中心地带。

发展历程

成功探索出“一二三产结合、城乡统筹联动、人民幸福富足”的新农村建设“安吉模式”，打响了“中国美丽乡村”品牌。

首个荣获全国县域“联合国人居奖”
全国首批休闲农业与乡村旅游示范县、国家可持续发展实验区

2. 实践举措

A		B		C
全域美丽乡村	+	引进亮点项目	+	政府合力兴旅

A 全域美丽乡村

2008年初，安吉县委、县政府提出了建设“中国美丽乡村”的战略构想：即发挥安吉生态和产业比较优势，以县域交通环线为脉络，做精四条精品带，串起六大核心区，形成“一环四带六区”的经营布局，打造覆盖全县各乡镇的国家级美丽乡村精品旅游环线。

作为国家环保部开展生态文明建设的试点地区之一，安吉以“中国美丽乡村”建设为载体推进生态文明建设，在全国尚属首创。

实施三大发展战略

推进美丽乡村全面覆盖

一村一品、一村一景，开展部门与乡镇、村的结对帮扶工作。坚持不规划不设计、不设计不实施，12个乡镇实现美丽乡村创建全覆盖。

构建县镇村三级美丽体系

全力开展“一环四带六区”建设工作，着力打造“优雅竹城、风情小镇、美丽乡村”三级联动的全域化、立体式的县域大景区。

切实做到乡村旅游扶贫

研究制定《发展壮大村级集体经济的若干意见》，积极实施薄弱村项目增收计划，全县集体经济稳定收入10万元以上的村达到99.4%。

精品乡村范例

横山坞村 **中国十佳小康村**	横山坞村过去属于全县最贫困的山村，经过美丽乡村的建设、物业经济的崛起、旅游元素的引入，全村农户年平均收入达10万元以上，建起了国内第一个以美丽乡村为主题的展览馆。	
刘家塘村 **竹业特色村**	刘家塘村依托狮子石水库，从传统农庄向休闲产业升级，2012-2014年间，建成了文化礼堂、美丽宜居示范区等旅游项目，依托村环线道路“串点成线”，形成了完整的村域大景区。	
余村 **“两山”理论起源地**	2005年8月15日，时任浙江省委书记的习近平在余村考察，首次提出“绿水青山就是金山银山”的理念。余村全力深化三个方面工作：一是创建生态旅游区；二是实行“五改一化”（改路、改厕、改水、改房、改线和美化环境），全面实施美丽乡村计划；三是引进无污染、高效益的企业入驻。	
山川乡 **乡域4A大景区**	形成了以威风锣鼓马家弄、天上人间高家堂、秀美山川、乡野大里、竹海船村、高山九亩为主线、亮点纷呈的一村一品。	

B 引进亮点项目

突出项目建设，打造核心竞争力

安吉县从2013年到2015年共完成了十余个大型旅游项目的招商、建设、运营，在建15个重大旅游休闲项目总投资达175.55亿元。

安吉县结合当地资源特征，积极招商引资，开展三类项目建设：

精品度假——帐篷客、老树林度假酒店、鼎尚驿主题酒店、香溢度假村、仙龙峡、大年初一风情小镇等。

亲子娱乐——凯蒂猫家园、天使乐园、乐翻天水上乐园、乐翻天·欢乐风暴。

生态旅游——大竹海养生度假区、山水灵峰休闲农业园、仙龙峡景区、井空里峡谷。

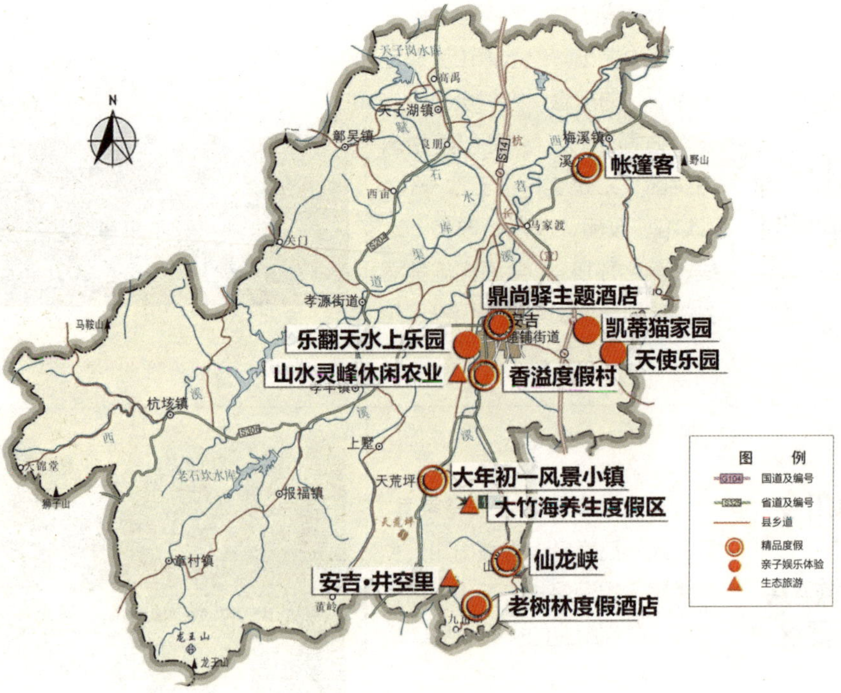

2013-2015年安吉县重点旅游项目布局图

C 政府合力兴旅

完善两类机制

完善领导机制

出台《关于全面推进县域大景区建设的实施意见》，成立县主要领导亲自挂帅的旅游休闲发展委员会，实施休闲名城建设行动、产业转型推进行动、美丽品牌提升行动、品质服务优化行动、综合改革深化行动等五大行动。

落实考核机制

全面实施乡镇个性化分类考核，将15个乡镇、街道分为工业经济乡镇、休闲经济乡镇、综合类乡镇三类，将旅游重点工作纳入考核体系。

加大两项支持

资金扶持

连年加大对旅游发展的资金支持，从2009年的800万元，增加到2012年的2000万元以上，2013年起每年3000万元以上。

用地扶持

开展“坡地村镇”用地试点。将具备开发条件的低丘缓坡地块开发成为建设用地，减少各类项目建设对现有耕地资源的占用，进一步拓展用地空间。

实施三大创新

统计创新

制定出台旅游休闲产业统计办法，启动旅游贡献率指标体系统计的试点工作，科学评价旅游休闲业发展质量和对社会经济的贡献。

标准化创新

2014年列入全国旅游标准化试点县，设立61家试点企业。出台《美丽乡村建设指南》《安吉县旅游标准化工作管理办法》《旅游饭店星级的划分与评定》《旅游景区讲解服务规范》等多项标准。

规划创新

编制《“中国美丽乡村”总体规划》和《安吉县休闲农业与乡村旅游发展规划》等一系列创新规划，制定《安吉县旅游公共服务体系专项规划》。

3. 经验借鉴

基于绿水青山

树立生态为先的战略基点

按照尊重自然、顺应自然、保护自然的理念，把生态文明建设融入经济建设、政治建设、文化建设、社会建设的各方面和全过程，以环境整治为突破口倒逼转型升级的战略思路，将“绿水青山就是金山银山”化为安吉生动的现实。

兴于美丽乡村

建设全域覆盖的美丽乡村

安吉白茶 + 黄浦江源 + 中国大竹海 + 昌硕文化

推出四条美丽乡村精品观光带，实现全线贯通。

卓于精品项目

发挥休闲项目的集群效应

积极引进hello kitty等多个精品项目，在建15个重大旅游休闲项目总投资达175.55亿元。依托大型精品项目，鼓励休闲业主抱团发展，形成与美丽乡村的互补，助推旅游发展新升级。

成于政府引导

规划、建设、管理、经营“四位一体”的运作模式

坚持“生态立县”战略，各级领导积极实践、大胆创新。做到“建有方向、评有标准、管有办法、美可持久”，把美丽乡村建设从一个宏观的方向性概念转化为可操作的工作规程。

（九）福建泰宁

——更重视，全域共建旅游事业

1. 泰宁概况

泰宁地处福建省西北部，闽赣两省三地市交界处，武夷山脉中段，隶属三明市，县域面积1540平方公里，总人口14万。在20年间，历任领导接力抓旅游，把资源优势变成“生命产业”，通过“申世”、“申魅”、“申遗”、“申5A”等大动作提档升级泰宁旅游发展水平，做大做强旅游产业经济，完成了从农业大县到旅游大县的华丽蝶变，成为中国旅游主导型县域经济样板。

数据说

2015年，接待国内外游客353万人次，旅游总收入达29亿元，旅游固定资产投资22亿元。

世界自然遗产、世界地质公园

国家5A级旅游景区、中国优秀旅游县、中国十佳魅力名镇等

2. 实践举措

A		B		C		C
四大产业布局	+	四大体系建设	+	六大升级策略	+	五个落地行动

A 四大产业布局

一个慢城

以泰宁古城为核心，承担泰宁北、西、南三区的旅游集散中心、服务中心、交通中心、信息中心、管理中心、购物中心等功能，挖掘泰宁本土地域风情、民俗特色鲜明的休闲场所、民俗演艺等资源，将古城打造成国际安养休闲度假区。

两条环路带

建设环大金湖路带、环上清溪旅游路带的景观节点、休息驿站、农家乐园、度假小区，将泰宁核心景区提升、自驾自助游、农业旅游、主题休闲度假等融为一体，打造成泰宁全域化旅游的“双圈驱动轮”。

三大片区

打造北部、西部、南部三个片区。北部片区建设峨嵋峰慈航祖庭避暑养心区，开发夏季高山避暑、南国冰天雪地胜景产品。西部片区建设丹霞文化探秘体验区，开发地域文化探秘体验产品。南部片区建设山地生态运动区，打造户外骑行、山地运动、高峰攀岩等户外生态拓展项目。

五朵金花

按照“一村一品、五村一体”的错位互补和协同发展格局，规划打造“渔悦水际、鹭嬉南会、花样音山、水趣崇际、耕读李家”各具特色的五朵金花旅游专业村，引领休闲农业和乡村旅游发展，带动农民就业增收和村民脱贫致富。

B 四大体系建设

构建全域化旅游体系

将整个泰宁作为最大的景区、最好的产品、最美的旅游目的地来打造，推进旅游产业全域化，与工业、农业、文化、现代服务业等产业深度融合。

构建特色产品体系

推动泰宁旅游由观光型向观光休闲度假并举型转变。升级观光游、推进休闲游、发展度假游、壮大乡村游、培育特色游，打好产品组合拳，设计精品线路，加强业态创新，塑造文化个性，满足多样化、多层次消费需求。

构建旅游营销体系

将泰宁作为国内一流旅游目的地进行整体形象策划和品牌推介，创新旅游营销模式，走一体化、市场化、专业化营销道路，创建一个品牌+一支队伍+一套标准的旅游营销模式。

构建旅游资产体系

聘请专业机构指导旅游企业上市工作，加快整合国有金泰公司、古城公司及民营游船公司优质资产，推动与省属企业华闽集团公司的合作，争取整合九龙潭水上项目等资产，成立集团公司，加快资本运作。

泰宁养生（养老）旅游休闲基地

《天下泰宁》大型旅游演艺节目

C 六大升级策略

打造“泰宁生活”主题产品	恢复古墙风貌，建设休闲街区，打造“小城生活”、禅修养生基地；推出“景区+安养”产品，推进大金湖怡养中心、峨嵋峰避暑山庄等项目建设，打造养生养老项目产品。
建设泰宁丹霞文化产业园	组建文化创作公司，策划创作、采风、展览、培训等活动，大力建设主题景区，按“神画金湖、谜团寨下、传奇上清、九龙仙潭、尚书福第”的定位，提升景区主题文化内涵。
打造农业旅游示范点	推动特色农业与旅游业融合发展。打造手工作坊旅游示范点及特色小吃街区，推广泰宁碧玉卷、暖菇包等地方小吃，引进沙县小吃、闽南小吃等福建名吃。
加快旅游资源整合上市	整合国有公司及民营游船公司优质资产，推动与省属企业集团公司的合作，成立集团公司，加快资本运作、企业上市步伐。
推进“清新福建深呼吸带”建设	抓住合福高铁开通契机，推出“武夷山+泰宁+厦门”、高密度开行“武夷山-泰宁”等旅游直通车，打通“江西上饶-福建武夷山-泰宁”散客通道。
建立数字化服务体系	建立游客集散中心数字化咨询平台，免费WIFI景区全覆盖；建设景区门禁系统，完善三维GIS、GPS巡更管理等调度指挥系统，建设网上商城、网络预订商务平台。

D 五个落地行动

专业化营销行动

实施委托营销，搭建专业营销团队，统一品牌形象宣传，定位为“清新福建、泰宁生活”品牌形象。创新营销模式，核心市场主抓散客，远程市场主抓大社，边缘市场实行总代理、大采买，建立旅游企业营销合作机制，深化“大武夷”旅游联盟合作。

跨产业融合行动

推动“旅游+农业、工业、文化、体育、养生”等跨产业、跨行业、跨部门的融合。做靓乡村产品，全面建设五朵金花旅游专业村、大源历史文化名村、老虎际民俗文化村，开发一批绿野乡居、主题农场、休闲农庄、乡村酒店等乡村休闲度假产品。

品质化提升行动

深入推进“厕所革命”，配套完善旅游服务设施，健全旅游资讯网络、标识引导系统，加快智慧旅游建设。开展旅游从业人员全员培训计划，举办技能比武大赛，提升服务技能和服务水平。进行旅游标准化达标创建，加强旅游安全保障，建立游客参与的服务质量评价反馈和监管体系。

法治化管理行动

开展“全国最干净旅游县城”主题活动。整治景区流域水体，加强上清溪、朱溪、北溪、金溪等流域综合治理，严厉打击乱采砂、乱弃土、乱倒垃圾等违法行为。

深度化改革行动

推进旅游管理体制改革，强化旅游管理的综合协调职能，加快健全“全域化”目的地管理机制。创新旅游企业经营运作，适时启动股份制改造，拓宽旅游融资渠道，鼓励发展产权式旅游度假地产，培育旅游投资消费新业态。

3. 经验借鉴

明确政府在全域旅游发展过程中的作用

领导接力抓旅游，旅游发展之路清晰连贯

- 历届县委、县政府围绕旅游定目标，接力持续运作，持续提升，持续发展，使泰宁旅游走出了一条清晰的有价值的路径。
- 每一次新思路的提出，“旅游兴县”追求不变，实践创新发展总在螺旋升级。

重视全域旅游品牌建设

金湖 → 大金湖 → 泰宁

- 先后完成了“申世”、“申魅”、“申遗”三项跨越发展；
- “大金湖国家重点风景名胜区”更名为“泰宁国家级风景名胜区”，打造“泰宁”主品牌，客源市场从区域性市场拓展到全国乃至国际性市场。

调整全产业结构实现富民强县

大旅游、大产业、大发展

- 实施旅游带动战略，联动一、二、三产业发展；
- 加快旅游城市建设，按照“生态文化旅游城”定位，把城区当景区建设，塑造泰宁旅游城形象；
- 带动招商引资和非公有制经济发展，繁荣旅游商贸经营，开发六大系列150多个品种的旅游商品。

9

CHAPTER NINE

第九章 全域旅游规划案例

“规划科学是最大的效益，规划失误是最大的浪费，规划折腾是最大的忌讳”（习近平）。全域旅游也要在有章可循、有规可依的框架下发展。巅峰智业作为中国最早的旅游智力服务机构，坚持“美丽中国、巅峰智造”的使命，秉承“上善若水、知行方圆”的理念，不断地为中国旅游投智投力，其在全域旅游方面相对领先的规划探索值得借鉴。

巅峰规划总览

巅峰智业从首次提出全域旅游概念的《大连市旅游沿海经济圈产业发展规划》，到全国第一个全域旅游发展规划《秦皇岛全域旅游发展规划及五年行动计划》、全国第一个省级全域旅游行动计划《宁夏全域旅游发展三年行动计划》，再到全面谋划我国首个全域旅游创建省的《海南省旅游发展总体规划》、顶层落地的操作手册式《伊金霍洛旗全域旅游顶层设计及三年行动计划》等规划案例，无一例外地推进了中国全域旅游发展和创新。

荣获中国最佳旅游项目规划设计奖的《贵州省生态文化旅游产业发展规划》、指导旅游强省绿色崛起的系统创新实施方案《江西省旅游发展总体规划》等，也是与全域旅游密切相关的案例典范。

这些全域旅游的规划探索，每一个都是精益求精、创新进步的全局谋划，都得到了各地政府、企业和群众的高度认可。从顶层设计到精准落地，形成一系列可推广的实践经验，可为全国各地借鉴。

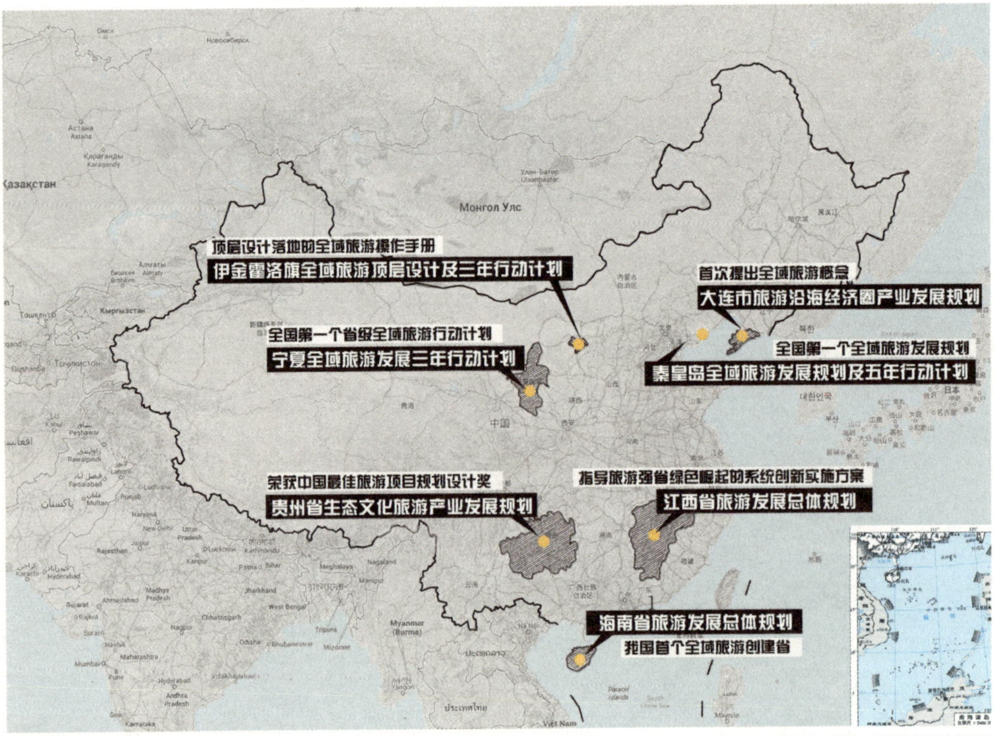

审图号：GS（2008）1394号　　2008年6月　国家测绘局制

一、宁夏全域旅游发展三年行动计划
——创建“国家全域旅游示范区”行动实践

全国进入新常态，宁夏回族自治区自身也处于关键转型期，为贯彻落实2015年8月国家旅游局下发的《关于开展“国家全域旅游示范区”创建工作的通知》(旅发[2015]182号)，宁夏回族自治区利用先天优势进行改革创新，率先在全国省区层面进行“全域旅游示范(省)区”创建，并以“一市五县(市、区)”为示范，争创“国家全域旅游示范区”。

(一)项目概况

宁夏回族自治区是全国面积最小的内陆省份，被称为“中国的穆斯林省”，旅游资源类型丰富，利于发展全域旅游。

(二)规划成效

宁夏回族自治区旅游局已按照行动计划制定《宁夏全域旅游示范区创建工作实施方案》。

（三）总体思路

“11466”总体思路

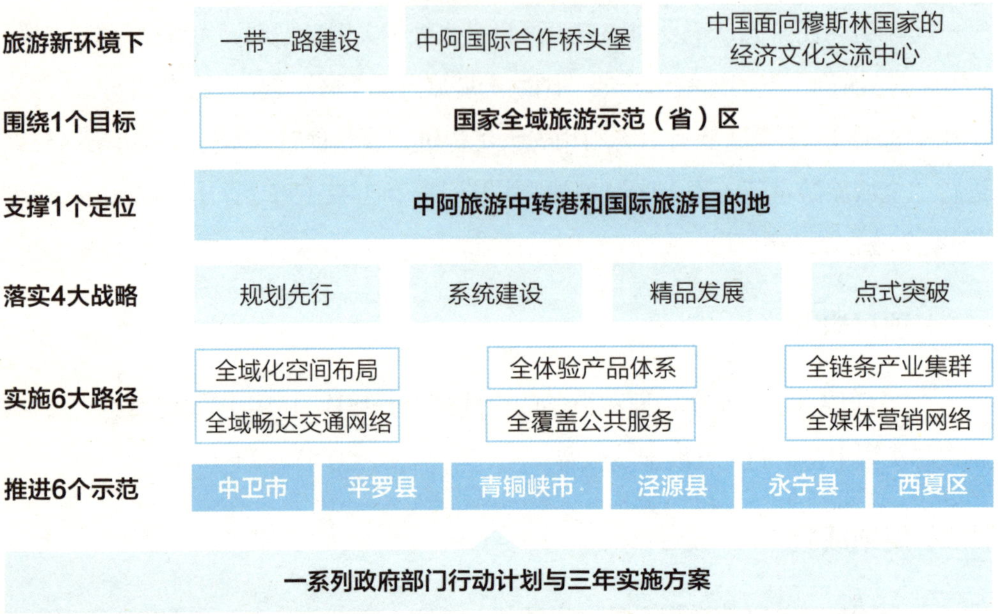

（四）核心创意

围绕“四全”总体思路，构建“六全”旅游体系

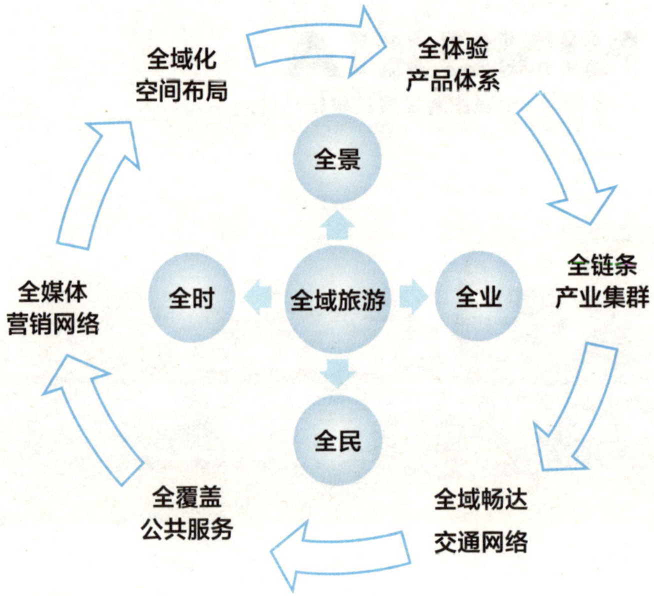

1. 全域化空间布局

充分利用宁夏独具特色的自然风光、历史文化、生态环境、民族风情、乡村民俗、风土人情等旅游资源和工业、农业、交通、水利等发展优势，以及城乡建设成果，构建结构稳定、功能完备的“一核两带三廊七板块”空间结构，形成点、线、面相互关联、共同作用的空间布局。

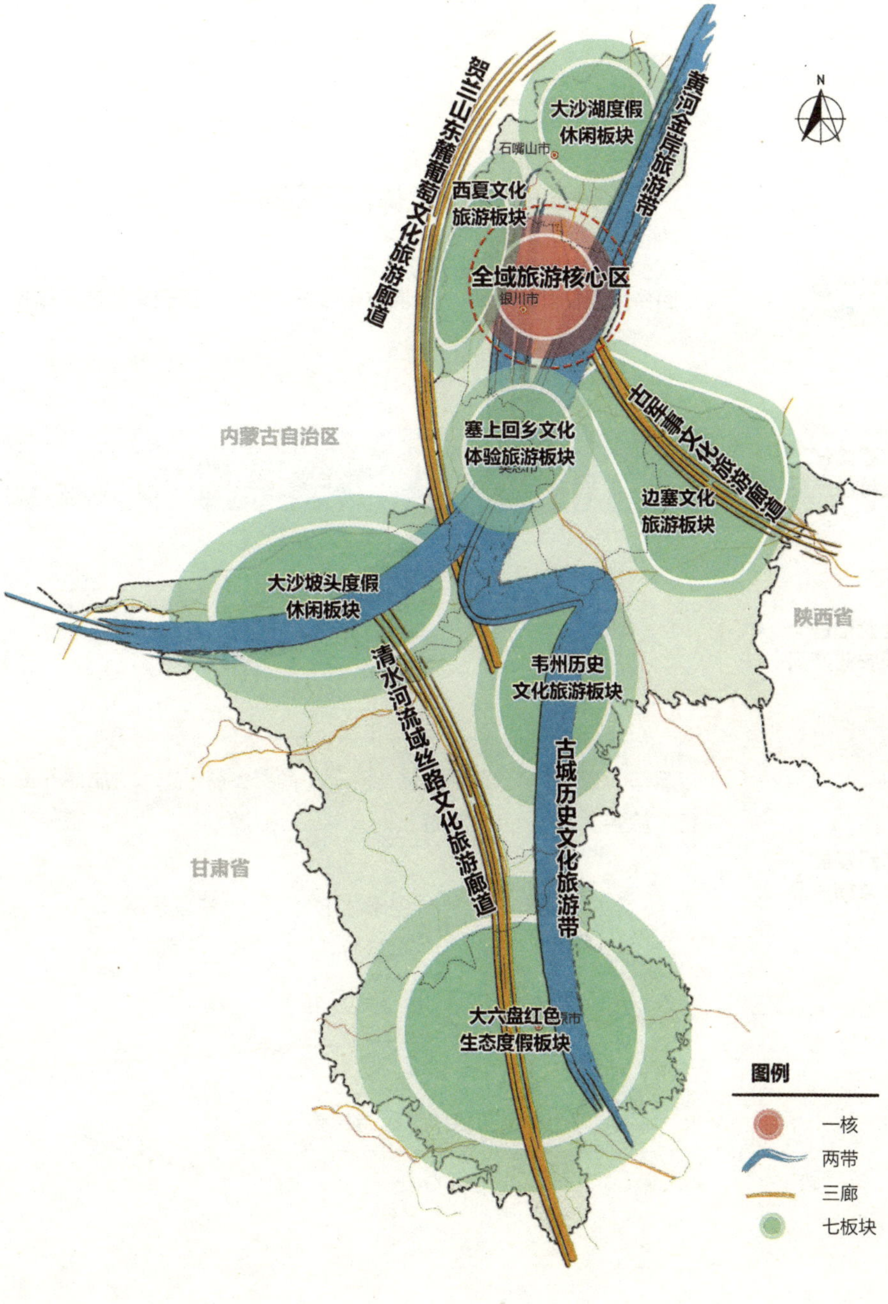

2. 全体验产品体系

放大宁夏优势资源，重点升级培育回乡风情体验、沙漠休闲度假、历史文化遗产体验三大世界级旅游产品，丰富优化黄河主题旅游、红色文化体验、生态休闲度假、葡萄文化旅游、城市休闲旅游五大区域特色旅游产品，全力推进休闲农业与乡村旅游产品，创新发展多种特色专项旅游产品，加快建设一批重点项目和特色旅游村镇，丰富宁夏旅游的体验性，提升宁夏旅游产品的丰度，构筑全体验式多元吸引。

“3+5+1+N”全体验产品体系

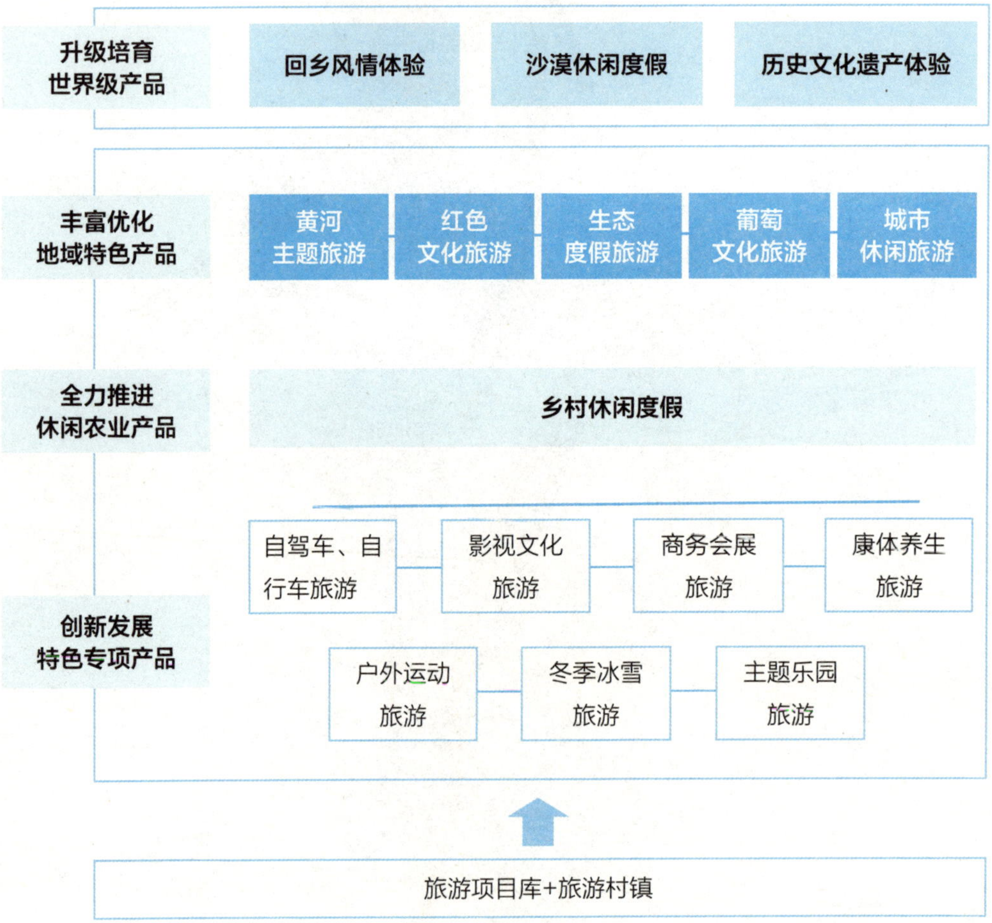

3. 全链条产业集群

以“全链条、全产业”的视野，推进“吃、住、行、游、购、娱”六大基本要素以及“商、养、学、闲、情、奇”六大拓展要素功能升级，推进“十百千万”工程建设，并在此基础上打破旅游业传统边界，融合多产业多行业，实现“旅游+”，延长旅游产业链。建设十一大旅游集群，做大做强以旅游产业为引领的复合产业经济，构建具有现代服务业特征的新型产业体系。

注：“十百千万”工程即创建十条旅游特色街区、做强十大精品景区、发展十大旅游购物商店、打造十强旅行社、做优十家星级饭店、扶持十大特色农家乐、推广十大金牌旅游小吃、评选百名旅游服务之星、培育千名乡村旅游带头人、培训万名旅游从业人员。

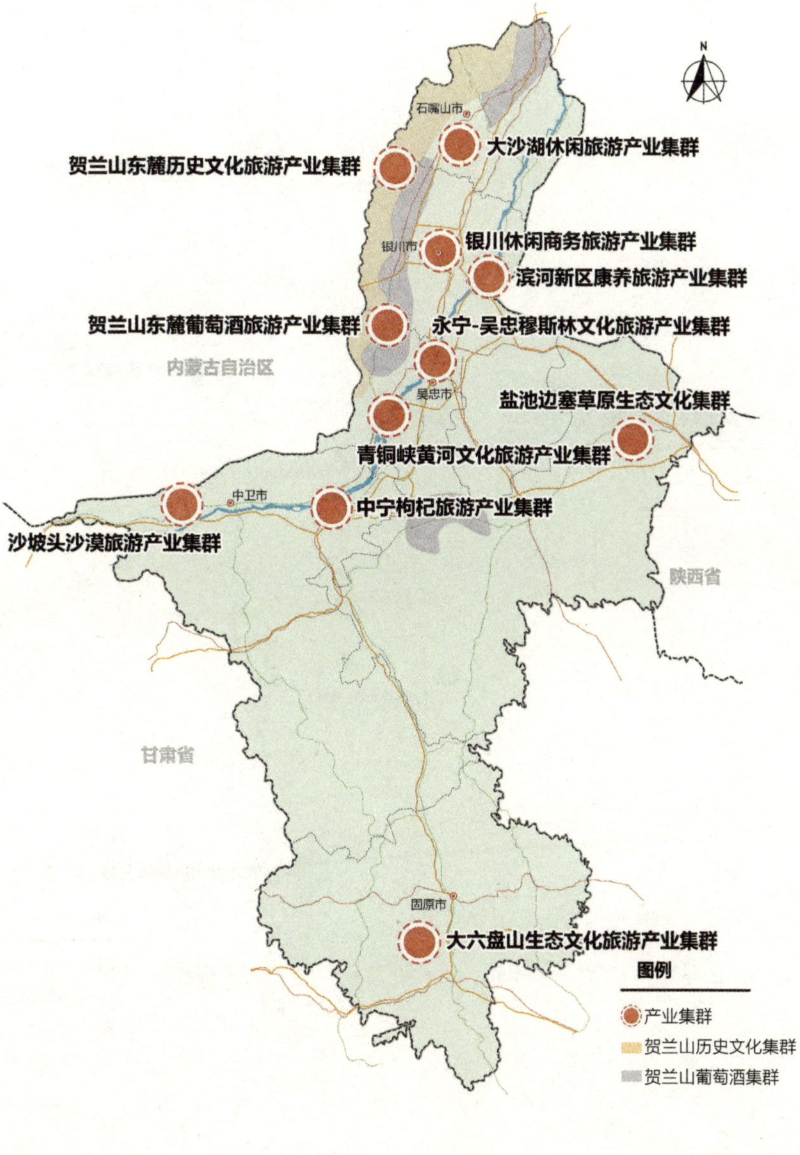

4. 全域畅达交通网络

充分利用国家内陆开放型经济试验区的政策优势，全方位提升交通服务水平，通过打造六大入口门户、构建干支通结合的复合型航空运输体系、完善便利化铁路通道建设以及推进以银川为中心的全域公路网络建设，形成联通丝绸之路经济带的无障碍旅游交通网络。

5. 全覆盖公共服务

按照“主客共享”理念，应用智慧旅游手段，重点优化提升旅游厕所、信息咨询、安全保障等旅游公共服务设施，实施自驾营地与游客集散中心、旅游交通标识引导系统、景区连接道路等建设提升工作，助推完善旅游公共信息服务、旅游交通便捷服务、旅游安全保障、旅游惠民便民服务、旅游服务软环境管理五大体系，着力提升旅游公共服务水平，实现“功能围绕旅游配”的全域旅游服务体系发展目标。

6. 全媒体营销网络

以“塞上江南·神奇宁夏”作为总体旅游品牌，打响“有一个‘景区’叫宁夏”的旅游推广口号，统领宁夏旅游城市品牌及七大旅游产品品牌。创新构建全区一体化营销和自媒体推广平台，建立宁夏旅游全媒体营销网络。着重建设宁夏旅游微博、微信、微电影、合作网站，推动营销推广由政府主导向市场引导、传统营销向精准营销、分散营销向整合营销的“三大转变”。重点关注阿拉伯国家及穆斯林地区市场，强化海外推广营销。

（五）全域旅游观点

王磊 | 巅峰智业西安分公司总经理
《宁夏全域旅游发展三年行动计划》项目经理

“全域旅游”是把一个行政区域全部当作旅游景区来规划和建设，旅游产业在区域内全资源、全时空、全产业、全社会覆盖，产业从门票经济向产业经济转变，从单一产业向综合产业转变，从小旅游向大旅游转变。

但全域旅游并不是完全否定景区景点旅游，实际上全域旅游离不开景点景区旅游这个核心，它更多解决的是社会旅游资源的公共配置问题，重点构建“全域化空间布局、全体验产品体系、全链条产业集聚、全域交通畅达网络、全覆盖公共服务体系及全媒体营销网络”的发展体系，将旅游业融入城乡建设和产业发展中，打破传统以景区为核心的空间局限，全面推进城乡资源和产业的旅游化发展，优化旅游产业布局，丰富旅游产品体系，创新旅游业态，延伸旅游产业链，完善旅游公共服务体系。

二、贵州省生态文化旅游产业发展规划
——建设全域化的山地公园省

贵州是全国旅游资源富集的省份之一，是国家大力扶持的“文化旅游发展创新区”，贵州省充分利用比较优势和后发优势，促进旅游与生态、文化和其他产业的融合，以旅游发展带动全省经济的增长。

（一）项目概况

贵州位于中国西南部，是一个多山地、丘陵的省份。贵州的旅游资源呈多样性、活态性、全域性等特征，组合优势明显，按照全域旅游模式发展。

（二）规划成效

贵州省旅游局已在此规划的指引下取得了显著的成绩，每年招商突破1000亿元，旅游人数增长超过40%，当前已有11个地区入选首批“国家全域旅游示范区”。

（三）总体思路

“11466”总体思路

旅游新环境下	一带一路建设	长江国际黄金旅游带建设	国家全域旅游示范区的创建	
围绕1个目标	全域化的山地公园省			
支撑1个定位	世界知名的山地旅游目的地			
落实4大战略	创新引领	精品发展	项目带动	国际品质
创新4大模式	全域统筹发展模式	四化融合发展模式	圈层保护开发模式	快进慢游模式
实施6大路径	全域化的空间格局	全域畅达的交通网络	丰富的产品体系	
	多产业融合发展	全方位的营销策略	完善的服务体系	

（四）核心创意

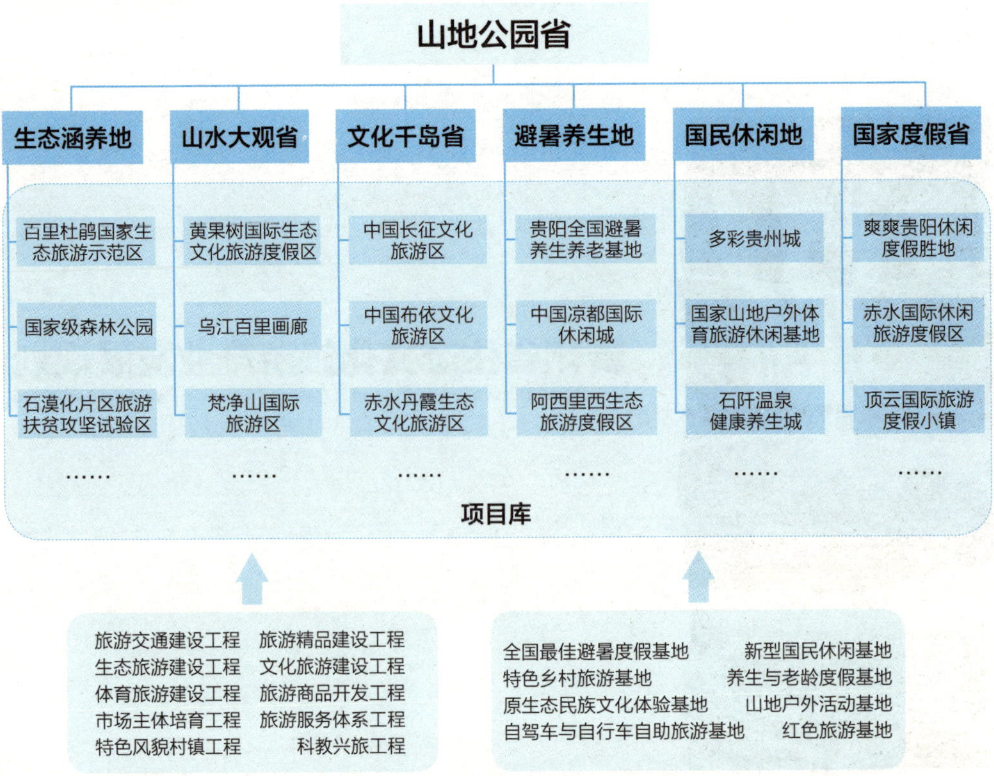

（五）实施路径

1. 全域化的空间格局

为了实现全省旅游全域化发展，以及全省旅游业由资源依托型向产业发展型的提升，需着力打造“1678”旅游发展空间格局。一个旅游中心是贵阳国际生态文化旅游中心；六条旅游走廊是贵川走廊、贵滇走廊、贵桂走廊、贵广走廊、贵湘走廊、贵渝走廊；七大旅游区是黔中休闲度假旅游区、黔东南民族文化生态旅游区、黔南生态文化旅游区、黔西南文化景观旅游区、黔西北民族文化生态旅游区、黔北人文与生态旅游区、黔东北文化生态旅游区；八个枢纽节点是遵义、毕节、铜仁、六盘水、安顺、凯里、都匀、兴义。

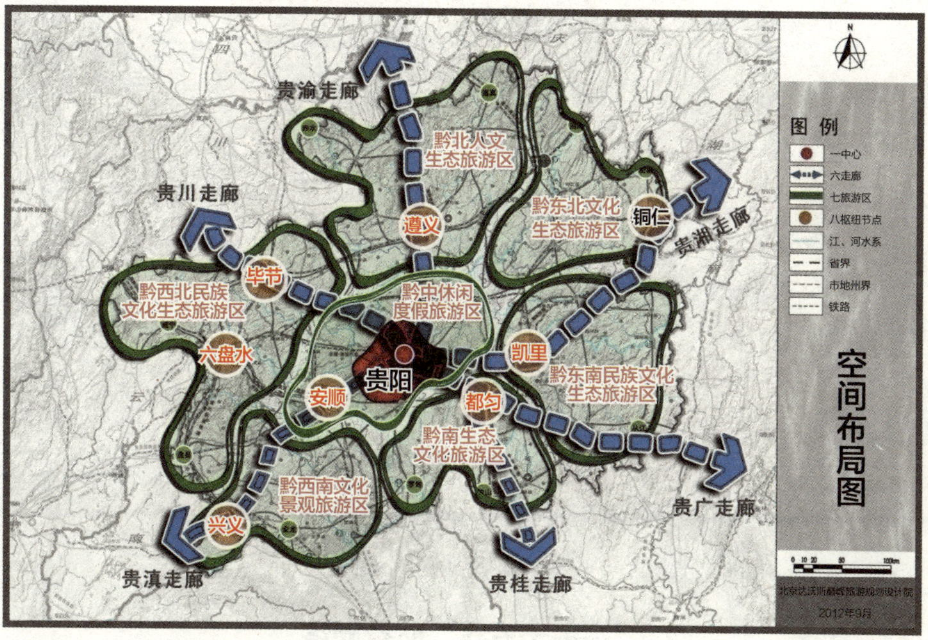

2. 全域畅达的交通网路

“一中心”——

以贵阳市为极核，以贵安新区为新增长点，涵盖黔中经济区范围。

“十五门户”——

兴义、盘县、威宁：对接云南入黔通道，成为云南和东南亚市场进入贵州的门户；

七星关、赤水：对接四川入黔通道，成为四川市场进入贵州的门户；

桐梓、道真：对接重庆入黔通道，成为重庆市场进入贵州的门户；

独山（麻尾）、安龙（巧马）：对接广西入黔通道，成为广西和东南亚市场进入贵州的门户；

从江（洛香）、罗甸：对接两广入黔通道，成为珠三角市场进入贵州省的门户，吸引大桂林和珠三角市场；

碧江、沿河、松桃、玉屏（大龙）：对接湖南入黔通道，吸引长三角市场和武陵山区域。

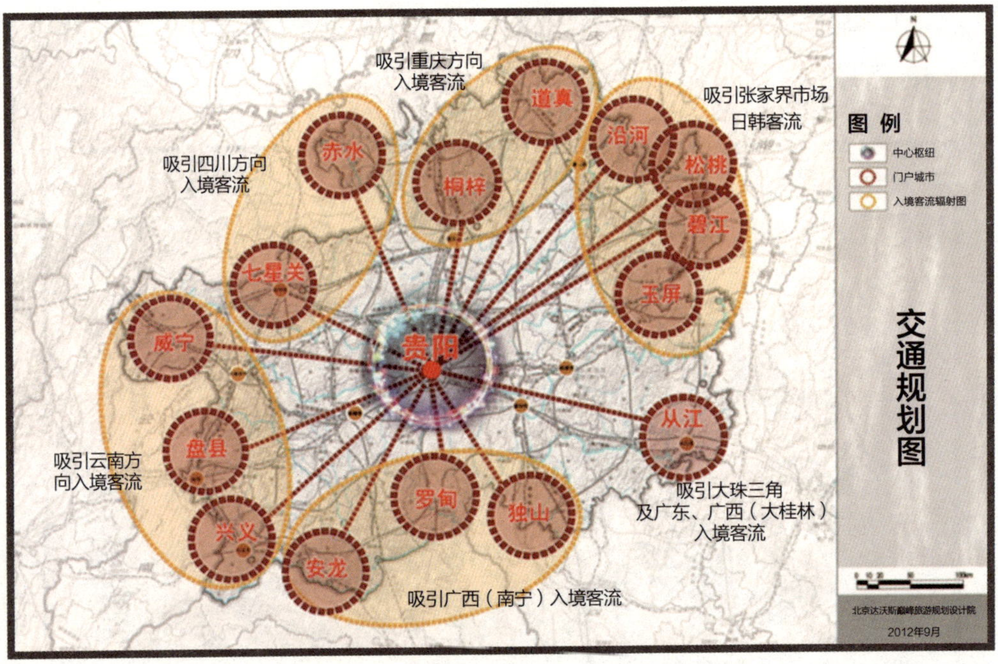

（1）航空规划

“一干十五支”航空网络

“一干”——贵阳龙洞堡机场。

“十五支”——七大近期重点支线机场：安顺、兴义、荔波、黎平、铜仁、遵义、毕节；其他八大支线机场：六盘水、仁怀、黄平、黔北、威宁、罗甸、雷山、盘县。

在《贵州省“十二五”民航发展规划》“一干十支”和国发2号文件“一干十三支”的基础上，结合旅游资源密度及未来客源流疏散需求，提出增加雷山、盘县支线机场。

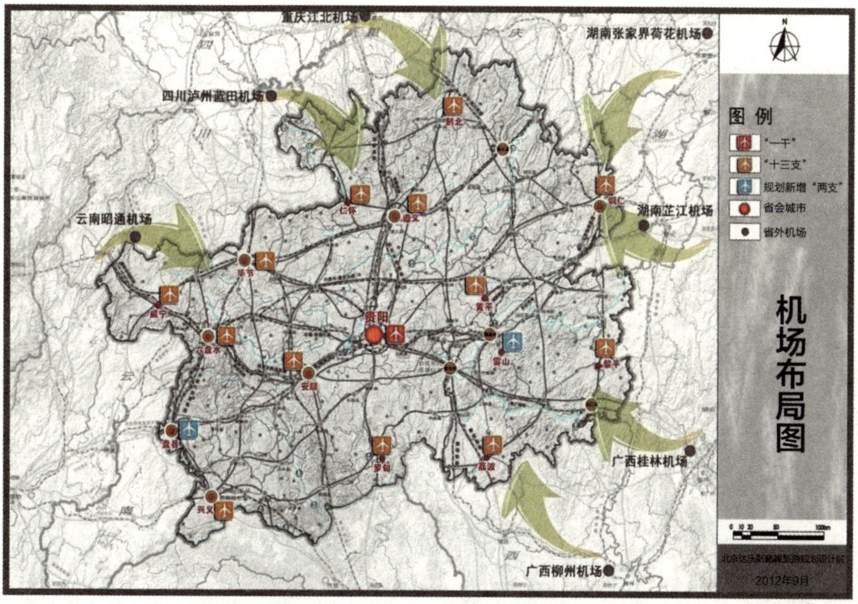

（2）铁路规划

建设“两横四纵”铁路网（其中四条高铁）。形成以贵阳为中心，通达各市州的快速铁路交通。适时开通直达周边省市及北上广的旅游专列。

两横——昭通至黔江铁路、沪昆高铁；

四纵——成贵广高铁、渝黔桂高铁、郑贵高铁、泸州至兴义铁路。

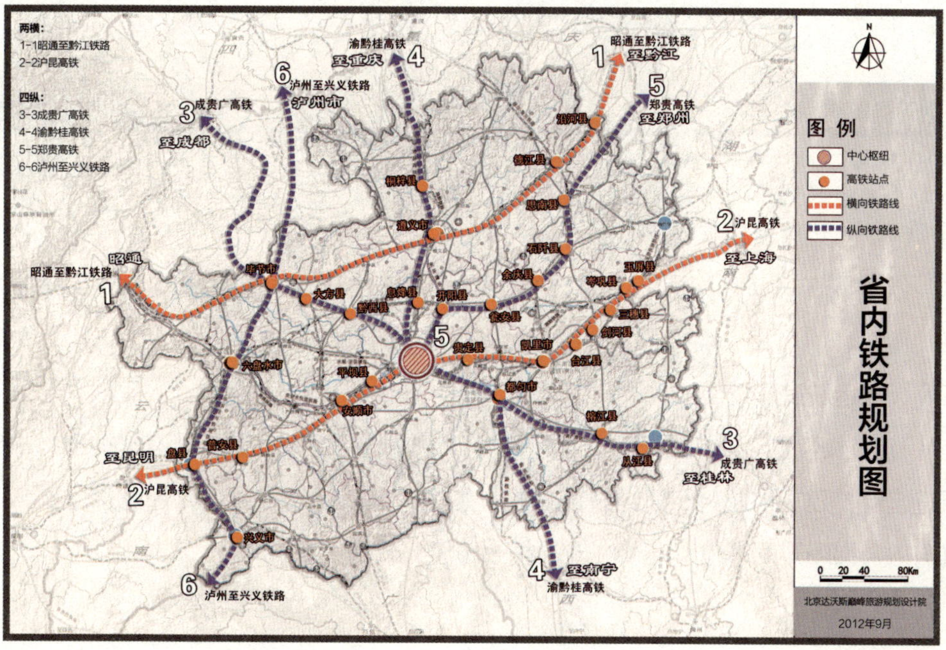

（3）高速公路规划

大力实施“六横七纵八联”高速公路网规划，基本实现县县通高速公路，全省高速公路总里程达到4500公里以上。重点解决通往主要景区景点的“断头路”问题，到2015年建设省级旅游公路（省级高速等级）达到500公里以上；在全省“县县通高速”的基础上，结合乡镇中重点旅游产品开发，优先建设高等级乡村旅游公路。

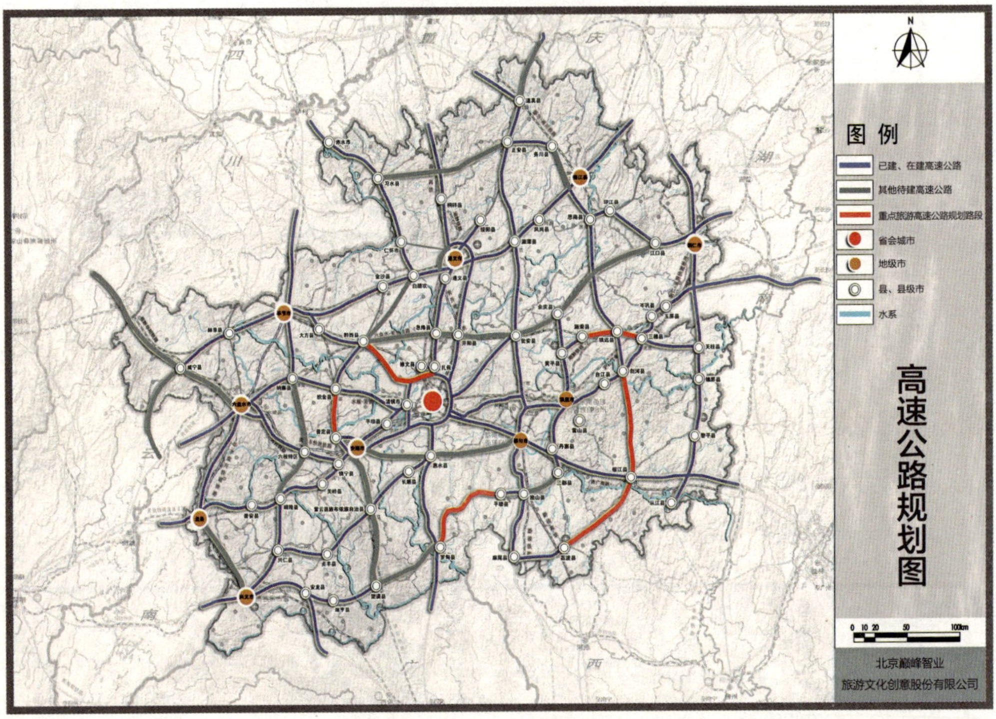

（4）水运旅游规划

以“四江一河，南下北上；五水出境，通江达海”为总体思路（四江指北盘江、乌江、清水江、都柳江，一河指赤水河），加快“南下珠江、北上长江”两条高等级水运航道建设。

建设水运主通道，提升航道等级，提高运输通过能力，完成西南水运出海中线通道航运扩建工程及乌江航运建设工程；加快库区航运工程建设，加快推进都柳江航电结合梯级开发进程；继续实施农村乡镇渡口改造工程。

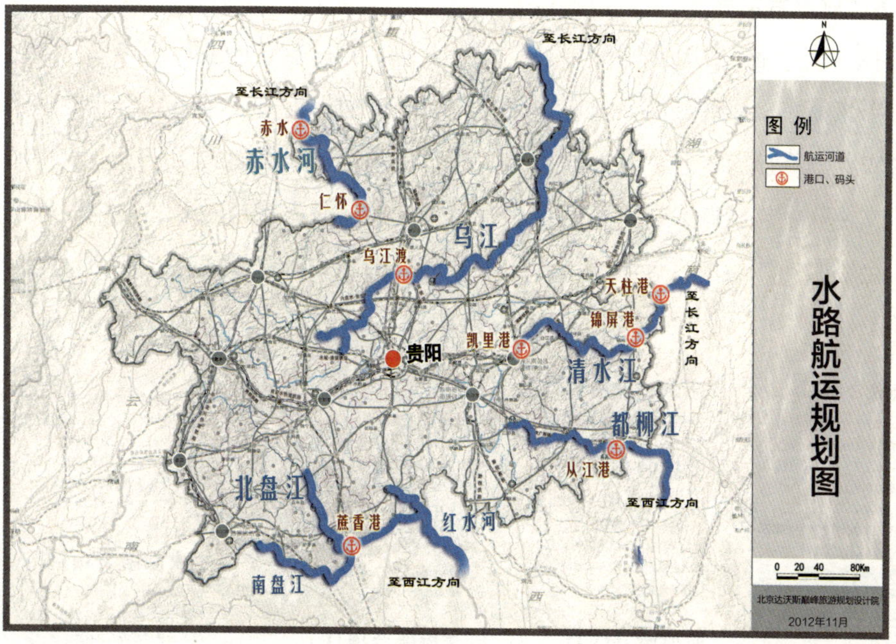

3. 丰富的旅游产品体系

紧紧围绕“国家文化旅游发展创新区”与“山地公园省”的发展定位，深入挖掘整合贵州独特的原生态山地森林资源、原生态民族文化资源、原真性休闲农业与乡村旅游资源以及红色文化、屯堡文化、阳明文化、夜郎文化等地域特色历史文化资源，全面构建六大系列旅游产品。

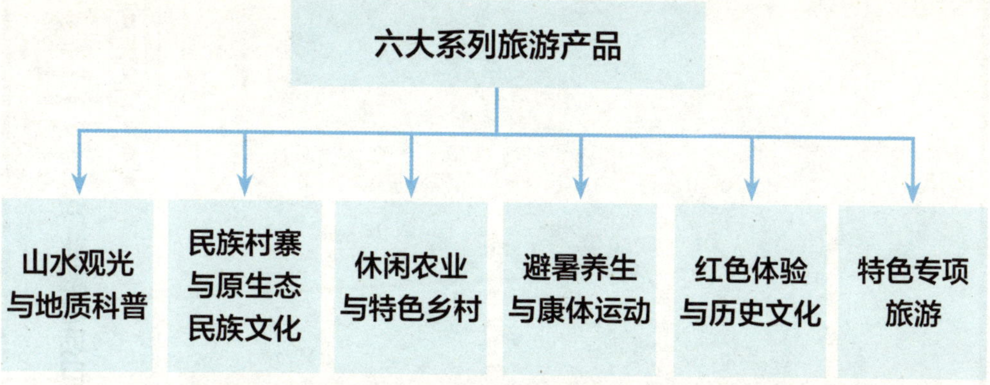

在产品开发过程中，坚持生态保护与旅游利用相结合、传统产品优化与新产品开发相结合的原则，以旅游新需求为引导，实现贵州旅游产品的精品化、主题化、个性化和品牌化。

4. 多产业融合发展

以“大产业、大旅游、全域化”的产业观，打破旅游产业传统边界，深度拓展涉旅要素体系，延伸旅游产业链、拓宽旅游产业面，促进资源整合与产业融合。创新“农业围绕旅游提升、森林联合旅游保育、水体依托旅游做活、工业支撑旅游做强、文化联姻旅游做大、商贸融合旅游延伸、体育融入旅游做旺、航空联盟旅游做精、金融服务旅游增收、城镇结合旅游做靓”的产业融合模式，实现百姓参与旅游受益。

水旅融合项目

1 贵州高原千岛湖休闲度假园区
2 飞龙湖养生休闲度假旅游区
3 花江（北盘江）大峡谷旅游区
4 三板溪湖旅游度假区
5 乌江百里画廊
6 开阳开州湖高原湖泊旅游度假区
7 麻阳河生态文化旅游区
8 百里锦江综合旅游度假区
9 舞阳湖旅游度假区
10 望谟双江口滨湖休闲度假区

体旅融合项目

1 国家山地户外运动基地
2 㵲阳江湖户外运动度假区
3 清镇滨水运动休闲度假区
4 中铁旅游休闲度假区
5 金阳十二滩文化体育公园
6 兴仁放马坪高原生态旅游区

商旅融合项目

1 松桃苗绣特色旅游商品文化园

工旅融合项目

1 射电镜及世界最大天坑群旅游区
2 茅台国酒文化旅游区
3 小河工业文化旅游创新示范区
4 六盘水市工业旅游试验区
5 牙舟陶文化产业园

航旅融合项目

1 雷公山支线机场

林旅融合项目

1 玉舍亚高原生态旅游度假区
2 百里杜鹃国家生态旅游示范区
3 长坡岭－白金新城旅游综合価
4 紫林山国家森林公园
5 修文森林休闲度假区
6 清镇红枫湖国家级生态湿地公园
7 南明小车河湿地公园
8 凤凰山国家森林公园
9 赫章国家森公园
10 仙人桥森林公园
11 南宫国家级森林公园
12 将军山度假狩猎旅游区
13 斗篷山旅游度假区
14 朱家山生态文化旅游度假区
15 晴隆森林公园

文旅融合项目

1 镇远古城文化旅游综合体
2 贵州民族民间生态文化创意旅游产业园
3 乌当水田国际文化创意产业园
4 世界仡佬文化体验旅游区
5 大方慕俄格古彝文化旅游区
6 世界傩都文化旅游区
7 雷山文化旅游产业园
8 灵山文化旅游产业园
9 三星岩文化产业园
10 施洞原生态苗族文化产业园
11 中华水族文化生态体验度假区
12 枫香文化旅游产业园
13 西秀文化产业示范园
14 中国箫笛文化产业聚集区
15 吴王洞影视文化产业园

农旅融合项目

1 贵州省乡村旅游示范基地
2 中国茶海生态文化国际休闲养生度假区
3 云林仙境养生休闲旅游度假区
4 麻江蓝莓养生旅游区
5 乌当“泉城五韵”精品乡村旅游度假区
6 梭嘎民族生态文化旅游创新区
7 山里江南生态旅游走廊
8 赫章县乡村旅游度假区
9 金色乡村旅游度假区
10 亮江河生态旅游综合开发
11 铁溪乡村旅游度假村
12 大山沟生态休闲走廊

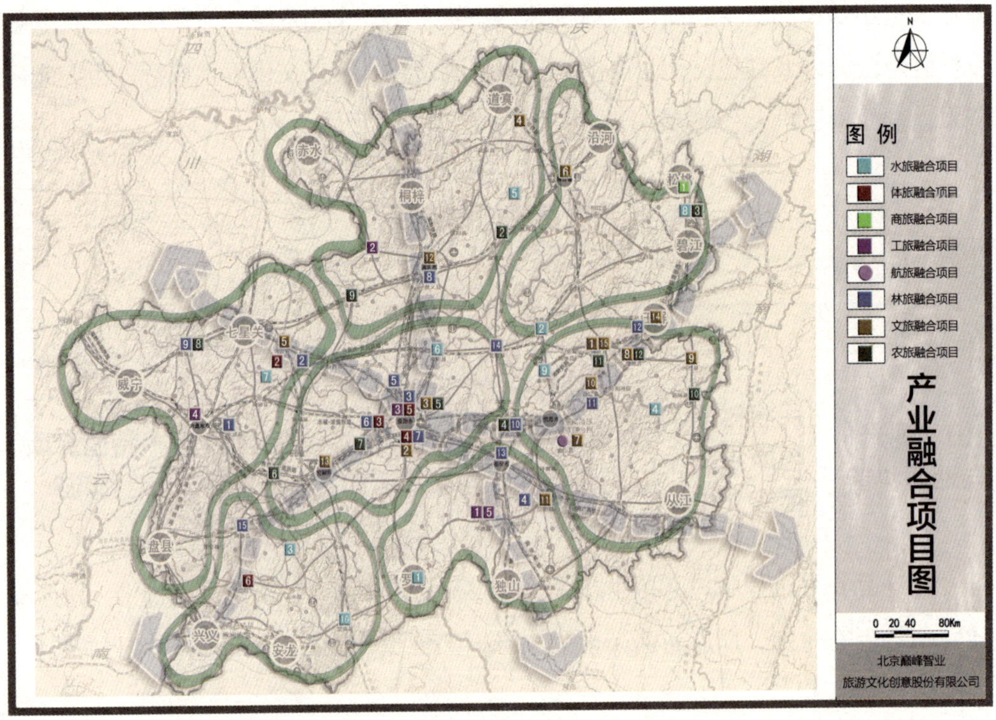

5. 全方位的营销策略

以国际影响提升国内关注、以稀缺资源提升周边资源、以高端市场带动中低市场、以信息网络渗透终端消费，从整合营销、品牌营销、主题产品营销、细分市场营销、传播营销、节事节庆营销、文化艺术营销等多方面整体构建贵州旅游市场营销体系。

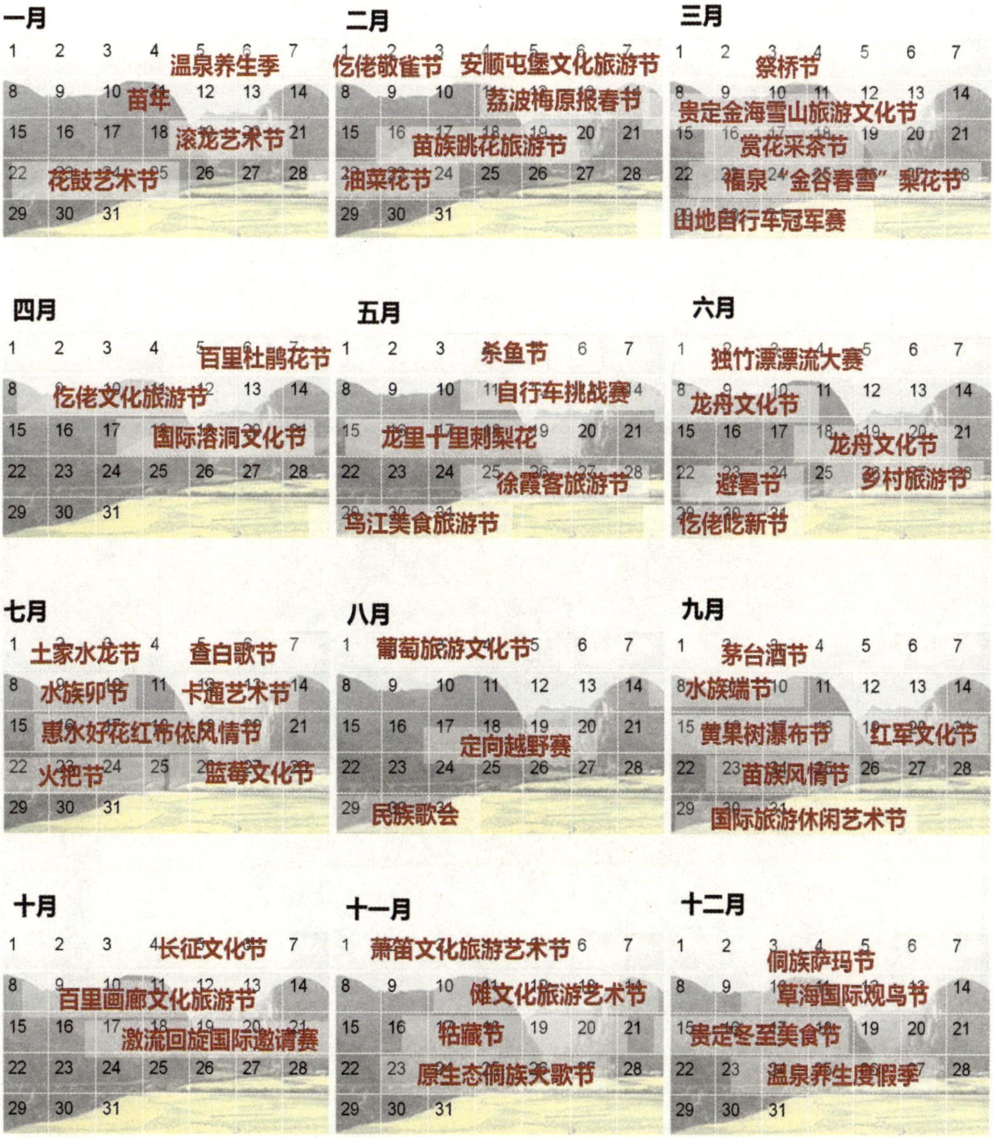

6. 全方位的营销策略

构建完善的旅游基础设施和旅游服务体系，保障和支撑贵州省旅游业转型升级。以发展全域旅游和建立“快旅慢游”体系为导向，加快构建具有山地特色的旅游公共服务体系，提高服务水平，优化旅游业发展的支撑条件。

（1）旅游集散中心

一级集散中心：贵阳市。

二级集散中心：遵义、安顺、凯里/都匀、碧江。

三级集散中心：赤水、桐梓、道真、沿河、松桃、玉屏（大龙）、从江（洛香）、独山（麻尾）、罗甸、安龙（巧马）、兴义、盘县、威宁、七星关。

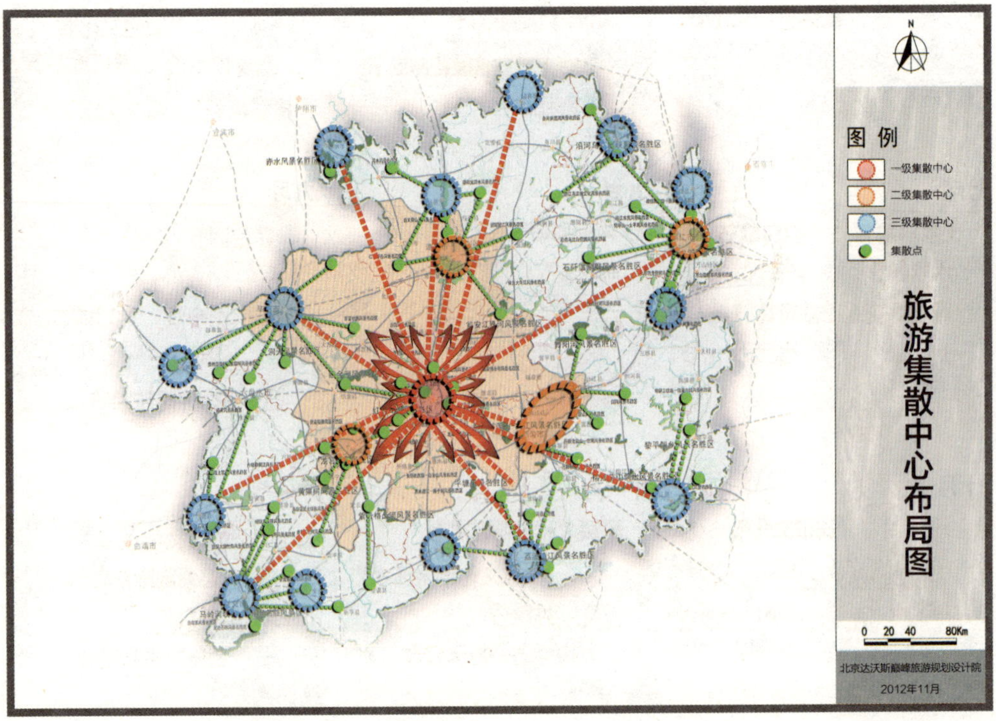

（2）旅游小镇和特色旅游村寨

构建布局合理、功能完善、特色鲜明、类型各异、错位发展的贵州旅游城镇体系，形成以省域旅游中心城市和区域旅游中心城市为依托，以旅游节点县市为重点，以旅游小镇为基础的城镇体系，使城镇成为旅游产业发展的重要载体。

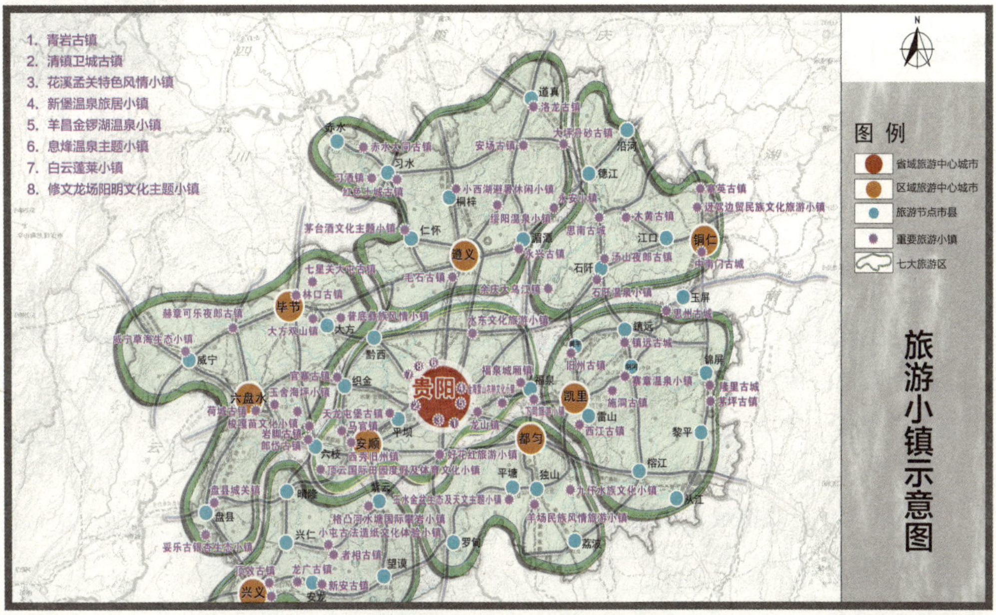

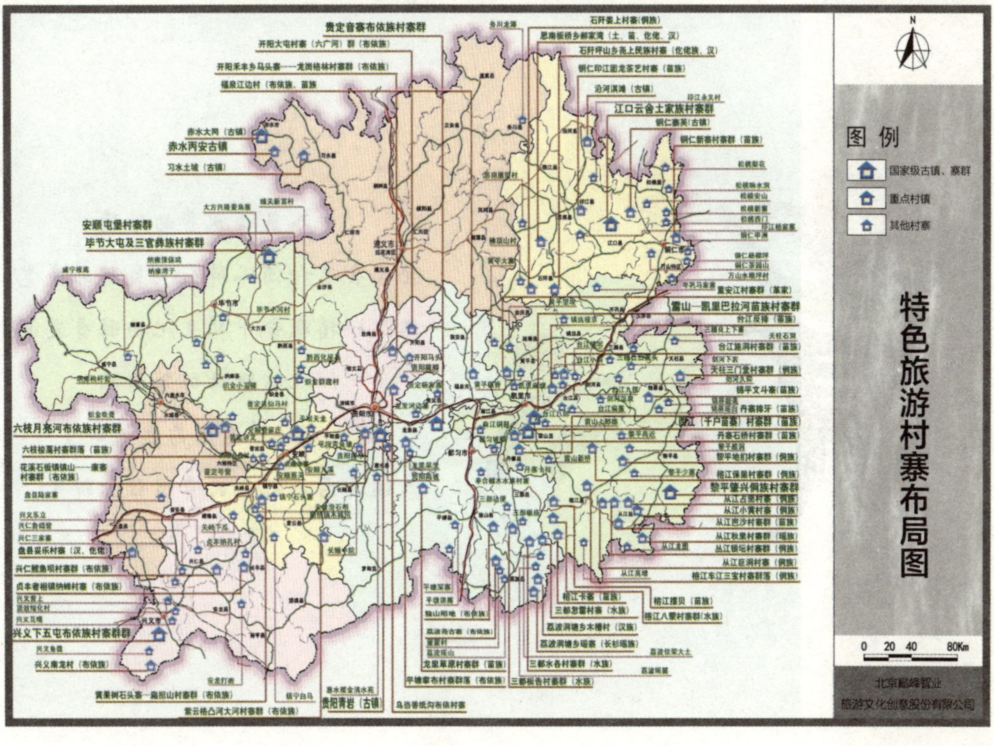

（六）全域旅游观点

高俊辉 | 巅峰智业区域旅游规划中心主任
《贵州省生态文化旅游产业发展规划》项目经理

全域旅游是一种理念，一个机遇，一种趋势，更是一项系统性工作。全域旅游将成为各级政府谋划产业统筹、城乡统筹以及民生惠及等课题中绕不开的思考点。

在省级层面，全域旅游更多的是一种理念。我国早在2010年就提出海南省“国际旅游岛”的定位，并开展了“多规合一”的规划工作。许多地区已经尝到旅游业发展带来的“甜头”，如贵州省提出“公园省”概念，云南省将旅游定位为“强省”产业，福建省提出“清新福建”等。全域旅游对少数民族地区脱贫致富、全省品牌形象提升、产业带动效益发挥等都起到了良好作用，实现了以旅游穿针引线的联动功能与全域化渗透作用。

三、海南省旅游发展总体规划（2015—2030年）
——国家战略引领的全域旅游创建省

随着“生态文明、美丽中国”成为国家新的发展目标，结合一带一路、海洋战略、国际旅游岛等国家战略，针对国际旅游岛建设的成效和差距，提升全省旅游产业核心竞争力，创建全域旅游示范省成为海南旅游发展的头等大事。

（一）项目概况

海南省位于中国南端，是中国唯一的热带海岛，拥有山海兼备的自然资源、古今中外结合的人文资源，是我国旅游发展的重要桥头堡和风向标。国家旅游局确定将其作为首个全域旅游创建省，为全国探索经验、做出示范。

（二）规划成效

统一思想、统一认识，围绕建设“国际旅游岛”的总体目标，明确以“中国旅游业改革创新试验区”和“全域旅游示范省”两大抓手，全面支撑建设国际旅游岛升级版。

（三）总体思路

围绕 1 个目标：实现百姓受益，市场叫好，政府满意，建成真正意义上的 **国际旅游岛**

明确 2 大抓手：中国的旅游特区 + 全域旅游示范省

主抓海南省旅游4大路径

扩空间	强吸引	提品质	促融合
陆海并进、统筹发展	**构建“5+6”产品吸引**	**优化提升公共服务体系**	**构建泛旅游产业体系**
两核+六组团+九节点	五个国际品牌产品	四级交通+三类设施	升级“7+7”要素
	六类专项旅游产品	两类服务中心+一个智慧目标	联动“4+5”关联产业

落实4项保障：营销跟进+环境保护+规划保障+分期行动计划

（四）核心创意

针对海南旅游四大问题，创新实施“十全”发展战略

整体规模不大 + 产品结构不优 + 服务品质不佳 + 产业富民不够

整体规模不大	产品结构不优	服务品质不佳	产业富民不够
全空间联动	全要素体验	全过程服务	全产业融合
全景观构建	全时空吸引	全社会参与	全游客共享
	全媒体营销	全部门协作	

构建世界一流的海岛休闲度假旅游目的地

（五）实施路径

1. 扩空间

创新采用“星月联动”和“陆海并进”空间发展模式，着力打造“两核、六组团、九节点”旅游空间格局。两核是指海口旅游中心城市核、三亚休闲度假吸引核；六组团是指北部休闲旅游组团、南部度假旅游组团、中部雨林旅游组团、东部康养旅游组团、西部山海旅游组团、三沙海洋旅游组团；九节点是指文昌航天主题旅游、琼海会展和医疗旅游、万宁海洋运动旅游、陵水滨海旅游、乐东山海互动旅游、儋州火山海岸-古盐田旅游、国家公园旅游、昌化江出海口旅游、西沙群岛旅游九个优先发展节点。

2. 强吸引

紧抓“21世纪海上丝绸之路”建设机遇，针对海南省旅游产品吸引力不足、旅游发展空间失衡、地产过重等现实问题，结合持续增长的度假市场规模和消费升级，推进海南旅游从原有的滨海旅游“一张王牌”向“五大国际品牌+六大专项旅游”产品体系拓展升级。

“五大国际品牌+六大专项旅游”产品体系相互耦合支撑，将形成国际级旅游产品吸引力，延长游客停留时间，不断孕育旅游新业态，提升旅游产业价值，支撑国际旅游岛升级版建设。

海南省旅游产品谱系图

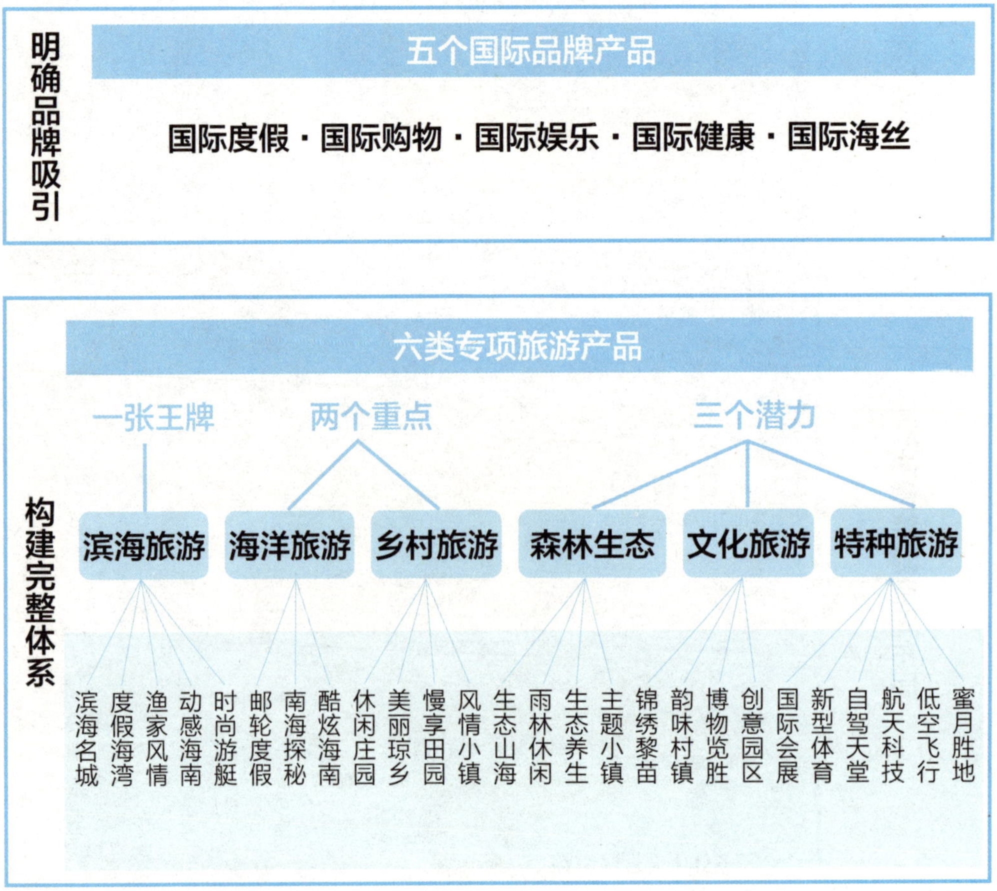

3. 提品质

按照“全省一盘棋”思路，对接海南省路网、电网、气网、水网、光网等“五网”发展，加快推进全省旅游公共服务体系建设，实施“4321”方案，构建四级交通无障碍系统、完善三类服务设施、布局两类服务中心、实现一个智慧目标。在充分考虑环境敏感区、生态红线的前提下，为广大旅游者提供体系完备、规范标准、优质高效、安全舒适的旅游公共服务，全面提升海南旅游国际竞争力，奠定其建设国际旅游岛的重要基础。

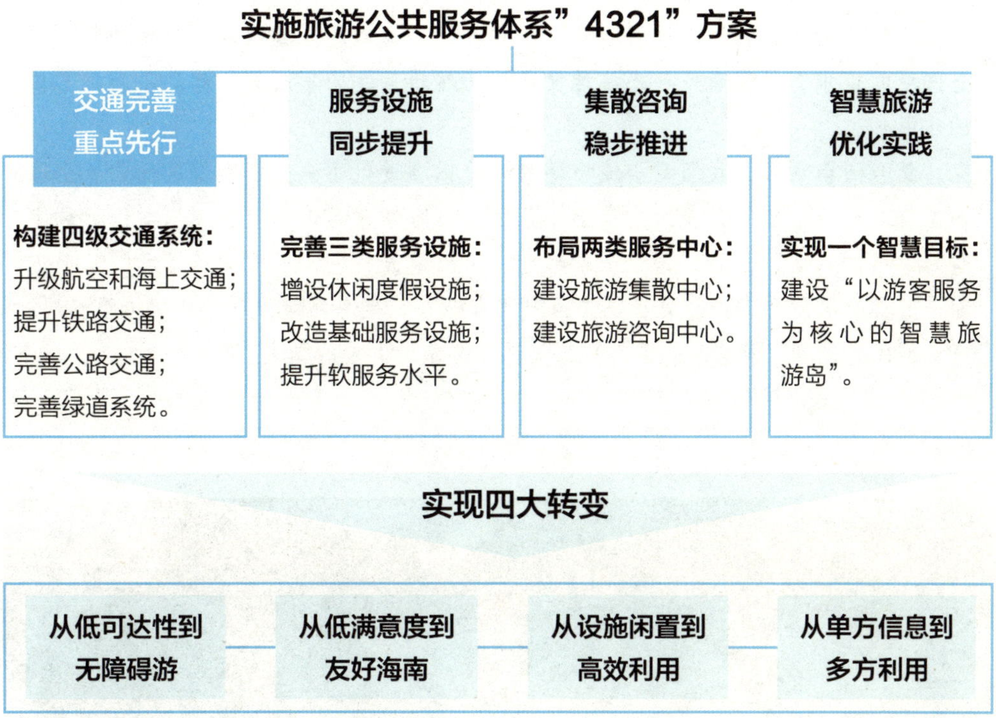

4. 促融合

以打造国际旅游岛升级版为目标，按照“巩固基础、提升核心、培育战略、融合外围”的思路，提档升级“吃、厕、住、行、游、购、娱”七个旅游基本要素，重点拓展“文、商、养、学、闲、情、奇”七个旅游延伸要素。充分发挥旅游产业的主导作用，培育具有海南特色的健康产业、文化体育产业、海洋产业、教育产业、金融业五大核心关联产业，促进信息化、城镇化、农业现代化、新型工业化同步发展，引领各行各业围绕旅游产业来规划、布局、配套，构建泛旅游产业体系。

（六）全域旅游观点

刘馥馨 | 巅峰智业创新研究院院长
《海南省旅游发展总体规划》项目经理

全域旅游示范区的提出，是基于社会经济发展阶段的需要，基于市场需求多元化的挑战，基于旅游综合管理执法的困境，是对中国优秀旅游城市、中国国际特色旅游目的地等创建工作经验的延续和升级。海南的全域旅游顺应了国际旅游岛发展的需求，是海南多年来旅游发展的必然趋势，国家政策则起到了助推发展的作用。

结合海南项目，我们对全域旅游的评价标准进行了一次创新性的探索。全域旅游要有标准，但不代表所有市县一条线、一刀切，各地一定要走出对统计数字盲目崇拜的误区，围绕“基于国家标准，突出地方特色，引领示范带动”三个方面来开展全域旅游工作，更多关注区域实力提升、生态环境改善、文化传承利用、产业富民惠民等旅游综合效益，真正实现全域旅游发展的初衷。

四、江西省旅游发展总体规划修编
——建设生态引领的全域旅游目的地

为了推进江西旅游强省建设，指导旅游业的可持续发展，促进产业结构优化升级，带动全省第三产业及社会经济各项事业健康发展，特编制本规划。按照全域旅游理念，提出旅游业发展目标，优化旅游业发展的要素结构与空间布局，安排旅游业发展优先项目，促进江西省全域旅游健康发展。

（一）项目概况

江西，简称“赣”，别称赣鄱大地，是江南“鱼米之乡”。气候温暖，雨量充沛，拥有众多世界遗产和风景名胜区，旅游资源极其丰富，是国家开展全域旅游的重要示范区。

（二）规划成效

推进江西旅游高速、持续、健康发展，促进江西旅游强省战略的建设与世界著名生态旅游目的地的打造。

（三）总体思路

推进品牌建设，突出融合发展，全面提升国际化旅游环境和管理水平，建设多功能、综合型、高品质的世界著名生态旅游目的地。

聚焦三大优势：生态优势　文化优势　区位优势

把握五大机会：政策机会　市场机会　交通机会　竞合机会　国际机会

突破四大瓶颈：产品不精　业态不断　区域失衡　保障乏力

主推一个总品牌：江西风景独好

明确一大目标：世界著名生态旅游目的地

落实四大跨越：

产品创新	产业融合	区域发展	服务保障
十全十美	三产联动	统筹协调	软硬兼施
十张旅游名片	产业融合 要素优化 集群培育 主体培育	空间重构 市域发展	公共服务 软服务 品牌营销 机制创新

（四）核心创意

立足“三大”目标，实施“五大”战略

世界著名生态旅游目的地

内涵：	自然风景精华地	赣派文化体验地	生态度假乐享地
目标：	美丽中国样板区	文化休闲创新区	生态度假示范区

战略：空间全域统筹　十大龙头带动　产品全域创新　产业全链条融合　交通立体联动

1. 空间全域统筹

构建布局合理、功能完善、集散顺畅、特色鲜明的旅游城市格局，形成“一核心、四门户、九节点”的空间格局，作为江西旅游业发展重要载体及框架支撑。

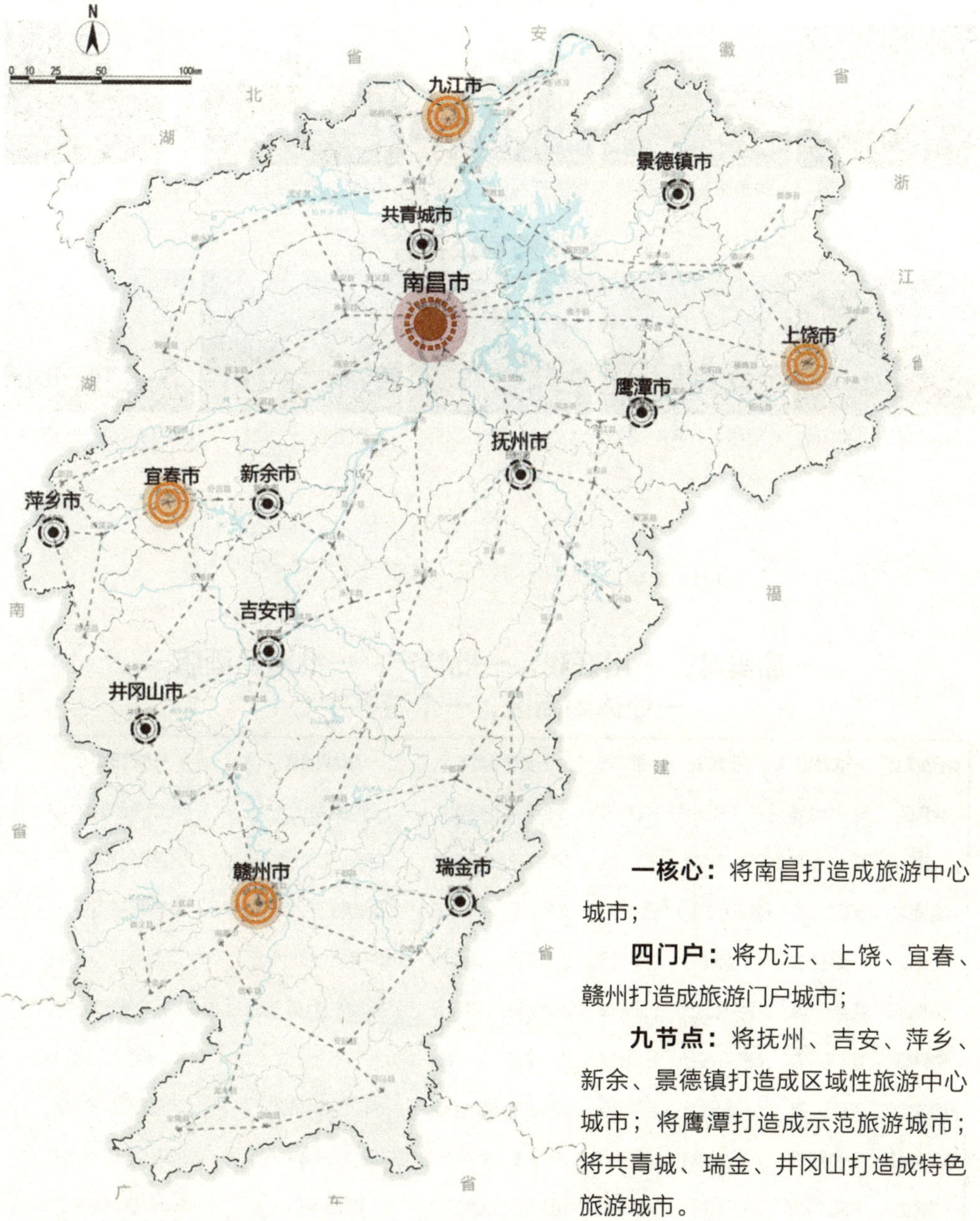

一核心：将南昌打造成旅游中心城市；

四门户：将九江、上饶、宜春、赣州打造成旅游门户城市；

九节点：将抚州、吉安、萍乡、新余、景德镇打造成区域性旅游中心城市；将鹰潭打造成示范旅游城市；将共青城、瑞金、井冈山打造成特色旅游城市。

2. 十大龙头带动

对应市场需求，实施“十全十美”战略，锻造江西旅游十张名片，建设复合型旅游目的地。

五张世界级名片

天下奇秀——庐山

中国原乡——婺源

世界瓷都——景德镇

中华仙山——三清山

中华道源——龙虎山

五张国家级名片

革命摇篮——井冈山

宋明原乡——庐-临文化带

客家摇篮—赣南客家风情带

云天胜境——武功山

英雄都会——南昌

依托复合旅游区的核心景区或中心城市，落实“六个一”工程：

一席美味，一出好戏，一批特产，一批精品酒店，一处休闲街区，一个游客中心

复合旅游区	一席美味	一出好戏	一批特产	一批精品酒店	一处休闲街区	一个游客中心
大庐山	浔阳全鱼宴	《浔阳千古情》	三石一茶	历史遗产、滨湖度假	庐山牯岭街	庐山风景区游客中心
婺源	婺源老家宴	《梦里老家》	三雕四宝	乡野民宿、文化创意	婺源朱子步行街	江湾景区游客中心
景德镇	景瓷艺术宴	《梦里青花瓷》	四大名瓷	文化艺术、都市休闲	景德镇陶瓷艺术街区	古窑景区游客中心
三清山	三清至尊宴	《三清大典》	三清三宝	道教主题、山地度假	上饶特色文化旅游街区	三清山风景区游客中心
龙虎山	龙虎天师宴	《寻梦龙虎山》	天师四喜	山地度假、野奢度假	江西省雕刻创业示范街	龙虎山风景区游客中心
客家摇篮	赣南客家宴	《客家神韵》	赣南鲜果	历史建筑、乡野民宿		客家风情博览区游客中心
庐陵文化区	庐陵士人宴	《庐陵记忆》	吉祥四宝	文化主题、商务会议	庐陵文化风情街	庐陵文化游客中心
临川文化区	临川才子宴	《临川四梦》	才子七具	文化主题、商务会议	临川风情文化休闲街区	临川文化博览区游客中心
井冈山	井冈红军宴	《井冈山》	天街万物	红色主题、山地度假	井冈山天街	井冈山风景区游客中心
大武功山	武功养生宴	《明月几时有》	养生五绝	温泉度假、山地民宿	宜春禅韵文化节街	武功山（明月山）景区游客中心
南昌	洪都英雄宴	《神奇赣都》	豫章九品	文化创意、山地度假	绳金塔食全食美街区	滕王阁—梅岭风景区游客中心

3. 产品全域创新

以推进5A级景区、国家级、省级度假区创建为抓手，创新试验八大国家级旅游园区，以特色化、生态化、产业化发展为引领，通过政策倾斜、产业指引，形成一批具有全国示范意义的旅游综合改革创新实验区。

5A景区	共和国摇篮景区、明月山景区、庐山西海、大觉山、仙女湖、龟峰、三百山、三爪仑、滕王阁、武功山、篁岭、赣州客家围屋群、庐陵文化古村群
度假区	**国家级旅游度假区：** 婺源国家乡村旅游度假实验区、大武功山国家旅游度假区、庐山西海国家旅游度假区、湾里梅岭等 **省级度假区建设名单：** 庐山仰天坪、碧玉湾度假区、三清湖、九寨温泉、南迳温泉、三百山等 **特色主题度假区建设名单：** 梅岭中华健康谷、中国养生硒谷、潭湖生态养生岛、汤里温泉养老度假区、中国禅都禅文化旅游度假区等
旅游产业园区	长江国际旅游港、国际旅游自由购物区、国家休闲区、国家乡村公园、国家养老基地、国家健康养生基地、国家户外运动基地、国家汽车露营基地

4. 产业全链条融合

培育产业主体。明确旅游业在经济发展中的作用，完善旅游要素，加大供给侧结构改革，提升旅游产业整体竞争力。

促进产业融合。依托新兴业态引领旅游产业集聚发展，着力提高其他产业与旅游业的关联程度，最大限度地拉动相关产业的发展。

发展产业集群。以“一核三片八圈”生产力格局为基础，企业引领、重点项目支撑，在现有基础上升级产业，形成集群效应。

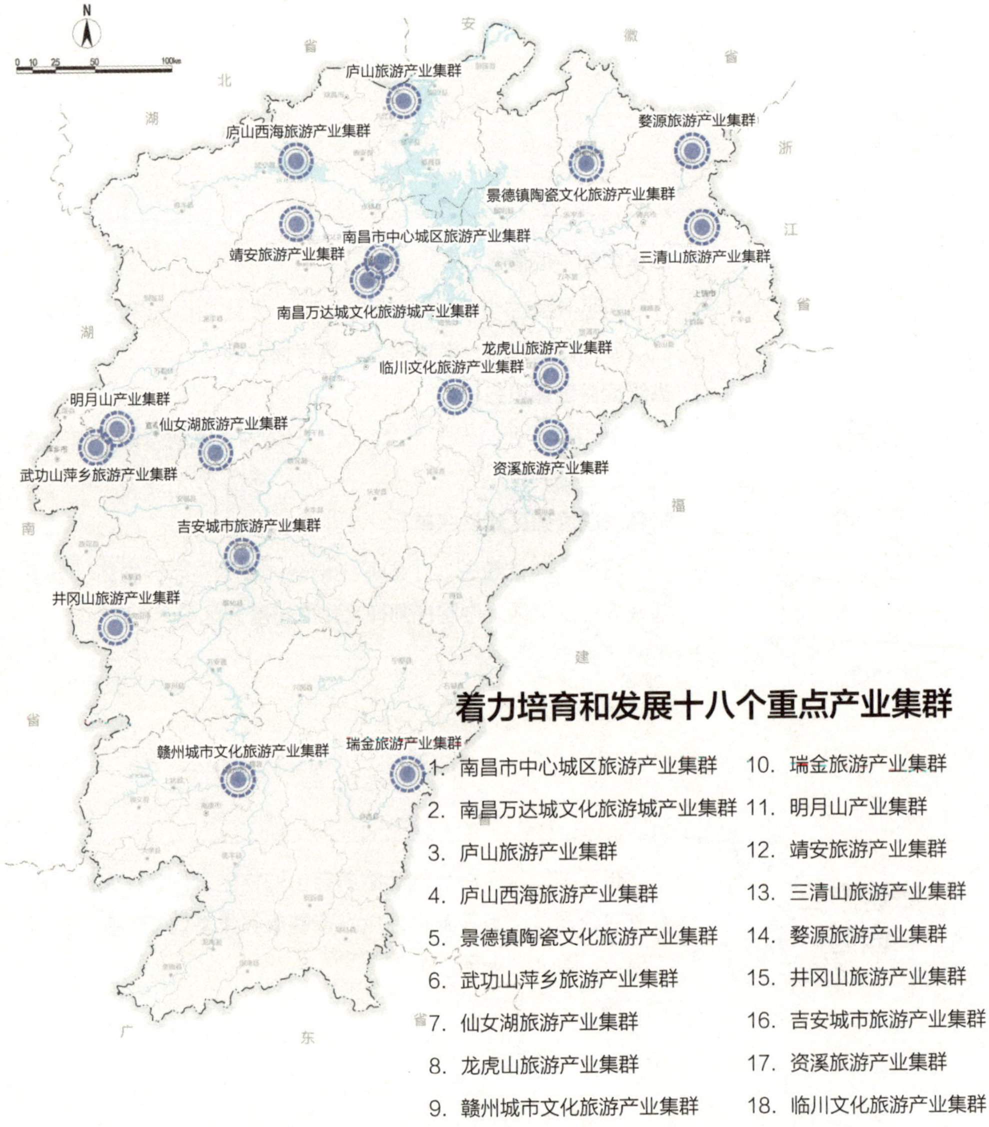

5. 交通立体联动

优化航空、高铁、水路、自驾四大领域，共同打造江西省全域立体化交通联动的大格局。通过各类型风情线路的打造，全域共建水陆空联动的旅游交通。

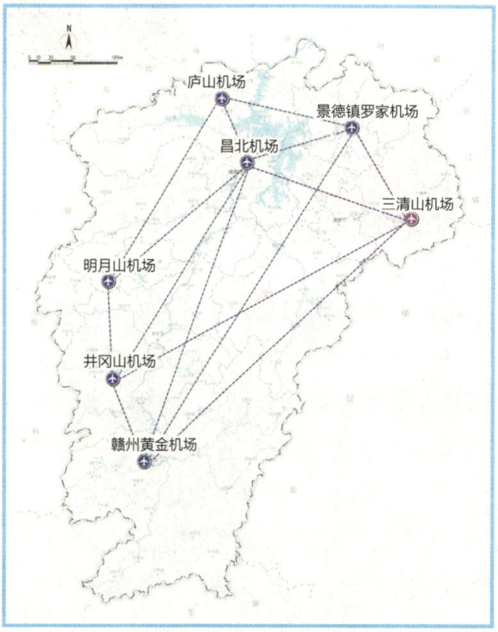

最美低空风景道

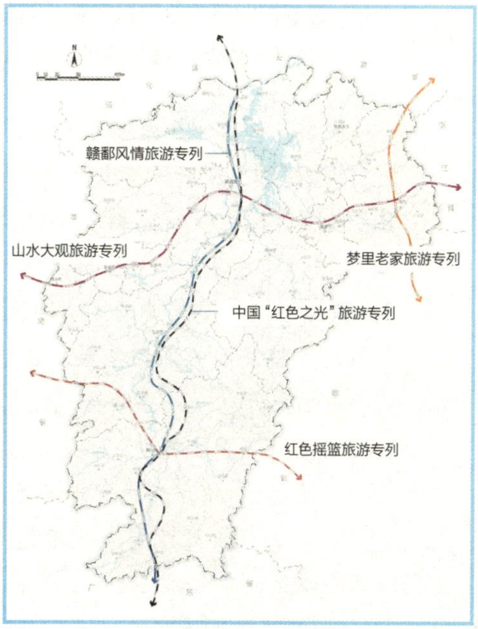

最美风情专列

最美水路风景道

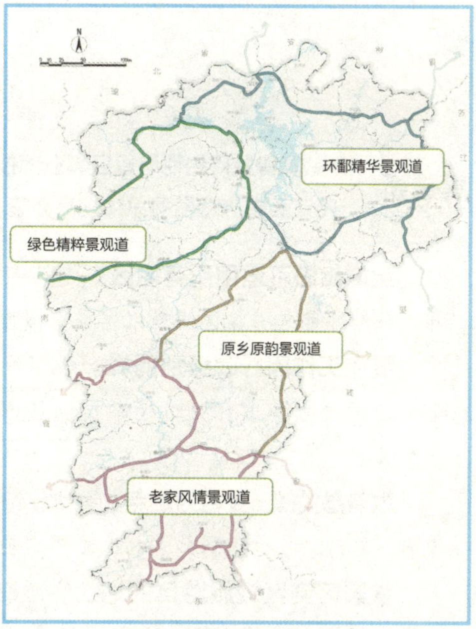

最美陆路风景道

（五）全域旅游观点

杜学 | **巅峰智业目的地与景区事业部总经理**
《江西省旅游发展总体规划修编》项目组长

全域旅游是将区域整体作为旅游目的地发展的新理念和新模式。

1. 创建基础：区域具有个性鲜明的特色资源，且以旅游业为优势产业。

2. 发展目标：实现旅游业全域共建（景区内外城市乡村）、全域共融（产业）、全域共享（设施和服务主客共享）的旅游目的地。

3. 重点工作：按照《国家全域旅游示范区创建的验收标准》，评估各地创建条件，针对各地发展的现实差异，各地的重点工作安排也不尽相同，但主要围绕以下四个方面展开：一是要素全域化，即拆除景区景点的“围墙”，破除行业行政壁垒，实现旅游要素全域化发展；二是产业全域化，即实现从封闭的旅游自循环向开放的“旅游+”融合发展方式转变；三是空间全域化，即推进以旅游规划为主导的多规合一、旅游产业引领城市格局，实现景城一体、互联互通、主客共享；四是管理全域化，即全部门参与，齐抓共管，全民参与，共建共享。

高雪娇 | **巅峰智业目的地与景区事业部技术总监**
《江西省旅游发展总体规划修编》项目经理

全域旅游不适用所有地区。尤其在旅游资源匮乏、拥有其他成熟产业、地广人稀、自然环境恶劣等区域难以发展全域旅游。各地政府要理性判断，避免跟风。

重点工作因行政级别而异。省市级层面侧重于政府体制机制创新、政策扶持、全域空间规划和出台战略性举措。县（市、区）、镇级别是全域旅游操作落地的最佳载体。

政府是关键，乡村为难点。全域旅游关键在于政府引导、部门协调、体制创新，规模大、基础差、意识弱的乡村，需重点投入智力、财力、人力、物力提升建设。

从景区到区域旅游目的地。在强化景区、打破“围墙”的基础上，带动周边开发度假区、休闲小镇、主题乡村等，实现单一景区向复合型目的地升级。

五、大连市旅游沿海经济圈产业发展规划
——最早提出“全域旅游”战略与举措

2009年大连市提出了“全域城市化”战略。当时以传统工业化带动城市发展的模式已不能满足大连新时期的发展需要，大力发展现代服务业是实现城市崛起、推进城市化进程的必然选择。旅游业作为无烟、低碳产业，是现代服务业中拉动能力最强的产业，发展全域旅游将有效促进全域城市化战略的实施。全域旅游要与全域城市化进程有机结合，相互促进，使大连城市更具特色和魅力。

（一）项目概况

“辽宁沿海经济带”上升为国家战略，大连作为“东北亚国际航运中心、东北亚国际物流中心和区域性金融中心”，是区域经济发展的核心和龙头。编制《大连市旅游沿海经济圈产业发展规划》，落实大连旅游产业发展与国家战略的对接，加快旅游业的国际化进程，增强旅游对区域经济的拉动力和辐射力，引导大连进入目的地旅游时代。

（二）规划成效

“十二五”期间，大连作为我国著名的旅游城市，在新机遇面前，创新性地提出了“全域旅游”的规划理念，打破行政界线的框定，将1.38 万平方千米的土地作为发展整体进行规划建设，建立起城乡一体、覆盖全域的旅游交通、基础设施和服务体系。

（三）总体思路

依托航空港、邮轮港两港的旅游功能建设，带动全域“五中心”建设，将大连建设成为东北亚旅游的门户区和集散区，形成面向东北亚、辐射东北的游客集散中心和综合服务中心。

大连旅游功能定位：“两港五中心”

东北亚旅游集散地

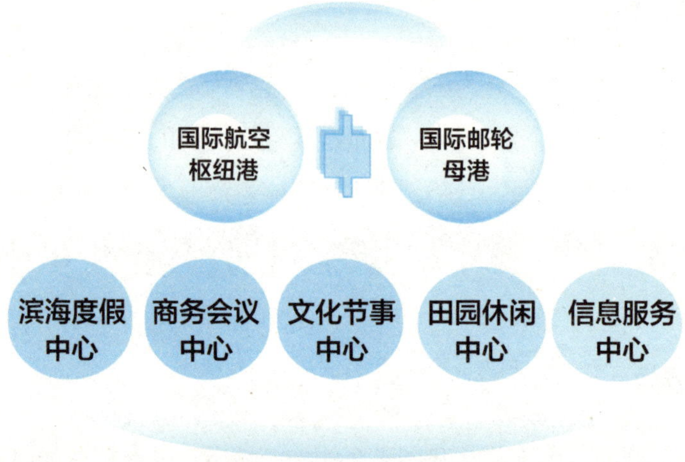

东北亚旅游目的地

一环一群岛，四片十极核

一环作链、十核为钻

海泉联动、全域拓展

（四）核心创意

上山下海，联动全域

温泉走廊、时尚都市、风情海岸、度假群岛，共同构建大连市全域旅游的新时代。

这一覆盖全域的沿海旅游经济圈，向内整合东北旅游资源，向外辐射东北亚旅游市场，真正体现大连在辽宁沿海经济带上的龙头和门户地位。

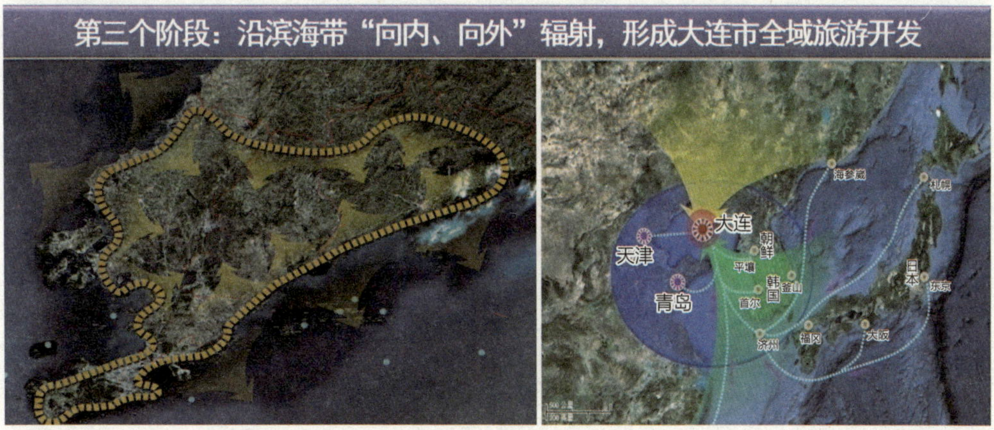

1. 全域空间布局

一环一群岛、四片十极核

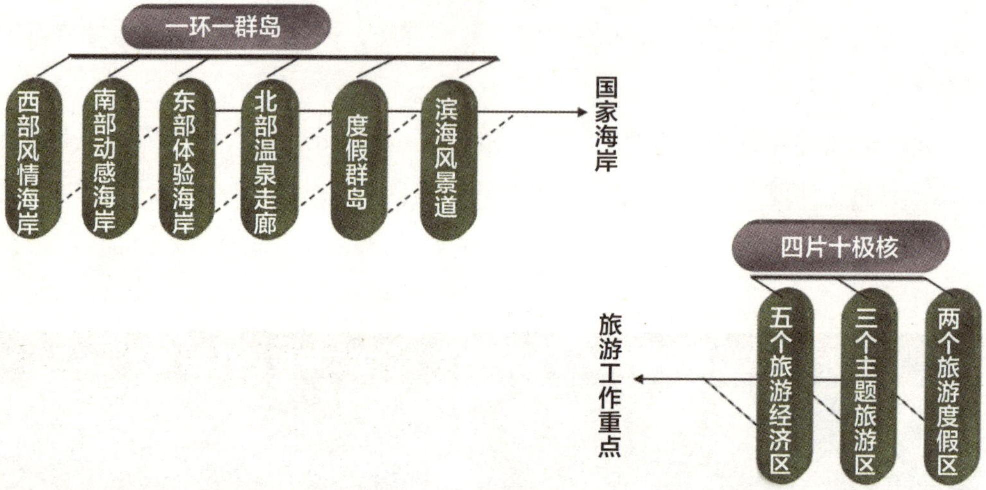

2. 全面项目落地

全面完成蓝色旅游经济圈建设，实现全域旅游发展，把大连建设成为名副其实的世界滨海旅游名城。

“十二五”期间，大连建设：

- 10大旅游经济区
- 10个不同特色度假岛屿
- 10段不同风情主题海岸
- 15家五星级酒店
- 15个投资超过100亿元的旅游项目
- 50个特色休闲农庄
- 50个不同风格的旅游专业村
- 200家星级农家乐

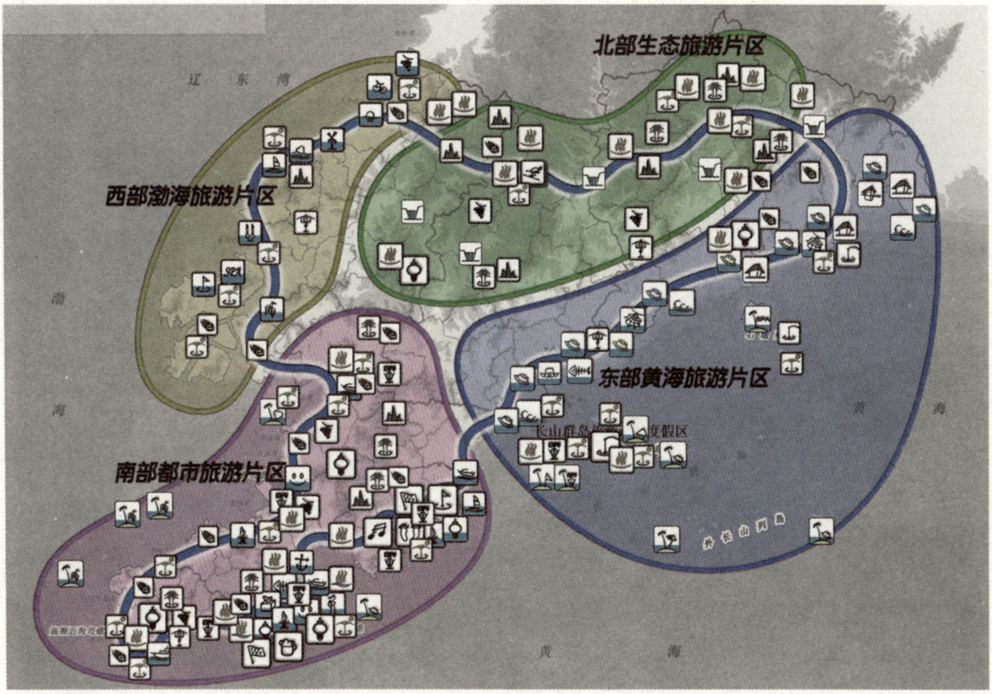

（五）全域旅游观点

胡晓苒 | 巅峰智业区域旅游规划中心副主任
《大连市旅游沿海经济圈产业发展规划》项目经理

全域旅游的核心是通过对资源重新整合，在空间板块上形成不同特色的旅游产品或业态集群，打破都市（或单一景区）旅游一枝独秀的接待格局。

全域旅游的开发要特别注意三点：一是要从区域角度审视旅游城市的功能定位，跳出本地看本地旅游承载的功能和发展方向。只有这样才能够避免内部竞争，一致对外，为全域旅游找到更广阔的市场空间和发展潜力。二是要跳出旅游业看现代服务业的集聚落地。由于旅游业的开发周期长，环境建设要求高，基础设施投入大，因此，从经济建设角度看，旅游业的容量和增量是有限的，要实现地方产业的迅速健康崛起，必须是通过现代服务业的全面建设。三是强调特色组团式的开发。全域旅游不是旅游产品的“遍地开发”，不是旅游功能的重复建设，一定要深入挖掘本地文化产业特色，立足打造区域标识性项目，并通过品牌特色产品的建设，形成特色旅游产业的组团。

摘自《中国旅游报》2010 年12 月8 日和15日第11版

杨增民 | 巅峰智业目的地与景区事业部技术总监
《大连市旅游沿海经济圈产业发展规划》项目副经理

全域旅游是一个区域的旅游产业发展走向成熟的标志，是一种新的生活方式和先进生产力的代表，是将区域整体作为旅游目的地发展的新理念和新模式。

全域旅游发展以区域内经济、政治、文化、社会和生态文明的全方位建设为基础，以优势旅游产业发展为前提，各行业积极融入，各部门齐抓共管，全社会共同参与，通过“五个围绕”（产品围绕旅游造、功能围绕旅游配、产业围绕旅游转、结构围绕旅游调、民生围绕旅游兴），以“四个全域”（要素全域化、产业全域化、空间全域化、管理全域化）建设为抓手，为游客提供全过程、全时空的旅游产品，从而全面满足游客的多样化体验需求，构建城景一体、主客共享的旅游目的地。

六、秦皇岛全域旅游发展规划及五年行动计划
——全域、全景、全空间打造秦皇岛5A旅游城市

产业结构调整和经济发展方式转变，为秦皇岛市旅游产业与其他产业的融合和全域旅游经济带来了巨大的发展契机。秦皇岛市积极以“旅游立市”为出发点，统筹城乡发展，将旅游要素渗透到秦皇岛市的农业、工业和现代服务业中，辐射到由滨海到腹地到山地各板块中，构建全域旅游空间，打造全景化国际滨海旅游名城。

（一）项目概况

秦皇岛位于环渤海经济圈的中心地带，是国内发展旅游较早的滨海城市，具有京津冀旅游圈中的区位优势及独特滨海旅游资源优势，旅游资源具有多样性、集中性、质优性、独有性等特点，适宜发展全域旅游。

（二）规划成效

规划编制时“多规合一”，有效解决了用地等旅游发展的棘手问题。突破了秦皇岛市山地与滨海旅游发展不均衡、行政区联动不足等问题，促进了秦皇岛旅游全域化、全产业化联动发展。

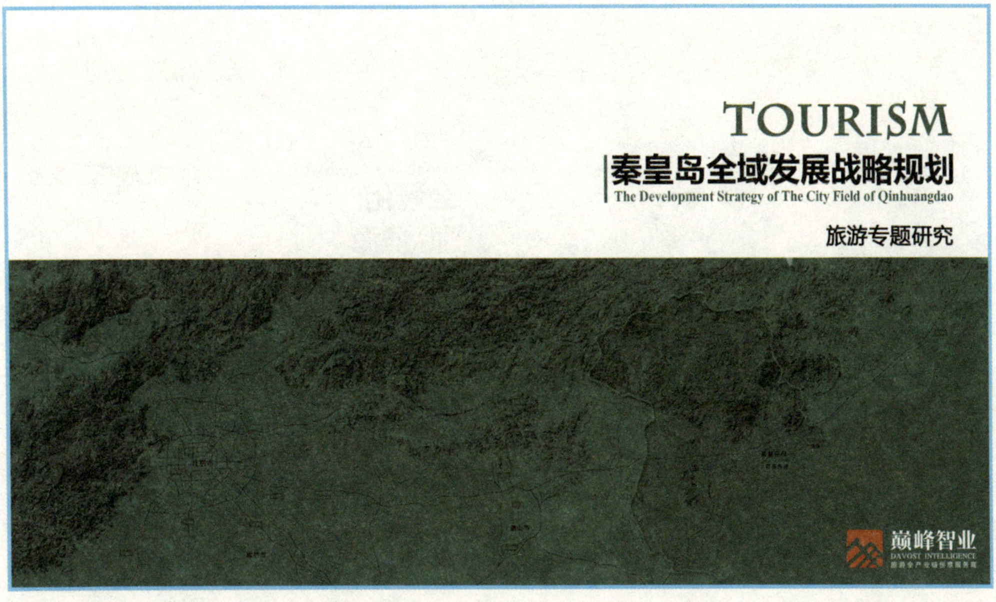

（三）总体思路

“11444”总体思路

旅游新环境下	京津冀一体化进程	产业结构转型升级	入选全国现代服务业和旅游综合改革试点城市	
围绕1个目标	全景化国际滨海旅游名城			
支撑1个定位	国际不老城			
落实4大战略	精品带动	优势聚合	差异定位	服务升级
实施4大路径	游客群体广泛化	旅游活动丰富化	旅游空间全景化	旅游产业综合化
实现4大突破	观光游向深度游转变	旅游业与其他产业深度融合	精品项目打造与产品整合	国际化、网络化服务平台

（四）核心创意

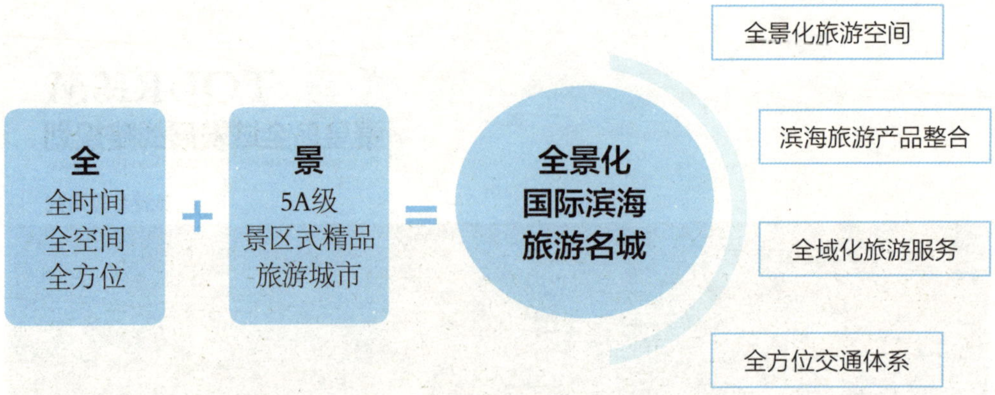

1. 全景化旅游空间

以点带面，打造高品质景区，为开辟全景化旅游空间点亮节点。规划充分利用秦皇岛现有3A级及以上景区，选取其中较为具有开发潜力的旅游资源点进行打造，并结合景区辐射半径综合布局，实施“两个5A提升，五个4A建设”项目，平衡秦皇岛市旅游产业发展格局，加快促进全域化、全景化国际滨海旅游名城建设。

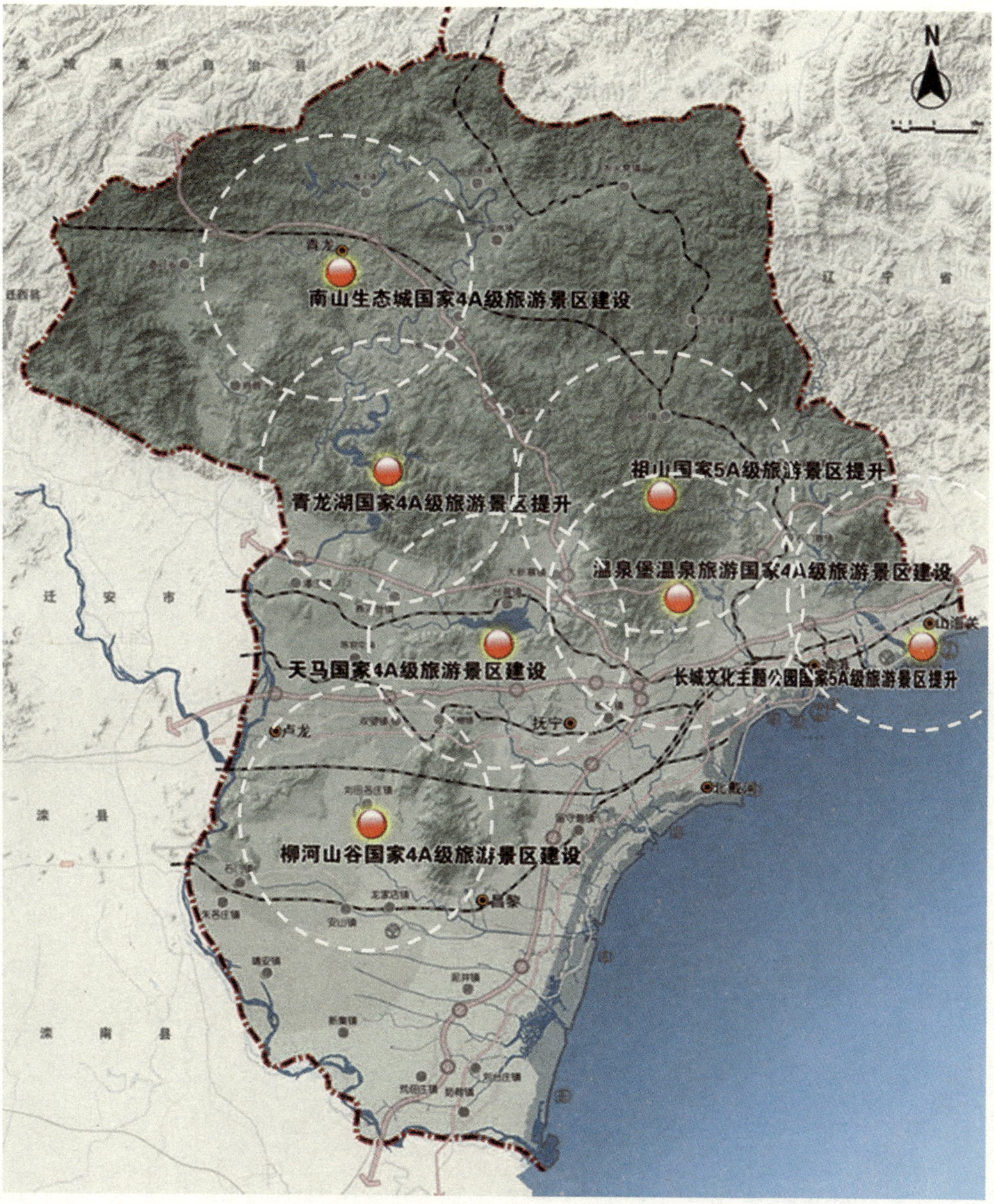

秦皇岛旅游景区提升规划布局图

2. 滨海旅游产品整合

充分放大秦皇岛滨海旅游资源优势，整合区域内优质旅游资源：提升现有滨海度假区品位，强调高质量项目建设；保护生态敏感区和优质海岸线，促进滨海板块旅游业的可持续发展。通过差异化主题定位的形式，明确各片区旅游主题定位，弱化项目的同质化竞争，发挥片区聚合优势，强化核心竞争力，打造“六大主题海岸”品牌。

秦皇岛六大主题海岸规划图

3. 全域化旅游服务

放大“全景化”空间中旅游服务中心的功能。借鉴国外优秀案例，将传统旅游服务中心打造为集面对面旅游咨询服务区、电话咨询服务区、免费旅游资讯区、旅游商品购物区和旅游者休闲区等功能为一体的“秦皇岛之家”，为全市旅游产品提供网络化、信息化的服务平台及良好的宣传推广平台。统筹布局三级旅游中心及旅游服务点，为建设国际滨海旅游名城配备全要素服务体系。

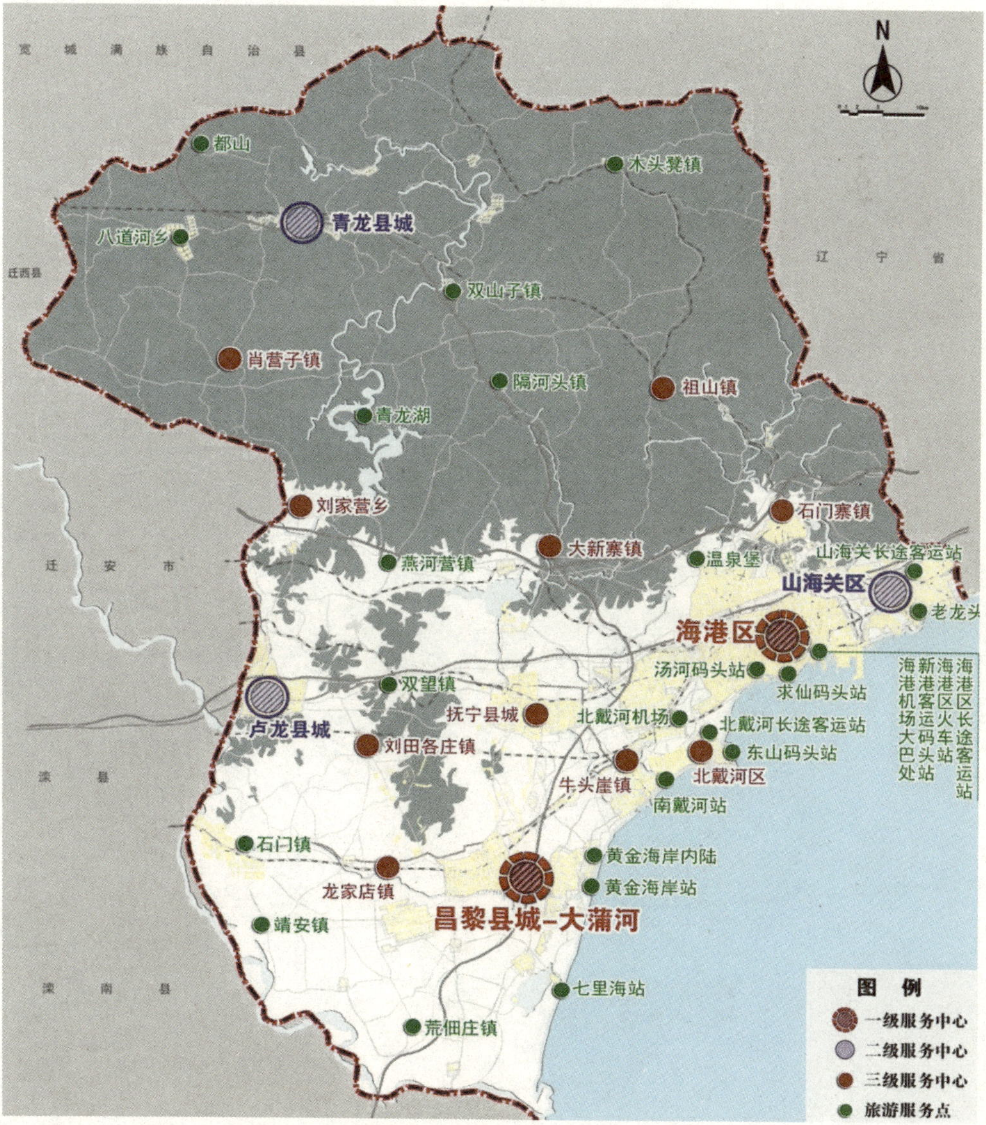

秦皇岛旅游服务中心布局图

4. 全方位交通体系

合理布局阳光巴士线路、自驾车线路、自行车线路及景观线路，串联全市重点景区与旅游服务中心，构筑全方位、立体化的旅游交通体系，形成便捷的无障碍旅游交通网络，有效带动各景区的均衡发展，促进景区之间的互补组合。

秦皇岛旅游交通网络布局图

（五）全域旅游观点

高俊辉　巅峰智业区域旅游规划中心主任
《秦皇岛全域旅游发展规划及五年行动计划》项目经理

做好全域旅游示范区，要抓住三个要点。

第一个要点：“迈步”前先规划，谋划好顶层设计。以规划为第一要务，理清从战略到战术的“一套打法”。做好差异化与全域化的结合发展，整理出哪些工作需要精细化打造，哪些需要全域化推广；做好“上下左右”工作，从规划衔接、各部门上下统一、政-企-民各司其职等方面做好顶层设计。

第二个要点：遵循“四特性”，保障全域旅游全方位“无死角”。贯彻好“系统性、整合性、创新性、主次性”的原则，注意系统工程思维，注意旅游与各产业的相融互助，注意在工作方式、产品开发、体制机制等方面创新，注意突出优势产品和主打品牌。

第三个要点：以创建为起点，绘好更宽广更深远的旅游蓝图。把握“由小及大、高位推进、细抓落实、长远谋划”的思路。从（区）县来抓为起点，树立典型、培育示范、摸索与总结经验，进而推动到地级市层面。

张冬梅　巅峰智业目的地与景区事业部副总经理
《秦皇岛全域旅游发展规划及五年行动计划》项目副经理

全域旅游，是旅游业发展的必然结果，它突破“圈景区、占资源、收门票”的方式，真正回归旅游的核心。景、城、社区、菜市场等都是旅游者期望体验的内容，地方自然人文景观、生活方式、街巷文化、与当地人的沟通交流也都成为旅游资源，同时，所有相关资源将进行有意识的整合推广和提升完善，旅游不再是旅游局独立于城市建设系统之外、自娱自乐的局面，而是一个城市发展的新理念，是齐抓共管共建的全新过程。

七、伊金霍洛旗全域旅游顶层设计及三年行动计划
——从顶层设计到落地实施的全局谋划

对接国家经济新常态下的新政策、新需求，伊金霍洛旗借力内蒙古旅游发展良好态势，整合成吉思汗文化、草原湿地、靓丽城市等优势旅游资源，以转型发展、提质增效为主线，加快全旗城市转型和旅游产业升级，发展成为内蒙古旅游产业转型升级的排头兵，实现从“单点式游览过境地”向“全域旅游目的地”的跨越式发展，成为国际草原文化旅游圣地。

（一）项目概况

伊金霍洛旗位于地处呼包鄂黄金三角腹地，区位交通优势突出，拥有厚重文化底蕴，城市核心区的品质正在持续提升。正逢大众旅游时代，站在国家、自治区、市支持旅游业发展利好政策风口，伊金霍洛旗发展全域旅游恰逢其时、大有可为。

（二）规划成效

制定《伊金霍洛旗全域旅游顶层设计》《重点项目提升建设规划》和《重点村落乡村旅游建设规划》《伊金霍洛旗全域旅游三年行动计划（2016-2018年）》1+2+3工作内容，有效指导全旗旅游发展的总体战略，明确全旗旅游产业转型升级的目标、任务和路径，解决县域旅游规划落地，为全旗旅游业打造全域旅游提供强有力的规划支撑。

（三）总体思路

（四）核心创意

指导方针	全程全域化+各行各业旅游化				
对策措施	全空间	全产业	全要素	全过程	全营销
具体操作	伊旗全覆盖计划 ❖资源全面整合 ❖交通整体提升	伊旗“旅游+”计划 ❖旅游+农牧 ❖旅游+工业 ❖旅游+文化 ❖旅游+康疗 ❖旅游+体育 ❖旅游+节庆 ❖旅游+科技	“三头六臂”计划 ❖看头、说头、拜头 ❖吃、住、行、游、购、娱	“24×365”计划 ❖活夜经济 ❖淡季旅游	伊旗旅游IP计划 ❖品牌演绎 ❖品牌设计 ❖品牌营销

1．全空间：从一极到多极，从多极到全域，破题伊旗全域旅游路径

一极

大成陵文化旅游区

多极

苏布尔嘎草原旅游度假区

国家休闲旅游示范城市试验区

花园煤都秘境旅游创新区

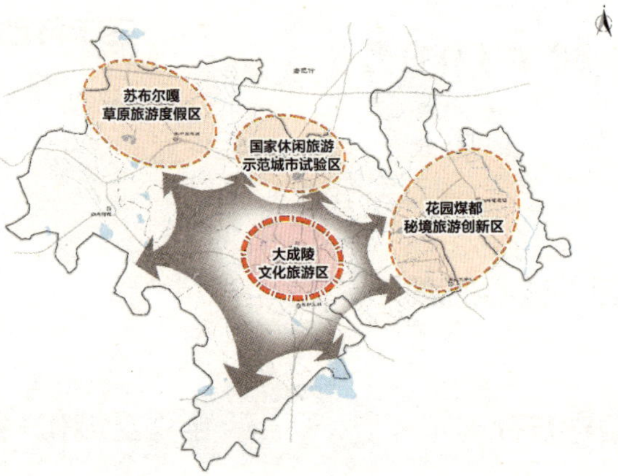

全域

全域旅游工程　品牌营销工程

乡村旅游工程　公共服务工程

机制创新工程

2. 全营销：从策划到设计，从设计到落地，实现品牌全域化

3

1. 旅游品牌名称
2. 旅游品牌LOGO
3. 代言人策划设计

+

8

1. 全域化标识系统
2. 全域化旅游VI手册
3. 旅游要素品牌设计
4. 全域广告策划设计
5. PC端移动端界面设计
6. 旅游宣传品设计
7. 旅游宣传片拍摄制作
8. 旅游纪念品策划设计

示例：代言人策划设计

大成

天骄大使

伊旗旅游形象代言人

小伊

旅游大使

伊旗旅游服务代言人

3. 规划分解到任务，任务落实到行动计划

80项工作任务

依据龙头项目、重点项目、重点工程的相关内容，梳理出80项具体的工作任务，挑选出见效快、易操作的任务落实到三年行动计划中，快速推进伊旗全域旅游的建设。

大成陵文化旅游区10项工作任务

序号	工作任务	主要内容
1	成立大成陵开发工作小组	①协助陵园、东联集团理顺产权关系 ②制定大成陵的利益分配机制
2	统一规划建设	根据《伊金霍洛旗顶层设计》的内容，尽快找顶级设计公司展开大成陵文化旅游区的修建性详细规划编制工作
3	实行交通大封闭	①对外部社会车辆实行交通管制，不允许进入旅游区 ②通过智慧交通的管理，解决旅游区内部居民车辆的通行问题 ③自行成立或引入第三方交通运输管理公司，为游客提供便捷交通服务
4	推出一票通、多种套票	①根据利益分配机制，制定合理的票价，并统一售票 ②原来陵园、东联的售票功能外迁到游客服务中心 ③在重要节点处只保留验票的功能
5	成立大成陵旅游开发集团	对大成陵的后续建设进行投资
6	提升、新建一批旅游项目	按照规划和设计方案，尽快启动一批引爆市场的提升项目和创新项目
7	完善旅游区基础设施建设	完善旅游区公交车站、马车驿站、旅游厕所、道路改造等基础设施建设
8	举办一场祭祀大典	扩大成吉思汗祭祀的影响力，在农历夏中五月十五举行全球成陵公祭，同时打造成吉思汗国际文化论坛，举办马奶节。
9	推出一批星级牧家乐、农家乐	①制定牧家乐、农家乐的星级评选标准 ②推出一批三星以上的牧家乐、农家乐
10	成立大成陵运营管理公司	自行成立或引入第三方运营管理公司，统一对大成陵进行运营管理，为游客提供旅游服务。

苏布尔嘎草原旅游度假区近期6项工作任务

序号	工作任务	主要内容
11	成立国家牧场旅游管委会	①理顺产权关系 ②制定国家牧场的利益分配机制
12	国家牧场项目立项	①建议报自治区发改委立项，申请国家发改委特批国家牧场项目 ②由国资委和自治区政府扶持，伊金霍洛旗政府主体建设国家牧场
13	尽快启动修建性详细规划	推进核心景区苏泊罕大草原旅游区的详细规划建设
14	将天骄御马苑从札萨克镇迁移到国家牧场内	可汗御马苑位置暂定哈布其勒村，做长产业链条、丰富个性化需求，做好专业培育，做好鄂尔多斯最大亲子牧场
15	推进神海子草原湿地项目招商	加快推进神海子草原湿地高端度假区的招商开发，使其成为未来天骄牧场内的高端接待区
16	完善基础设施建设	完善基础设施建设，统一天骄牧场标识标牌，积极对外推广，扩大影响力

国家休闲旅游示范城市试验区9项工作任务

序号	工作任务	主要内容
17	提升一批现有景区的旅游功能	①扩建郡王府，对广场的硬质铺装进行景观化打造，设计灯光景观 ②母亲公园健身游步道提升 ③蒙古源流4A级景区建设
18	制定优惠政策，吸引旅游业态入驻	重点对蒙古源流、红海子、乌兰木伦河景观带和小火车项目、万力太阳城进行项目招商及项目建设
19	加快一批旅游景区的建设	王府广场商业街建设、电力美食街外立面改造、乌兰活佛府禅修养生综合体建设、红海子湿地公园等建设
20	对阿镇城市休闲景观进行打造	①增加城市的公共休闲设施 ②美化城市环境，增加雕塑、建筑外立面改造、文化墙、景观小品等城市艺术装置
21	举办系列文化艺术类活动	政府、街道、社团、民间团体等常年开展系列文体活动
22	开放闲置的场馆	开放大剧院等闲置的场馆，为各类社团、演艺机构、市民等提供活动、驻场演出的场地
23	按照《旅游休闲示范城市》标准，推进都市旅游综合服务各项工作的开展	包括城市公共服务硬件设施的建设，以及旅游服务培训、技能培训等软性服务的提升
24	推出系列旅游休闲政策	①在带薪休闲、旅游休闲企事业机构扶持等方面制定相关政策和办法 ②出台旅游景区及相关单位的旅游休闲福利政策
25	建立旅游休闲管理体系	①引导旅游相关的公益组织、行业协会开展多种旅游休闲活动 ②组织研学活动，推动中小学生旅游休闲公共教育发展

花园煤都秘境旅游创新区9项工作任务

序号	工作任务	主要内容
26	矿下探秘区项目建设	矿坑秘境选址后，实施百里煤海画廊、采掘再现园、煤炭时尚工坊、矿下休闲驿站、地心穿梭、探秘撷英（煤海购物区）相关项目建设
27	重点旅游项目招商	采掘再现园、地心穿梭小火车、煤工业主题乐园等项目
28	旅游线路组织	基于交通线的，设置探秘线游线
29	探秘区标识导引系统设置	交通标识系统、游览标识系统、解说系统设置、服务接待标识系统
30	探秘线路宣传手册	线路宣传手册、探秘地图制作
31	探秘旅游风景道建设	①纳林陶和镇内S214淖尔壕——其根高勒段的古遗迹遗址旅游风景道 ②阿大公路沿河煤海风景道：乌兰木伦镇上湾——马家塔——补连塔——霍洛湾——长巴梁——布尔台格——鄂尔多斯机场
32	神华新村改造与包装	①住宿特色化打造（神华别苑建设） ②演艺表演植入，并形成常态化 ③电影、电视新闻发布基地、工业特色婚礼基地包装建设
33	各类博物馆项目建设	煤炭科技博物馆、朱开沟遗址博物馆、秦长城文化展览馆
34	陶亥召项目改造	餐饮设施、朝拜设施的改造

全域旅游工程12项工作任务

序号	工作任务	主要内容
35	推出一批精品游线	①一日游游线：成陵游线、城市游线、草原游线、探秘游线 ②两日游游线：城市游线+成陵游线、城市游线+草原游线、城市游线+探秘游线
36	构建成吉思汗文化品牌	①整理和出品一系列蒙元文化著作，并出版 ②打造一个蒙元文化教育基地，成为蒙元文化研学代表，定期组织文化论坛、举办学术大会或开设研学课程
37	打造三款蒙医药养生产品	推进活佛府蒙医药养生基地、大成陵养生基地和红海子养生休闲综合体三大蒙医药养生产品的建设
38	组织两类旅游体育活动	①做大草原天骄那达慕大会，包括鄂尔多斯国际那达慕 、成吉思汗那达慕大会暨成吉思汗旅游文化周和苏布尔嘎“珠拉格”那达慕大会，培育高端体育盛会 ②建设专业御马基地，开展国际赛马、国际马术大会等高规格的赛事
39	组织一系列节庆活动	①天骄盛世大典：春季查干苏鲁克大典暨鄂尔多斯民俗文化节、夏季淖尔大典暨内蒙古西部地区搏克联赛、秋季斯日格大典、冬季达斯玛大典 ②天骄风情狂欢节：鄂尔多斯婚博会、鄂尔多斯美食节、鄂尔多斯婚礼文化旅游节、苏泊罕大草原帐篷篝火狂欢节、蒙古源流草原狂欢季
40	实行全方位旅游高科技导入	创新引入高科技，丰富文化大成陵文化博物馆展示内容
41	分梯度打造多种经营的美食服务体系	①打造一条美食街，提供多元化蒙古美食，最大程度地适应不同的市场人群 ②推出一批特色餐饮品牌，通过行业评定给优选出的旅游餐饮店授权认证“成爱吃” ③推出特色餐饮，包括红海子鲜渔宴、蒙药膳、草原养生套餐、草原天赐全羊宴等
42	创新改造和建设系列住宿项目	①提升伊旗涉旅酒店的住宿设施条件，实施标准化建设 ②引入国际高端品牌酒店，建设五星级酒店 ③配合草原文化风貌，打造系列特色乡居住宿形态，创新蒙古包设计
43	引导扶持一批文创企业，创新一批文创产品	①打造集聚化的购物场所，形成集购物中心、特色街区、乡村超市、景区购物点为一体的购物体系 ②运行商品生产新模式，通过“取材于民－统一设计－批量生产－集中售卖”的方式，调动社区参与旅游的积极性，提升旅游商品质量
44	重点推出城市夜间旅游休闲项目	①推出夜间特色产品，建设草原特色酒吧，打造形式多样的草原民间的夜间娱乐节目 ②做活夜间特色活动，包括草原音乐节、草原美食街和草原化装舞会
45	推出一批淡季旅游产品	①冬季系列文化新年，包括成陵新年、王府新年和乌兰活佛府新年 ②做活冬季室内活动，包括室内温泉和室内滑雪场
46	成立全域旅游创建小组，建议编制全域旅游专项规划	专项小组成员由当地旅游领域专家、经验丰富的旅游从业者和文化研究学者组成；编制适合当地自然环境和文化环境的全域旅游专项规划

品牌营销工程10项工作任务

序号	工作任务	主要内容
47	创建一个部门	伊金霍洛旅游品牌营销中心
48	改版一个网站，运营两大平台	改版伊金霍洛旅游官方网站，升级官方微博和微信公众号
49	完善两大营销渠道，开设两大电商平台	传统媒体、新媒体渠道，开设天猫店和微店
50	全域化旅游氛围营造	城市全域化品牌传达、景区品牌视觉传达体系、“小伊在此”旅游服务
51	策划多个事件营销和活动	包括大成小伊发布会在内的系列线上线下事件营销活动
52	办好三个“天骄大会”	天骄盛世大典、天骄婚礼文化节、天骄那达慕大会
53	举办多次“走出去”活动	举办系列推介会，组织多场交流活动，参加多次国际性旅游展会
54	结交多个旅游友好城市	北京、太原、银川等地的县级城市，国际景区及国内其他有共同点的5A、4A景区
55	优选品牌合作商	鄂尔多斯羊绒衫、蒙牛牛奶、百威啤酒等品牌调性相符的行业领导品牌
56	建设伊旗智慧旅游服务系统	智慧旅游服务中心、大数据中心、智慧营销中心

乡村旅游工程5项工作任务

序号	工作任务	主要内容
57	全力打造试点示范村	①重点打造苏布尔嘎嘎查、查干柴达木、布拉格嘎查的乡村旅游，根据文化特色打造不同景观氛围的草原村落
		②根据当地特色，分别打造不同的引擎项目（根本吸引点）、特色项目（突出乡村主题差异化的项目）和基础配套项目（统一标准的乡村旅游条件）
58	推进一批特色村落建设	①对桑盖、曼赖、哈沙图、花亥图、龙虎渠、查干苏6个村落进行旅游开发建设
		②在保证公共服务和基础设施水平统一的基础上，依托当地自然资源特色，根据规划主题对各个村庄进行差异化建设
59	制定一套统一的乡村旅游管理条例	从开发建设、经营管理、资源环境等方面进行综合约束和计划，规范当地乡村旅游开展形式和内容
60	设置一套健全的乡村旅游标准体系	规范标准体系，从遗产保护、人员培训、社区共建、投资促进等角度积极推进标准体系的建设
61	推出一套符合民情的乡规民约	①准确把握乡村旅游当地人民的民族风俗和生活习惯，制定出切实可行的乡规，正确提示、约束和引导来访游客的行为，实现文明旅游
		②为当地居民旅游接待服务制定文明标准，对其服务文化、服务道德、服务行为、服务态度进行规范化约束，提高乡村旅游服务品质
57	全力打造试点示范村	①重点打造苏布尔嘎嘎查、查干柴达木、布拉格嘎查的乡村旅游。根据文化特色打造不同景观分为的草原村落
		②根据当地特色，分别打造不同的引擎项目（根本吸引点）、特色项目（突出乡村主题差异化的项目）和基础配套项目（统一标准的乡村旅游条件）
58	推进一批特色村落建设	①对桑盖、曼赖、哈沙图、花亥图、龙虎渠、查干苏6个村落进行旅游开发建设
		②在保证公共服务和基础设施水平统一的基础上，依托当地自然资源特色，根据规划主题对各个村庄进行差异化建设
59	制定一套统一的乡旅管理条例	综合从开发建设、经营管理、资源环境等方面进行约束和计划，规范当地乡村旅游展开形式和展开内容
60	设置一套健全的乡旅标准体系	规范标准体系，从遗产保护、人员培训、社区共建、投资促进等角度积极推进辨准体系的建设
61	推出一套符合民情的乡规民约	①准确把握乡村旅游当地人民的民族风俗和生活习惯，制定出切实可行的乡规，正确提示、约束和引导来访游客的行为，实现文明旅游
		②为当地居民旅游接待服务制定文明标准，对其服务文化、服务道德、服务行为、服务态度进行规范化约束，提高乡村旅游服务质量和服务品质

公共服务工程10项工作任务

序号	工作任务	主要内容
62	落实一批智慧旅游试点示范	①建设1个智慧旅游城区“伊金霍洛旗城区”
		②建设4个智慧旅游示范景区：大成陵旅游区、蒙古源流景区、东红海子湿地景区、苏泊罕草原景区
		③建设N个智慧专项旅游：智慧自驾旅游、智慧旅游街区以及智慧乡村旅游试点等
63	推出一批无门票的旅游景区	推进免门票机制建设，包括伊金霍洛旗府城市内景区免门票，开放红海子湿地公园、郡王府等景点
64	推出一系列主客共享的旅游惠民举措	①特定人群免费乘坐公共交通工具
		②凭机票、高铁票等领取各类消费券、打折券
		③免费提供“小伊在此”“小伊服务”等旅游资讯，宣传册

公共服务工程10项工作任务

序号	工作任务	主要内容
65	提供一批自助型旅游咨询服务设施	①规划建设自驾游智能应用平台。在服务中心设置自助查询功能的机器；在营地设置自助洗衣机、自助烹饪设施；在营地内设置智能刷卡自行车存取站点等综合自助服务
		②建立触摸式的自助旅游咨询系统
66	构建1+3+N的旅游集散服务中心体系	①建设1个 一级旅游集散中心：在天福祥生态园建造伊旗旅游集散服务中心
		②建设3个二级旅游集散中心：在成陵与伊金霍洛小镇的分叉路口新建成陵旅游集散服务中心 、在苏布尔嘎镇服务站新建苏布尔嘎镇旅游集散服务中心、在乌兰木伦镇改造神华新村旅游集散服务中心
		③建立N个旅游咨询服务点及志愿服务站：依托各景区、酒店、旅行社等服务单位、交通枢纽、高速服务区、社区中心、牧家乐等
67	建立3类旅游直通车服务系统	①开通伊旗旅游集散服务中心分别到大成陵旅游区、蒙古源流景区、东红海子湿地景区、苏泊罕草原景区的旅游直通车
		②开通伊旗旅游集散服务中心到鄂尔多斯机场的旅游直通车
		③开通一级旅游集散服务中心到火车站的旅游直通车
68	建设伊金霍洛旗全域自驾车旅游营地	建设2个四星级自驾车营地、3个三星级自驾车营地和5个三星以下自驾车营地，范围涵盖全旗七个镇
69	按照《绿道旅游设施与服务规范》的标准，打造两环一线，三条旅游绿道	①打造1条连接阿镇、乌兰木伦湖公园南岸、红海子湿地公园、乌兰活佛府、苏泊罕草原、道劳岱、可汗御马苑、吉祥牧村、假日牧场、白塔祈福区、神海度假村、纳林希里二级自驾车营地、马奶湖、国际那达慕会场的旅游绿道
		②将G210打造成为旅游绿道，沿途串联阿镇—郡王府—蒙古源流—大成陵文化旅游区—乌兰夫工作旧址—盟政会旧址—崔家大院—红碱淖尔—吉祥福慧寺等景区景点
		③打造1条阿镇、红海子、转龙湾三级自驾车营地、矿下探秘（煤炭矿坑秘境）、遗址探秘（朱开沟、战国秦长城）、宗教探秘（陶亥召）、科技探秘（花园煤都）、徒步探秘（波浪谷）的旅游绿道
70	整体打造全域旅游标识系统建设	①全市旅游交通示意图：建设一体化展示全域重点景区/点、配套服务点、乡村旅游点、露营基地等；明确交通连接线路；导入智能触摸与导览技术
		②旅游交通指引标识系统：重点建设3个Ⅰ级旅游景区（点）、一般建设11个Ⅱ级旅游景区（点）、基础建设33个Ⅲ级旅游景区（点），共计150块交通指引标志牌
		③旅游服务导向系统：强化景区周边服务导向设置、集散中心及其他人流密集区旅游服务导向设置以及餐饮、住宿、购物、急救、停车场等的旅游服务导向功能
		④景区内外部标识系统：设置景区周边导向、游览导向和公共信息图形三类牌示；建设导游全景图（景区总平面图）、导览图、景物（景点）介绍牌、道路导向指示牌、警示标识与管理说明五级游览导向
71	建设一批旅游厕所	新建/改建厕所60~70座，其中AAA级10座，AA级35座，A级15~30座

机制创新工程9项工作任务

序号	工作任务	主要内容
72	旅游局升格为旅发委	成立伊旗文化旅游发展委员会，推行旅游管理机构改革、旅游改革试点、景区管理体制改革、旅游体制其他改革等四大综合改革
73	设立5项旅游专项资金	①设立旅游专项建设扶持基金
		②旅游优秀企业奖励基金
		③文化创意及高科技旅游奖励资金
		④旅游人才专项补助资金
		⑤旅游相关行业补贴资金等
74	出台旅游优惠政策	①税收减免、返还政策
		②贷款贴息、补息
		③旅游行业审批、建设、贷款等相关手续简化政策
		④对旅游相关企业、旅游人才、旅游贡献等实行鼓励、奖励政策
		⑤对旅游用地免征增值税、免征土地使用税等
75	制定人才培育计划	通过“雏鹰计划”、“飞鹰计划”、“精鹰计划”、“雄鹰计划”为单位培育各项旅游人才
76	建立旅游商学院	与著名旅游培训机构、旅游管理运营机构如北京巅峰智业旅游文化创意股份有限公司合作，联合设立旅游商学院，建立伊旗旅游人才培育基地
77	设立旅游教育、培训基地	与内蒙古大学旅游学院联合设立旅游研究中心，建立专项旅游人才教育基地
78	建立联席会议制度	联合伊旗各政府、工商部门、企业、协会、民众等，定期召开联席会议，解决旅游相关问题
79	制作1本招商手册	招商地情况、招商项目、招商政策、招商模式介绍等
80	定期召开、参加招商推介会	每年定期召开春夏秋冬4场省内旅游招商推介会、春秋2场省外旅游招商推介会、1场海外旅游推介会；积极参加地区、省份、海外召开的旅游招商会

（五）全域旅游观点

胡晓苒 | 巅峰智业区域旅游规划中心副主任
《伊金霍洛旗全域旅游顶层设计及三年行动计划》项目经理

现阶段创建全域旅游示范区的六项工作重点可归纳如下：

一是做好全域旅游的系统科学规划。编制各地全域旅游示范区创建规划、实施方案、推进意见，有条件的地方制定地方标准。

二是创建推动全域旅游的领导机制。依托各地的旅游发展领导小组、联席会议制度等，建立领导协调机制，制定创建工作方案，明确工作责任要求。

三是着力深化全域旅游的改革创新。推进“多规合一”改革试点，因地制宜推进旅游委、旅游警察、工商旅游分局、旅游巡回法庭等机制。

四是统筹建设全域旅游的产品体系。以点带面、开放联动，构建多层次、特色化、大众中高端并存、地域文化与国际品牌兼容的旅游产品和项目体系。

五是推进建设全域旅游的公共服务体系。促进交通全域化、旅游厕所等公共服务设施全域覆盖，智慧旅游设施和服务全域覆盖。

六是贯彻推进全域旅游的相关培训宣传。

附件一 “国家全域旅游示范区”首批创建名单（262家）

地区	数量（家）	创建单位
北京市	3	北京市昌平区、北京市平谷区、北京市延庆区
天津市	3	天津市和平区、天津市蓟县、天津市生态城
河北省	11	石家庄市平山县、邯郸市涉县、保定市易县、保定市阜平县、保定市安新县、保定市涞源县、保定市涞水县、张家口市张北县、张家口市蔚县、唐山市迁西县、秦皇岛市北戴河区
山西省	5	晋中市、长治市壶关县、长治市平顺县、晋城市阳城县、朔州市右玉县
内蒙古自治区	5	包头市达茂旗、赤峰市宁城县、锡林郭勒盟二连浩特市、鄂尔多斯市康巴什新区、兴安盟阿尔山市
辽宁省	11	盘锦市、沈阳市沈北新区、大连市瓦房店市、抚顺市沈抚新城、本溪市桓仁满族自治县、丹东市凤城市、丹东市丹东宽甸满族自治县、锦州市北镇市、葫芦岛市兴城市、绥中县、朝阳市喀左县
吉林省	15	吉林市、长白山、长春净月国家高新技术产业开发区、长春市九台区、长春市双阳区、通化市辉南县、通化市柳河县、通化市集安市、通化市通化县、白山市临江市、白山市抚松县、延边州敦化市、延边州延吉市、延边州珲春市、梅河口市
黑龙江省	6	伊春市、哈尔滨市阿城区、哈尔滨市宾县、大庆市杜尔伯特蒙古族自治县、黑河市五大连池市、大兴安岭地区漠河县
上海市	3	上海市黄浦区、上海市青浦区、上海市崇明县
江苏省	8	苏州市、南京市秦淮区、南京市江宁区、徐州市贾汪区、淮安市金湖县、盐城市大丰区、镇江市句容市、泰州市兴化市
浙江省	9	杭州市、湖州市、丽水市、宁波市宁海县、宁波市象山县、衢州市开化县、舟山市普陀区、台州市天台县、台州市仙居县
安徽省	11	黄山市、池州市、合肥市巢湖市、安庆市岳西县、安庆市太湖县、安庆市潜山县、宣城市绩溪县、宣城市广德县、宣城市泾县、六安市霍山县、六安市金寨县
福建省	9	平潭综合实验区、莆田市仙游县、三明市泰宁县、泉州市永春县、漳州市东山县、南平市武夷山市、龙岩市永定区、龙岩市连城县、宁德市屏南县

地区	数量（家）	创建单位
江西省	11	上饶市、鹰潭市、南昌市湾里区、九江市武宁县、赣州市石城县、吉安市井冈山市、吉安市青原区、宜春市靖安县、宜春市铜鼓县、抚州市南丰县、抚州市资溪县
山东省	12	烟台市、临沂市、济南市历城区、青岛市崂山区、淄博市沂源县、枣庄市台儿庄区、枣庄市滕州市、潍坊市青州市、潍坊市临朐县、威海市荣成市、威海市文登区、日照市五莲县
河南省	10	郑州市、济源市、洛阳市栾川县、洛阳市嵩县、安阳市、林州市、焦作市修武县、焦作市博爱县、南阳市西峡县、信阳市新县、信阳市浉河区
湖北省	12	恩施土家族苗族自治州、神农架林区、仙桃市、武汉市、黄陂区、黄石市铁山区、宜昌市远安县、宜昌市秭归县、宜昌市长阳县、黄冈市麻城市、黄冈市罗田县、黄冈市红安县、咸宁市赤壁市
湖南省	13	张家界市、湘西土家族苗族自治州、长沙市望城区、株洲市炎陵县、湘潭市韶山市、昭山示范区、邵阳市新宁县、岳阳市平江县、常德市石门县、郴州市桂东县、苏仙区、怀化市通道县、娄底市新化县
广东省	7	深圳市、珠海市、中山市、江门市开平市、江门市台山市、惠州市博罗县、惠州市龙门县
广西壮族自治区	10	北海市、南宁市上林县、柳州市融水县、桂林市兴安县、桂林市阳朔县、桂林市龙胜县、百色市靖西县、贺州市昭平县、河池市巴马县、崇左市凭祥市
海南省	18	全省各市县区（不含三沙市）
重庆市	5	重庆市渝中区、重庆市大足区、重庆市南川区、重庆市万盛区、重庆市巫山县
四川省	11	乐山市、阿坝藏族羌族自治州、甘孜藏族自治州、成都市都江堰市、成都市温江区、成都市邛崃市、广元市剑阁县、广元市青川县、雅安市宝兴县、雅安市石棉县、绵阳市北川羌族自治县
贵州省	11	遵义市、安顺市、贵阳市花溪区、六盘水市盘县、铜仁市江口县、毕节市百里杜鹃旅游区、黔西南布依族苗族自治州兴义市、黔南布依族苗族自治州荔波县、黔东南苗族侗族自治州雷山县、黔东南苗族侗族自治州黎平县、黔东南苗族侗族自治州镇远县
云南省	6	丽江市、西双版纳傣族自治州、大理白族自治州大理市、保山市腾冲市、红河哈尼族彝族自治州建水县、迪庆藏族自治州香格里拉市

地区	数量（家）	创建单位
西藏自治区	2	拉萨市、林芝市
陕西省	13	宝鸡市、汉中市、韩城市、西安市临潼区、咸阳市礼泉县、渭南市华阴市、延安市黄陵县、延安市宜川县、榆林市佳县、安康市石泉县、安康市岚皋县、商洛市商南县、商洛市柞水县
甘肃省	5	甘南藏族自治州、兰州市城关区、天水市武山县、张掖市肃南裕固族自治县、酒泉市敦煌市
青海省	2	西宁市大通县、海北藏族自治州祁连县
宁夏回族自治区	6	中卫市、银川市西夏区、银川市永宁县、石嘴山市平罗县、吴忠市青铜峡市、固原市泾源县
新疆维吾尔自治区	7	吐鲁番市、哈密地区巴里坤哈萨克自治县、昌吉回族自治州木垒哈萨克自治县、博尔塔拉蒙古自治州温泉县、伊犁哈萨克自治州昭苏县、阿勒泰地区阿勒泰市、阿勒泰地区布尔津县
新疆生产建设兵团	1	新疆生产建设兵团第一师阿拉尔市十团

附件二　全域旅游综合执法专题研究

（一）桐庐县——创新改革全域旅游综合执法模式

1. 建立全域旅游综合执法办公室

由旅游委、市场监管、发改（物价）、公安等部门组成，以派驻形式与县旅游质监所合署办公。

负责制定市场检查制度，以日常检查、重点检查和联合检查三种形式，对旅行社、旅游饭店、景区景点、导游及从业人员等进行监督检查。

2. 成立市场监管旅游分局和旅游巡回法庭

建立纠纷调解与快审机制，完善景区消费维权联动机制与“100”快速处置机制。

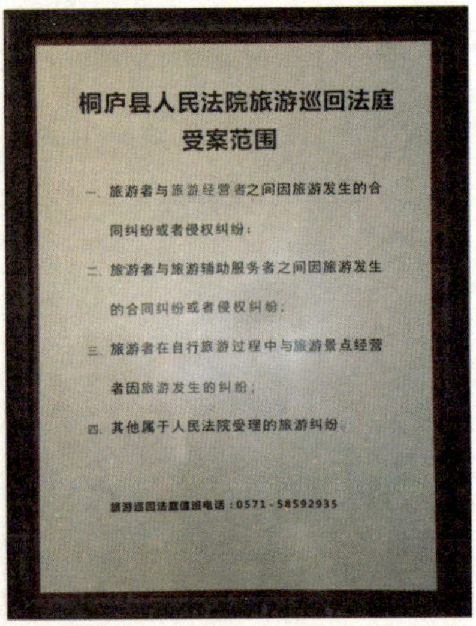

全域旅游巡回法庭

- ❖ 设在县游客服务中心
- ❖ 开设诉讼服务公开电话
- ❖ 建立节假日法官值班制度
- ❖ 采取巡回审判形式
- ❖ 形成涉旅纠纷快速化解反应机制

3. 设立全域旅游警察大队

健全投诉受理机制，建立旅游接处警制度，统一游客投诉入口。

在全县重点景区和重大平台设立8个警务室，加大对全域景区景点动态巡查。

增设旅游服务监控中心，全天候监控19家旅游景区。

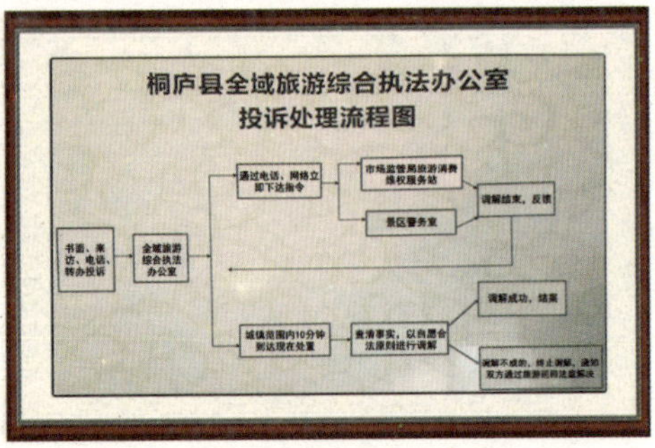

（二）三亚市——形成“四位一体”旅游监管长效机制

『四位一体』旅游综合执法机制

1. 旅游警察支队

分支机构：下设综合保障大队、侦查大队、业务指导大队、市场秩序管理大队。

人员构成：核定编制22人，其中4人来自刑警部门，8人来自治安部门，2人来自经侦部门。

运行机制：任何涉旅报警投诉，旅游警察率先接警，属于职责范围的高效处置，属于其他职能部门管辖的，及时协调处理。

办案效果：成立后两个月内，三亚市旅游投诉量下降近50%。

2. 旅游巡回法庭

三亚市城郊人民法院设立了天涯海角、南山和亚龙湾三大国家级旅游景区旅游巡回法庭，在重大节假日全天候、平时不定期进驻景区开展法律服务。

审判工作机制

- ❖三定”：定期、定点、定人
- ❖“四就”：就地立案、就地审理、就地调解、就地执行
- ❖“一重”：注重调解
- ❖“两免”：对小额旅游纠纷案件免收诉讼费和申请执行费

3. 旅游纠纷人民调解委员会

聘请专职调解员解决旅游纠纷，防止重特大旅游纠纷事态的进一步激化，及时有效处理旅游投诉。

4. 各行政执法部门

整合工商、公安、执法、交通、海洋、质监、物价、安监等部门协同办案，以市12301旅游调度指挥中心为核心，协调工商、公安、交通等部门联合执法。

（三）上海市——组建国际旅游度假区综合执法大队

为了保障迪士尼乐园顺利开园，上海市组建了旅游综合执法队伍，以应对国际旅游度假区的大客流常态化、运营周期长、管理主体多元等特点带来的执法管理挑战。

创新“联勤联动、前台共管、后台分流”的综合执法管理新模式

前台 + **后台**

统一的旅游综合执法队伍：

整合了公安、城管共约100人，再同步配备600至700名人员作为安保辅助力量展开联勤巡查。

各专业执法力量：

原属公安、城管的街面治安、城市管理以及市场监管、消防、文化、旅游、知识产权等队伍。

发现或接收度假区内的涉旅案件

按各自法律程序依法处置，协同执法

重点整治“四黑三乱”旅游市场问题

（黑导游、黑摄影、黑广告、黑车，乱设摊、乱兜售、乱停车）

（四）桂林市——开展旅游市场联合执法

1. 实施市场监控“天眼”工程

桂林市区及周边县城旅游景区全面安装的电子视频监控，共32个球机、26个枪机、8个客流量枪机、25个共享监控。

桂林市旅游管理部门可通过“天眼”掌握景区实时人流和车辆状况，及时沟通协调，准确核实游客投诉情况。

2. 组建旅游联合执法队伍

由旅游、工商、物价、公安、技术监督等部门抽调力量，联合组建旅游执法队伍。

该队伍实行“一套人马，三块牌子”机制，即桂林市旅游质量监督管理所、桂林市旅游投诉中心、桂林市旅游执法支队“三位一体”的创新管理体制，构建适应全域旅游发展的架构体系。

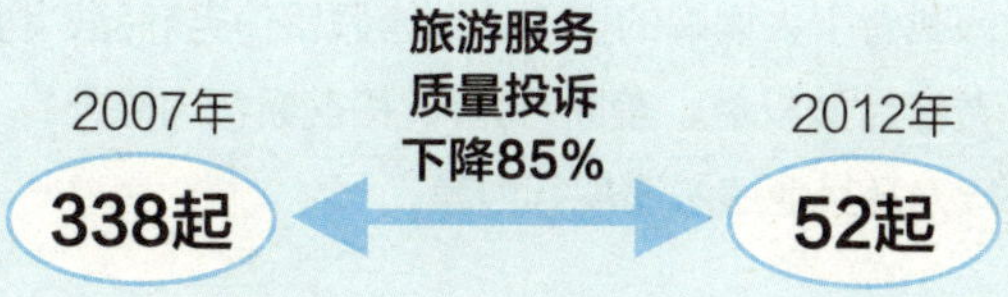

3. 设立旅游纠纷调解室

阳朔县设立桂林市首个“旅游纠纷调解室”。

由阳朔县法院派出资深法官，对旅游纠纷提前介入，诉前联动调解，对旅游纠纷进行迅速及时的处理，为创造良好的旅游环境提供法律保障。

（五）甘肃省——建立大景区旅游综合执法平台

以游客中心为综合执法平台，设立旅游综合执法指挥调度中心

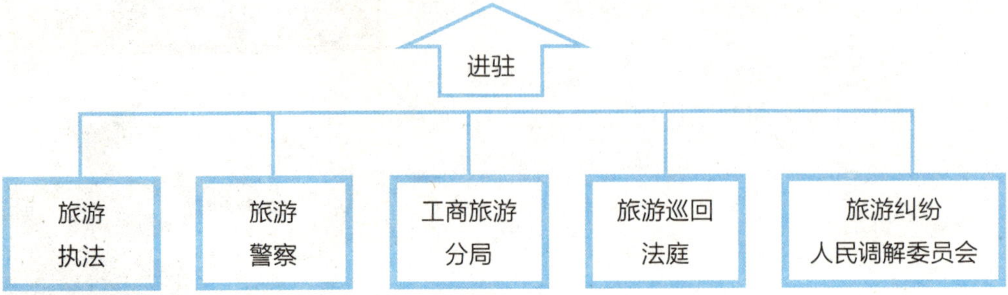

三大重点举措

1. 建立大景区旅游综合执法平台

针对甘肃省大景区覆盖面积广、资源类型多样、旅游活动集中的特点，整合旅游、公安、工商、交通、质监、食品药品监管等部门旅游执法力量，统一指挥调度，统一受理旅游投诉举报。

2. 突出治安问题实行挂牌督办

对扰乱旅游市场的突出治安问题实行挂牌督办。依法查处旅游市场中的虚假广告、虚假或者引人误解的宣传、销售假冒伪劣商品、利用合同格式条款侵害消费者合法权益、垄断行为(价格垄断行为除外)、商业贿赂等不正当竞争行为及其他违法违规行为等。

3. 设立甘肃旅游“315”网上举报平台

充分发挥“12301”旅游服务热线和旅游投诉举报网络平台的作用，鼓励社会公众积极提供各类违法违规行为线索。利用“12358”价格举报系统，依法受理游客对价格违法行为的投诉举报，切实保护消费者合法权益，整顿规范旅游市场价格秩序。

参考文献

1. 李克强. 让旅游成为世界和平发展之舟——在首届世界旅游发展大会开幕式上的致辞［N］. 中国旅游报，2016-05-23(01).
2. 国家旅游局. 2016年全国旅游工作会议工作报告［R］，2016.
3. 李金早. 全域旅游的价值和途径［N］. 人民日报，2016-03-04(07).
4. 李金早. 务实科学发展全域旅游——在全国全域旅游创建工作现场会上的讲话［N］. 中国旅游报，2016-06-03(01).
5. Forman，R.T.T.，Land Mosaics. The Ecology of Landscapes and Regions［M］. Cambridge University Press，Cambridge，UK. 1995.
6. 刘锋，李明伟，杜学. 一带一路旅游创新发展［M］. 北京：旅游教育出版社，2016.
7. 苏东水. 产业经济学（第4版）［M］. 北京：高等教育出版社，2015.
8. 杨万钟. 经济地理学导论（修订4版）［M］. 上海：华东师范大学出版社，2004.
9. 鲁勇. 旅游思辨［M］. 北京：社会科学文献出版社，2013.
10. 国家旅游局. 中国旅游发展报告［R］，2016.
11. 中国旅游协会，中国旅游研究院. 中国旅游集团发展报告（2015）［R］，2015.
12. 中国社会科学研究院旅游研究中心，中国旅游车船协会. 中国自驾游发展报告（2015-2016）［R］，2016.
13. 中国旅游饭店协会. 2015年度全国星级酒店经营情况分析［R］，2016.
14. 厉新建，张凌云，崔莉. 全域旅游：建设世界一流旅游目的地的理念创新——以北京为例［J］. 人文地理，2013年第3期.
15. 冯飞，王晓明，王金照. 对我国工业化发展阶段的判断［J］. 中国发展观察，2012（8）.
16. 吕俊芳. 城乡统筹视阈下中国全域旅游发展范式研究［J］. 河南科学，2014（01：1）.
17. 姚远. 旅游休闲城市"景区-城镇"空间共生发展模式研究［G］. 中国城市规划年会论文集，2012.

18. 张文磊，周忠发. 全域体验开发模式：区域旅游开发的新途径［J］. 前沿论坛，2013（02）.
19. 王兴斌. 点赞“全域休闲”存疑“全域旅游”［N］. 中国青年报，2015-09-24（11）.
20. 高俊辉. 洞悉全域旅游三大要点绘制示范区美好蓝图［N］. 中国旅游报，2016-03-21（06）.
21. 马玫. 城市地域结构的理论回顾［J］. 地理学与国土研究，1995，11（03）.
22. 张朝枝，邓曾，游旺. 基于旅游体验视角的旅游产业价值链分析［J］. 旅游学刊，2010，25（6）.
23. 王润，刘家明. 旅游产业集群研究综述［J］. 地理科学进展，2012，31（10）.
24. 聂铭，杨光明，王旭，杜靖川. 旅游开发中“点线带圈面”空间形态发展的逻辑［J］. 商业经济研究，2015（01）.
25. 马国霞，甘国辉. 区域经济发展空间研究进展［J］. 地理科学进展，2005，24（2）.
26. 樊文斌. “全域旅游”视角下大连旅游专项规划探析［J］. 规划师，2015（02）.
27. 胡晓苒. 城市旅游：全域城市化背景下的大连全域旅游（上）［N］. 中国旅游报，2010-12-08（11）.
28. 胡晓苒. 城市旅游：全域城市化背景下的大连全域旅游（下）［N］. 中国旅游报，2010-12-15（11）.
29. 石培华. 全域旅游是新阶段旅游发展总体战略［N］. 中国旅游报，2015-02-05（02）.
30. 厉新建. 全域旅游是一种全新的发展模式［N］. 北京青年报，2016-03-01（13）.
31. 汤少忠. “全域旅游”驱动因素与发展模式［N］. 中国旅游报，2014-6-4（14）.
32. 魏小安. 促进全域旅游发展［N］. 中国旅游报，2015-12-07.
33. 杨振之. 关于全域度假发展模式下的产业融合发展［N］. 中国旅游报，2012-01-11.
34. 朱国强. 苏州发展全域旅游的实践与思考［N］. 中国旅游报，2016-03-28（14）.
35. 吴必虎，张栋平. 以五大发展理念引领全域旅游发展［N］. 中国旅游报，2016-02-03（04）.
36. 刘馥馨，黄翠. 供给侧改革下的旅游工作新抓手新思路——旅游公共服务体系建设方针与措施［N］. 中国旅游报，2016-01-08（06）.

37. 李金早. 全域旅游大有可为［EB/OL］，2016，http://www.cnta.gov.cn/ztwz/zghy/hydt/201602/t20160208_760166.shtml（2016-02-23）.

38. 刘锋. 旅游的供给侧改革需要缓解供给不足［EB/OL］，2016，http://travel.people.com.cn/n1/2016/0420/c41570-28291485.html（2016-05-06）.

39. 王衍用. 旅游局：不要还在为旅游者服务的泥沼中挣扎［EB/OL］，2015，http://www.pinchain.com/article/54454（2016-5-14）.

40. 石培华. 解读全域旅游的五个新、五个全、五个不［EB/OL］，2016，http://www.pinchain.com/article/65499（2016-04-15）.

41. 张辉. 全域旅游的理性思考［EB/OL］，2016，http://www.dotour.cn/article/19926.html（2016-04-23）.

策　　划：赖春梅
责任编辑：赖春梅

图书在版编目（CIP）数据

图解全域旅游理论与实践 / 北京巅峰智业旅游文化创意股份有限公司课题组著. --北京 : 旅游教育出版社, 2016.10（2018.6重印）
（书香巅峰）
ISBN 978-7-5637-3462-7

Ⅰ.①图…　Ⅱ.①北…　Ⅲ.①旅游业发展－研究　Ⅳ.①F590.3

中国版本图书馆CIP数据核字（2016）第218106号

图片使用声明：
本书所用图片作者已尽力联系了版权人，未能联系到的图片权利人，见到书后请与代晓松联系。联系方式为：010-57310000。于此向图片权利人诚挚致谢。

书香巅峰
图解全域旅游理论与实践
北京巅峰智业旅游文化创意股份有限公司课题组　著
课题负责人：刘馥馨　王玉海

出版单位	旅游教育出版社
地　　址	北京市朝阳区定福庄南里 1 号
邮　　编	100024
发行电话	(010)65778403　65728372　65767462（传真）
本社网址	www.tepcb.com
E-mail	tepfx@163.com
印刷单位	艺堂印刷（天津）有限公司
经销单位	新华书店
开　　本	787毫米×1092毫米　1/16
印　　张	19.5
字　　数	177千字
版　　次	2016年10月第1版
印　　次	2018年6月第4次印刷
定　　价	58.00元

（图书如有装订差错请与发行部联系）